国家社会科学基金重点项目（09AZD003）研究成果之一

杭州师范大学社会学专业平台建设与特色培育项目出版经费资助

杭州市哲学社会科学重点研究基地"杭州师范大学社会建设和社会治理研究中心"资助

当代农民思想变迁与农村和谐有序发展研究

（江西篇）

朱俊瑞　龚上华　赵定东　等著

中国社会科学出版社

图书在版编目(CIP)数据

当代农民思想变迁与农村和谐有序发展研究.江西篇/朱俊瑞等著.—北京：中国社会科学出版社，2017.4
ISBN 978-7-5161-9536-9

Ⅰ.①当… Ⅱ.①朱… Ⅲ.①农民—思想史—研究—江西—现代②农村—社会发展—研究—江西—现代 Ⅳ.①B26②C912.82

中国版本图书馆 CIP 数据核字(2016)第 326895 号

出 版 人	赵剑英
责任编辑	冯春凤
特约编辑	叶建政
责任校对	张爱华
责任印制	张雪娇

出　　版	中国社会科学出版社
社　　址	北京鼓楼西大街甲 158 号
邮　　编	100720
网　　址	http://www.csspw.cn
发 行 部	010-84083685
门 市 部	010-84029450
经　　销	新华书店及其他书店
印　　刷	北京君升印刷有限公司
装　　订	廊坊市广阳区广增装订厂
版　　次	2017 年 4 月第 1 版
印　　次	2017 年 4 月第 1 次印刷
开　　本	710×1000　1/16
印　　张	17
插　　页	2
字　　数	277 千字
定　　价	65.00 元

凡购买中国社会科学出版社图书，如有质量问题请与本社营销中心联系调换
电话：010-84083683
版权所有　侵权必究

目　录

序 ··· （1）
第一章　绪论 ·· （1）
　一　问题提出与选题依据 ··· （1）
　　（一）问题提出 ··· （1）
　　（二）选题依据 ··· （2）
　二　调研方法与研究框架 ··· （5）
　　（一）调研方法 ··· （5）
　　（二）研究框架 ··· （6）
　三　研究区域与样本选择 ··· （6）
　　（一）研究区域 ··· （6）
　　（二）样本选择 ·· （10）
第二章　江西农民经济利益意识的变化及其对策 ···················· （13）
　一　农民生产经营需求多元化 ··································· （13）
　　（一）较高的生产与扩大再生产的成本意识 ···················· （14）
　　（二）渴望得到政府和民间的资金扶持 ························ （15）
　　（三）迫切希望政府提供科技服务 ···························· （17）
　二　农民收入结构与财富观念传统化 ····························· （20）
　　（一）农民收入来源的多元化 ································ （20）
　　（二）农民致富手段的技能化 ································ （23）
　三　农民的消费意识日益品质化与现代化 ························· （26）
　　（一）农民生活基本消费状况 ································ （26）
　　（二）消费理念和结构从生存需求型向发展享受型转化 ········· （27）
　　（三）农民消费方式理性化 ·································· （31）

四 农民土地意识存在差异性 ………………………………（35）
- （一）土地产权认知 ………………………………………（35）
- （二）承包权及农地征用认知 ……………………………（37）
- （三）土地流转制度认知 …………………………………（41）
- （四）农民对合作劳动与单干存在矛盾心理 ……………（51）

五 农民的经济利益意识良性发展的对策选择 ……………（53）
- （一）尊重农民利益 ………………………………………（53）
- （二）实现制度创新 ………………………………………（56）
- （三）引导农民合作 ………………………………………（59）

第三章 江西农民政治意识的变化及其对策 ………………（74）

一 农民具有强烈的政治信仰认同感 ………………………（76）
- （一）农民对执政党、民族的政治信仰认知 ……………（76）
- （二）农民对执政党的政治信仰情感 ……………………（86）
- （三）农民对执政党和国家的态度 ………………………（93）

二 农民政治参与意识稳步提高 ……………………………（96）
- （一）农民对民主自治理念具有共识性 …………………（97）
- （二）积极参与村民大会，主动履行职责 ………………（98）
- （三）农民理性选择领导班子 ……………………………（101）

三 促进农民政治意识良性发展对策 ………………………（103）
- （一）大力发展农村经济，提升收入增长水平 …………（103）
- （二）清除二元体制障碍，实现国民机会均等 …………（104）
- （三）加强农民政治教育，提升农民政治素质 …………（104）
- （四）完善农村民主管理，健全农民参与机制 …………（105）

第四章 江西农民宗族意识的现状及趋势 …………………（107）

一 宗族：村庄政治生活函数中的重要变量 ………………（107）
- （一）宗族及其历史发展 …………………………………（107）
- （二）宗族意识及其考量 …………………………………（110）

二 农民宗族意识强弱程度方面存在差异 …………………（112）
- （一）农民宗族意识复苏和极端化因素 …………………（114）
- （二）江西农村存在宗族意识的消解因素 ………………（142）

三 江西农民宗族意识的综合治理策略 ……………………（161）

（一）正确引导教育农民，促进农民宗族意识的现代转型……（162）
　　（二）辩证对待宗族与村治的互动关系……………………（162）
　　（三）加强社会保障，构建农村安全网，从根本上解决农
　　　　　民的后顾之忧……………………………………………（163）
　　（四）加强农民的合作，维护农民利益……………………（165）
　　（五）构建健康向上的农民精神文化生活，逐步充实农民的
　　　　　心灵空间…………………………………………………（165）
第五章　江西农民精神文化生活意识的现状调查及其对策………（167）
　一　农民精神文化生活意识呈现多重性………………………（168）
　　（一）精神文化生活的品质化需求…………………………（169）
　　（二）信息渠道多元化………………………………………（171）
　　（三）精神文化公共服务期许化……………………………（172）
　　（四）农民对丰富精神文化生活的途径和未来走向的设想……（174）
　二　影响农民精神文化生活意识的因素………………………（177）
　　（一）优秀传统文化式微……………………………………（177）
　　（二）公共服务职能缺位……………………………………（178）
　　（三）农民自身素质限制……………………………………（179）
　三　不断满足农民精神文化生活需求的对策选择……………（179）
　　（一）纠正社会偏见，挖掘整理传承优秀传统文化………（180）
　　（二）清除制度障碍，构建农村公共文化服务体系………（180）
　　（三）提高农民素质，提升农民精神文化参与意识………（182）
第六章　江西农民社会生活品质意识现状调查及对策建议………（183）
　一　农民人居环境认知…………………………………………（183）
　　（一）新农村建设满意度差异明显…………………………（184）
　　（二）村庄环境治理满意度明显上升………………………（192）
　　（三）参与生态文明建设的积极性增加……………………（195）
　　（四）社会治安环境满意度较高……………………………（203）
　二　农民对自身发展及未来愿景的认知………………………（204）
　　（一）农民生活求稳心理主导化……………………………（204）
　　（二）农民城市抉择心态矛盾化……………………………（207）
　三　基于农民社会生活认知特征的对策选择…………………（217）

（一）大力推进新农村建设，加强农村基础设施建设和
　　　　公共服务建设 ································· (217)
　　（二）推进江西城镇化战略的实施，促进城乡一体化发展 ······ (219)
　　（三）加强农民工的社会保障制度建设，促进农民工的社
　　　　会融入 ······································· (224)
第七章　结论与展望 ·· (226)
　一　江西农民思想意识变化及其逻辑 ··························· (226)
　　（一）江西农民思想意识变化的动态情况 ····················· (226)
　　（二）江西农民思想观念变迁的特点和逻辑 ··················· (233)
　二　引导江西农民思想有序发展的思路与对策 ··················· (236)
　　（一）政策整合 ··· (237)
　　（二）利益协调 ··· (238)
　　（三）思想引导 ··· (239)
　　（四）协商治理 ··· (241)
参考文献 ··· (244)
后记 ··· (257)

序

  中国发展的问题，归根结底是中国农村发展的问题；中国特色社会主义道路建设的问题，归根结底也是中国农村如何坚持社会主义特色的问题。众所周知，思想引导工作是经济工作和其他一切工作的生命线，是团结全党全国各族人民完成各项任务的中心环节。党确立的建设社会主义新农村的重大目标是今后农村发展的方向和中心任务，思想政治工作在这一目标的实现中起着不可忽视的作用。

  农村思想政治工作是党的思想政治工作的重要组成部分，是推动社会主义新农村建设的有力保证。农村思想政治工作成效如何，将直接影响到党的路线方针政策在农村的贯彻落实，影响到农村的和谐稳定以及社会主义新农村建设的进程。建国特别是改革开放以来，我国的农村已经从封闭发展走向开放发展，从单一发展走向多元发展，从稳定发展走向快速发展，从对政府的依附性发展走向政府引导、自主独立的发展道路。而农民是否已经达到实现农村经济社会有序发展所必需的思想转变要求呢？学界和政府都在力图给出答案。

  毛泽东同志在新民主主义革命时期就曾指出："掌握思想教育，是团结全党进行伟大政治斗争的中心环节，如果这个任务不解决，党的一切政治任务是不可能完成的。"在构建社会主义和谐社会、全面建设小康社会以及建设社会主义新农村的进程中，更需要思想政治教育为其提供思想保证、价值观念、舆论环境以及文化条件，打好社会基础和群众基础。

  我国目前正处在机遇和矛盾并存的关键时期，农村社会结构发生了深刻的变化，开放性和流动性大大增强，农民有了很多对社会的新的认识，农村的复杂性也明显增强。面对农民这个庞大群体，只有首先建设和谐农村，才可能很好地建设社会主义和谐社会。因此，在这一社会转型期，尤其需要通过思想引导工作在思想多样、多变、多元中统一他们的思想，在各种社会矛盾交叉多变条件下凝结力量，为建设和谐社会提供精神保障。

随着农民收入的大幅提高，农民的生活水平和质量已实现了本质性的飞跃，农民思想变迁呈现出多维性，特别是在当前整个中国社会发生深刻变革的大背景下，农村社会各个阶层政治、经济利益诉求日益强烈，各种社会矛盾显性化，农村加快发展面临困局。要全面建设中国特色的社会主义新农村，就必须有效化解各种潜在的社会风险，调节冲突，实现社会各层面的和谐，构筑安定和谐的农村社会发展局面。在这个意义上说，从更高的思想理论层面建构农村和谐有序发展的长效机制就成为学界必须研究的一个问题。

朱俊瑞教授主持的国家社会科学基金重点项目成果分为三本专著出版，分别为《当代农民思想变迁与农村和谐有序发展研究（浙江篇）》、《当代农民思想变迁与农村和谐有序发展研究（江西篇）》和《当代农民思想变迁与农村和谐有序发展研究（新疆篇）》，共计60多万字，专著采用了大量的问卷调查，组合了政治学、社会学、历史学、经济学等不同学术背景的成员，分析到位，相信能为该领域的研究提供更广阔的思路。

向朱俊瑞教授及其团队表示祝贺。

是为序。

李培林

2016年10月19日于北京

第一章 绪 论

一 问题提出与选题依据

(一) 问题提出

十八届三中全会指出："全面深化改革的总目标是完善和发展中国特色社会主义制度，推进国家治理体系和治理能力现代化。"而农村和谐有序发展是实现中国特色社会主义的重要战略选择，不仅关系农村政策的制定，而且直接影响整个国家发展战略的构建。

而农村社会和谐有序发展的关键是中国农民思想的引导问题，即农民的需求是什么？农民最关心的是什么？农民最迫切希望解决的问题是什么？江西调查所关注的，正是当代农村变迁中农民的需求。

建国特别是改革开放以来，我国的农村已经从封闭、单一、稳定、依附性发展走向开放、多元、快速、自主的发展道路。农民的思想转变到底已达到一个什么样的阶段呢？学界和政府都没有给出相关的答案。特别是随着农民收入的大幅提高，农民生活水平和质量已实现了本质性飞跃，农民思想变迁呈现出多维性，特别是在当前整个中国社会发生深刻变革的大背景下，农村社会各个阶层政治、经济利益诉求日益强烈，各种社会矛盾显性化，农村加快发展面临困局。要全面建设中国特色的社会主义新农村，就必须有效化解各种潜在的社会风险，调节冲突，实现社会各层面的和谐，构筑安定和谐的农村社会发展局面。在这个意义上说，从更高的思想理论层面建构农村和谐有序发展的长效机制就成为学界必须研究的一个问题。[①] 占人口绝大多数的农民是农村建设的主体力量，他们的思想状况

---

① 龚上华：《农民政治意识分化与政府治理创新研究》，浙江大学出版社2014年版，第3页。

直接影响着农村的社会风貌和新农村建设的进程。为此,本文通过准确把握江西农民的思想动态,认真分析其存在的问题,积极探索应对江西农民思想变动的有效举措,不断激发广大农民建设农村的热情,实现共建共享农村文明成果,为新形势下推进江西农村和谐有序建设提供重要的理论支撑。

(二) 选题依据

1. 历史依据

江西,自古以来享有"物华天宝、人杰地灵"的盛誉。在我国革命斗争的历史上又作出了重大贡献,尤其是革命圣地井冈山被誉为"中国革命的摇篮"。

江西老区富有的光荣的革命传统,是今天建设和开发老区的巨大精神财富。在战争年代,老区人民坚定地跟着党走,追随老一辈无产阶级革命家,进行了长期的艰苦卓绝的斗争,为革命做出了巨大贡献。党在江西老区教育和改造农民的历史经验,也是今天建设和开发老区的巨大精神财富。井冈山时期,党对积极分子开展普遍的思想政治理论教育,对边区群众宣传红军的政策,对农民群众开展以打土豪分田地、建立武装和政权为主要内容的思想政治教育,并在此基础上建立了农会组织,随着中央苏区的扩大,苏区农民思想政治教育必须为实现党的中心任务服务,必须以满足、服从和服务于革命战争这一政治任务为直接目的,使之"与目前革命斗争联系起来……使文化教育社会化政治化。"[1] 并使农民的教育"如实地反映出苏维埃的实际,真正为党与苏维埃政府所提出的具体任务而斗争。"[2] 中国共产党利用各种群众性团体、组织把农民组织起来,建立起政治、军事、经济和文化等群众集体性团体,让农民在各种斗争实践中得到锻炼。这些组织有农民协会、贫农或农民团、妇女会、赤卫队、乡村暴动队、自卫队、儿童团、各种形式的生产合作社、识字班等。这些团体不同于过去农村以血缘和地缘为纽带所组织起来的传统社会组织结构,它打破了农村和农民的封闭性,有明确的政治和经济目标,农民通过加入这些

---

[1] 《中央革命根据地史料选编》下册,江西人民出版社1982年版,第584页。
[2] 《苏区文艺运动资料》,上海文艺出版社1985年版,第266页。

组织，达到了自我教育的目的，克服了自身的一些落后性，提高了组织和觉悟程度。①

选择江西吉安革命老区作为研究区域，有助于我们全面准确地把握这段历史，而且也能够为我们今天厘清江西老区农民思想变迁、构建社会主义和谐社会及建设社会主义新农村提供有益借鉴。

2. 现实依据

江西简称"赣"，是中国内陆省份之一。江西省位于中国的东南部，在长江中下游的南岸，处于北纬24°29′14″至30°04′40″与东经113°34′36″至118°28′58″之间。东邻浙江、福建，南连广东，西接湖南，北与湖北、安徽毗邻。全省总面积16.69万平方公里。总人口4339万，辖11个设区市、99个县(市、区)。全省共有38个民族。其中汉族人口最多，占总人口的99%以上。少数民族中人口较多的主要有回族、畲族、壮族、满族、苗族、瑶族、蒙古族、侗族、朝鲜族、土家族、布依族等。江西是我国典型的中部地区，是全国唯一紧邻三个富饶的三角洲的省份，是中部6省（江西、湖南、湖北、安徽、河南、山西）中唯一同时具有中部地区②、泛长三角区域③、

---

① 参见龚上华：《革命年代党对农民思想教育与整合的基本经验》，《求实》，2012年第11期；龚上华：《农民政治意识分化与政府治理创新研究》，浙江大学出版社2014年版，第19页。

② 中部地区包括山西、安徽、江西、河南、湖北和湖南六省在内的中部地区，是中国重要粮食生产基地、能源原材料基地、装备制造业基地和综合交通运输枢纽，在经济社会发展格局中占有重要地位。实施促进中部崛起战略以来，中部六省发展速度明显加快，城乡人民生活水平稳步提高。但是，中部地区也面临着诸多制约长远发展的矛盾和问题。在应对国际金融危机冲击、保持经济平稳较快增长过程中，要进一步发挥中部地区的比较优势，增强对全国发展的支撑能力。

③ 泛长三角作为一种理论提法，众多专家曾多次讨论其范畴，主要有两种意见：一是"1+3"模式，即以上海为龙头，把江苏、浙江和安徽三省全部纳入泛长三角经济区；二是"3+2"模式，即在上海、江苏、浙江三省市的基础上，把长江中下游地区的安徽、江西也纳入泛长三角经济区。范围虽未最后确定，但安徽应占有一席基本达成共识。2008年初，胡锦涛总书记在视察安徽时，第一次明确提出了"泛长三角"的概念和"泛长三角区域发展分工与合作"问题；之后不久，国务院常务会议审议并原则通过了《进一步推进长江三角洲地区改革开放和经济社会发展的指导意见》；同年7月底由苏浙沪相关方面主办的首届泛长三角区域合作与发展论坛在上海举办。来自各方面的信息表明：在国际经济一体化日益深入和国内经济转型升级压力加大的宏观背景下，"泛长三角区域发展与分工合作"问题，再次引发人们的广泛关注和热烈讨论。

泛珠三角区域①3个区域身份的省,既可以享受到国家给予中部地区农业发展的政策优惠,又可以享受到与长三角区域、泛珠三角区域农业经济合作带来的利益。江西也是我国历史悠久的农业省;江西也是我国山区省之一,"七山半水两分田,半分道路和庄园";江西是我国工业化后起省;江西是我国13个粮食主产省之一。②与江西的城市和内地的发达乡村比较,江西的乡村经济水平、市场化程度较低,生产方式单一,市场开放度低,贫困乡村的比例较大,生活水平低,脱贫任务繁重,农民人均纯收入仍低于全国平均水平,许多纯农户的收入持续徘徊甚至下降,城乡居民收入差距不断拉大。如何在革命老区壮大和发展农村经济是当代中国农村社会建设的重要课题,既是推动农村社会经济发展的重要内容和保障,更体现加快推进革命老区农业和农村现代化建设的客观要求。解决好江西农村和谐有序发展问题,加快实现农业和农村工作内容及工作方式的转变,适应农业和农村经济发展新形势,使江西与全国同步实现全面小康社会,不仅对江西实现中部地区崛起,而且对于我国经济的发展和社会的可持续发展都有十分重要的意义。

3. 理论依据

中国农民的内在思想诉求是党中央制定农村政策的重要依据,也是影响中国农村和谐有序发展的基本因素。农民思想观念的实际状况深深地影响着农民的行为和党的农村政策的有效性,影响着农村和谐社会建设的程度,也影响着农民对中国特色社会主义理论的认知程度。因此,从农民思想变迁的角度探索农村发展是一种新视野。实现中国农村社会的快速发展与和谐有序发展道路是本课题的基本出发点和逻辑归宿。这也赋予了本课题特殊的研究意义和价值。

随着农村改革实践的发展,关于农民思想变迁的研究也呈现出由理论

---

① 泛珠江三角洲地区概念(即知名的"9+2"经济地区概念)是2003年7月在国内正式提出来。泛珠江三角洲地区包含了中国华南、东南和西南的九个省份和两个特别行政区,它们是:福建、广东、广西、贵州、海南、湖南、江西、四川、云南、香港和澳门特别行政区。泛珠江三角洲地区覆盖了中国1/5的国土面积和占1/3的人口。2004年泛珠江三角洲地区GDP达到6353.6亿美元。推动"泛珠三角"区域合作,符合中央提出的关于"形成东、中、西部经济互联互动、优势互补、协调发展的新格局"的战略方针,同时也是实践科学发展观的必然要求。

② 刘谟炎:《农村政策指南——中共中央(江西省委)1号文件研究》,江西人民出版社2008年版,第304—309页。

到实践的路径，其研究的领域和范围在不断地拓展。特别是90年代学界注重实证研究风气的兴起，农民思想变迁中也出现了一股个案实证研究的潮流。这些研究往往深入调查一县、一乡或一村的具体政策和实践，在深入描述的基础上，揭示农民思想观念变迁中蕴涵的复杂的因果关系和互动关系，作出学理性结论或政策建议。笔者认为，应该深入到乡野田间进行调查、研究，在村庄个案微观研究的基础上，一个区域一个区域地进行中观探析，通过对各区域实际的研究和比较，最终得出对全国农民思想意识变迁的分析考察，探求农村社会和谐有序发展的长效机制，提出推进农村和谐有序发展的新思路。

本文研究的区域范围严格限定在革命老区江西吉安地区。通过对革命老区农民思想观念变迁的调查，深化对欠发达地区农村社会主义和谐有序发展道路的研究。

二 调研方法与研究框架

（一）调研方法

本次调查主要采取问卷法、结构式访谈法和非参与式观察相结合的方法。问卷法涉及大量样本，并自制《中国特色社会主义道路：基于农民思想变迁的农村和谐有序发展研究》调查问卷，该调查包含148个小题，问卷内容涵盖"农民思想中的利益诉求意识"、"农民民主意识"、"农民生活品质意识"、"农民信仰意识"、"农民宗族意识"、"农民精神生活意识"等6个方面共148个问题，有助于对江西农民的思想观念进行全局性地把握；结构式的访谈可以提供江西农民思想观念变迁的内在机制一个个真实的生活故事；非参与式观察的方法使本文有机会记录了江西农民社会生活的一个个片断，这三者的结合使得本文的调研活动从深度和广度上都基本达到规范研究的要求。

2010年8月11日至17日，由课题主持人率领课题组成员一行5人，根据课题规定的调研计划，课题组采用问卷调查等方法，在当地有关部门的密切配合下，对江西省吉安市所属的青原区值夏镇、天玉镇以及吉安县凤凰镇、敦厚镇等地区的农民（包括普通村民、村干部、乡镇干部、村镇经商的农民）进行了抽样调查。①

在当地有关部门的密切配合下，课题组还采用深度访谈方法对上述乡镇以及青原区的富田镇、新圩镇、文陂乡、吉安县的永和镇、泰和县的万合镇等乡镇的村民、干部进行了面对面的访谈，获得了宝贵的第一手材料，从而对江西省革命老区农民思想、农村生活的基本状况有了大量的感性认识，为课题的下一步研究奠定了坚实基础。

在为期7天的时间内，本次问卷调查共发放调查问卷560余份，收回有效问卷536份，问卷有效回收率为95.7%。全部问卷资料经仔细检查核实后进行编码，输入计算机，运用SPSS11.5社会统计软件包进行分析，并得出结果。个案访谈方面，我们深入到村干部和农民家庭当中进行入户访谈，共取得个案访谈案例50个。除此之外，我们还走访了与村镇密切相关的县、乡镇政府等权力机构，并与其负责人进行了广泛的交流和探讨。整个行程我们共整理文字材料5万余字，视频资料6个多小时，照片300多张。

（二）研究框架

本报告研究主要从绪论、江西农民经济利益意识的变化及其对策、江西农民政治意识的变化及其对策、江西农民宗族意识的现状及趋势、江西农民精神文化生活意识的现状调查及其对策、江西农民社会生活品质意识现状调查及对策建议、结论与展望等七个方面展开分析。

三 研究区域与样本选择

（一）研究区域

吉安位于江西省中西部、赣江中游。从地势上看，属罗霄山脉中段，

---

① 2011年7月17日至21日课题组成员再次返回江西吉安市进行补充调查，主要对青原区的值夏镇、富田镇、新圩镇、文陂乡和天玉镇进行回访。同时增加了青原区的东固畲族乡（2005年7月笔者曾专门考察了东固革命根据地农民的思想问题，并在当地政府部门有关负责人陪同下入户访谈）、吉安县的横江镇、吉安市的吉水县、永新县作为样本地区，并对当地村干部和农民家庭进行入户重点访谈，同时还走访了与村镇密切相关的县、乡镇政府等权力机构，并与其相关负责人进行了广泛的交流和探讨，获得了重要的一手材料。

是举世闻名的革命摇篮井冈山所在地。吉安古称庐陵、吉州，元初取吉泰民安之意改称吉安，沿用至今。全市长约218公里，东西宽约208公里，总面积为25271平方公里。以山地、丘陵为主，山地占全市面积的51%，平原与岗地约占23%，山地与丘陵约占23%，水面约占4%。可概括为"七山半水两分田，半分道路和庄园"。它的四周，东邻抚州市的崇仁县、乐安市及赣州市的宁都、兴国县，南连赣州市的赣县、南康市、上犹县，西接湖南省的桂东、炎陵、茶陵县，北与宜春地区的丰城、樟树市及新余市、萍乡市接壤。2008年末户籍人口数量470万人（其中约二百万人常年在外闯荡，或下海经商或打工）。吉安市是一个以汉民族为主，多民族杂居的市。唐朝时期，畲族蓝姓由福建上杭迁入，但在封建统治下，被贬为无籍民，称"菁民"；元、明、清各代陆续有雷姓畲民从福建徙居于此。20世纪80年代后，因经商、移民、就业、调遣以及部分少数民族汉化后落实民族政策恢复本民族等等原因，境内少数民族人口日趋增多。全市辖10县3区1市（新干县、峡江县、吉水县、吉安县、永丰县、安福县、永新县、泰和县、万安县、遂川县、井冈山市、吉州区、青原区、国家井冈山经济技术开发区）。吉安自古人杰地灵，素有"江南望郡"、"金庐陵"的美称。自秦朝建制以来，这里人才辈出，名士荟萃，文化发达，民风淳朴。从唐宋至明清，吉安科举进士近3000名，状元、榜眼、探花52位（状元20位）。吉安有"一门九进士，父子探花状元，叔侄榜眼探花，隔河两宰相，五里三状元，九子十知州，十里九布政，百步两尚书"的美誉。"唐宋八大家"之一的欧阳修、民族英雄文天祥、《永乐大典》主纂解缙、宋代大文豪杨万里等一批历史文化名人先后诞生在这里，形成了中国文学史上底蕴深厚的庐陵文化。在中国现代历史上，吉安创造了新的光荣，1927年，毛泽东、朱德等老一辈无产阶级革命家在这里创建了第一个农村革命根据地，锻造了"坚定信念、艰苦奋斗，实事求是、敢闯新路、依靠群众、勇于胜利"的井冈精神。经考证，吉安还是毛泽东、邓小平两位世纪伟人的祖籍地。

青原区位于江西省中部，周边与吉水、永丰、兴国、泰和、吉州五县区接壤。总面积914.6平方公里。青原区常住人口21.3万（2006年）。有汉、畲、回等民族。全区辖2个街道、5个镇、2个乡（其中1个民族乡）：滨江街道，河东街道、天玉镇、值夏镇、新圩镇、富滩镇、富田镇、文陂乡、东固畲族乡。共有 18 个社区、107 个行政村。区政府驻文天祥大道。境内地势大体由东南向赣江逐级降落，从东南边境依次为山地、丘陵、河谷平原。最高点为东南边境大乌山，海拔高度 1204.5 米。属亚热带季风湿润气候，年平均气温 18.3 摄氏度，年平均降雨量 1450 毫米。我们调研和回访的主要是天玉镇、值夏镇、新圩镇、富田镇、文陂乡。

值夏镇永乐村位于值夏镇西南部的赣江东岸，距值夏圩镇 8 公里，距吉安市区 21 公里，位于北纬 27.0 度，东经 115.3 度，约 3.2 平方公里。东、北与值夏镇塘陂、芳洲等村接壤，南与泰和县万和镇盖华山村交界，西与古安县永和镇锦源村隔赣江相望，位于青原区、泰和县和吉安县三县交界处。永乐村有千余年历史，相传在明朝永乐年间先人从南昌一带迁入本村，故名永乐村。在新中国成立前，属纯化乡 74 都七姑岭保，新中国成立后属吉安市十一区值夏乡，1959 年 4 月属值夏人民公社；1984 年 4 月政社分离后，改属为值夏乡；1985 年 5 月改属为值夏镇；2001 年 1 月随值夏镇由吉安县划入吉安市青原区。龚家村为永乐村最大的自然村，约 400 户人家，村内分门口、屋背和洲上等部分。龚家村中保留有大量清朝和民国时期建筑文物，有 13 处祠堂，宗族意识较强。

吉安县古称庐陵，地处江西省中部，秦（前 221 年）始置县，是井冈山革命根据地的重要组成部分、赣西南革命斗争中心、著名的将军县。县域面积 2117 平方公里，辖 11 镇 8 乡，总人口 50 万。县城敦厚镇距南昌 231 公里，距吉安市 10 公里。总面积 2117 平方公里。总人口 43.75 万人（2005 年末），其中乡村人口为 35.24 万人，城镇人口 8.51 万人。全县辖 11 个镇、8 个乡：敦厚镇、永阳镇、天河镇、横江镇、固江镇、万福镇、永和镇、桐坪镇、凤凰镇、油田镇、敖城镇、北源乡、大冲乡、里田乡、梅塘乡、登龙乡、安塘乡、官田乡、指阳乡。共有 16 个居委会、314 个行政村。县政府驻敦厚镇。地貌由东南、西南和北部向中部赣江倾斜。主要河流有赣江及其支流禾水、泸水、富水、桐江和文石水。年均气温 18.3℃，年降水量 1500 毫米。全国商品粮基地县、全省瘦肉型猪基地县、赣中南地区烟煤基地县，吉州窑所在地。矿产资源有有烟煤、无烟煤、磁铁、锰、铝钛、铅、铜、白泥、焦宝石、石灰石、高岭土、瓷土、水晶、油页岩及地热等。京九铁路、赣粤高速、105 国道、319 国道、吉安至新余、吉安至永新公路穿境而过，设有京九铁路吉安南站（客、货两用），距井冈山机场30公里。名胜古迹主要有吉州古窑遗址、青原山、白鹭洲、文天祥墓和文天祥纪念馆、古南塔、江西省苏维埃旧址、娑罗山森林公园等。我们调研和回访的主要是敦厚镇、横江镇、永和镇、凤凰镇。

吉水县位于江西省中部，吉安市东北部，赣江中游，北纬26°52′—27°33′、东经114°38′—115°36′。西南与青原区、吉安县接壤，北邻峡江县，东接永丰县。总面积2509.73平方公里，总人口48万人。以汉族为主，有畲、满、壮、蒙古等少数民族。全县辖15个镇、3个乡：文峰镇、阜田镇、盘谷镇、枫江镇、黄桥镇、金滩镇、八都镇、双村镇、醪桥镇、螺田镇、白沙镇、白水镇、丁江镇、乌江镇、水南镇、尚贤乡、水田乡、冠山乡。共有21个居委会、249个行政村。县政府驻文峰镇。我们调研的主要是文峰镇。

泰和县位于江西省中部偏南，吉安地区东南部，北纬26°27′—26°59′，东经114°57′—115°20′，东南邻兴国县，西南与遂川县、万安县毗邻，西接井冈山市、永新县、北与吉安县相连，东北连青原区。泰和县地势较为平坦，大部分地区是赣江平原与低矮丘陵，自然条件优越。是全国首批商品粮、商品牛基地县。泰和为全国20个综合改革试点县之一，是江西省唯一的县域经济改革与发展试点县，几项主要经济指标均高于全省平均水平，县城面积由1995年的5.5平方公里迅速扩展至现在的20余平方公里。文田经济开发区为省一类工业区，被列为全国乡镇企业东西部合作示范区省重点工业园。全县森林覆盖率达78%，农田水质达到一级标准，为发展绿色、无公害、有机农产品提供了良好的生态条件。泰和县辖16个镇、6个乡：澄江镇、碧溪镇、桥头镇、禾市镇、螺溪镇、苏溪镇、马市镇、塘洲镇、冠朝镇、沙村镇、老营盘镇、小龙镇、灌溪镇、苑前镇、万合镇、沿溪镇、石山乡、南溪乡、上模乡、水槎乡、上圯乡、中龙乡。共有22个居委会、290个村委会。泰和县城位于澄江镇。我们调研的主要是万合镇。

永新县位于江西省西部、赣江支流禾水河中上游。地理位置为北纬26°47′—27°14′，东经113°50′—114°29之间，东西长约65公里，南北宽约56公里，县人民政府所在地禾川镇，距吉安市99公里，距南昌市316公里。永新县总面积2195平方公里，总人口48万人。全县辖10个镇、

13个乡：禾川镇、石桥镇、龙源口镇、澧田镇、龙门镇、沙市镇、文竹镇、埠前镇、怀忠镇、高桥楼镇、坳南乡、曲白乡、才丰乡、烟阁乡、在中乡、三湾乡、台岭乡、龙田乡、高溪乡、莲洲乡、高市乡、象形乡、芦溪乡。共有15个居委会、241个行政村。县政府驻禾川镇。我们调研的主要是禾川镇。

（二）样本选择

关于本次调查的样本概况主要从有效问卷的民族、政治面貌、文化程度、性别和年龄等方面展开描述。本次调查主要是在当地政府和教育机构的帮助下完成的。由于我们调查的时间正是农民夏收的季节，在调查中集中村民填写问卷和访谈有明显的困难。

本次实际调研的536人中，其中男性有394人，女性有135人，分别占73.5%和25.20%。（如表1—1所示）。

表1—1　　　　　　　　男女比例①

		频率	百分比%	有效百分比%	累计百分比%
有效	男	394	73.5	74.5	74.5
	女	135	25.2	25.5	100.0
	合计	529	98.7	100.0	
缺失	系统	7	1.3		
合计		536	100.0		

按年龄段分，15—35岁的有93人，36—45岁的有272人，46—55岁的有127人，56岁及以上的有32人，分别占17.4%、50.7%、23.7%、6.0%。（如表1—2所示）。

表1—2　　　　　　　　年龄比例

		频率	百分比%	有效百分比%	累计百分比%
有效	15—35	93	17.4	17.7	17.7

---

① 本课题资料来源除特别注明外，均来自江西调研数据。

续表

		频率	百分比%	有效百分比%	累计百分比%
	36—45	272	50.7	52	69.7
	46—55	127	23.7	24.2	93.9
	56及以上	32	6.0	6.1	100.0
	合计	524	97.8	100.0	
缺失	系统	12	2.2		
合计		536	100.0		

按民族来分，汉族529人，占98.7%，畲族1人，占0.2%，系统缺失6人，占1.1%（如表1—3所示）。

表1—3　　　　　　　　　民族

		频率	百分比%	有效百分比%	累计百分比%
有效	汉族	529	98.7	99.8	99.8
	畲族	1	0.2	0.2	100.0
	合计	530	98.9	100.0	
缺失	系统	6	1.1		
合计		536	100.0		

按文化程度来分，小学及以下的有67人，占12.5%；初中程度的有215人，占40.1%；中专或高中的有150人，占28.0%；大专及以上的有89人，占16.6%（如表1—4所示）。

表1—4　　　　　　　　　文化程度

		频率	百分比%	有效百分比%	累计百分比%
有效	小学及以下	67	12.5	12.8	12.9
	初中	215	40.1	41.3	54.1
	中专或高中	150	28.0	28.8	82.9
	大专及以上	89	16.6	17.1	100.0
	合计	521	97.2	100.0	

续表

		频率	百分比%	有效百分比%	累计百分比%
缺失	系统	15	2.8		
合计		536	100.0		

按政治面貌来分,中共党员为186人,占34.7%;非中共党员为289人,占53.9%;系统缺失61人,占11.4%。如表1—5所示。

表1—5 政治面貌

		频率	百分比%	有效百分比%	累计百分比%
有效	中共党员	186	34.7	39.2	39.2
	非中共党员	289	53.9	60.8	100.0
	合计	475	88.6	100.0	
缺失	系统	61	11.4		
合计		536	100.0		

总的来说,从上述关于调查样本概况的基本描述看,本次调查在样本量、样本的地域分布、样本的年龄、民族、文化程度、政治面貌、性别等方面的分布都比较合理,准确、详尽的分析资料为本课题的研究打下了坚实的基础。

第二章　江西农民经济利益意识的变化及其对策

经济利益表现为一定的主体所占有的用以满足自己需要的物质资料和劳务。对于农民而言，土地是农业生产中最基本的生产资料，农民的经济利益不仅表现为所拥有的物质成果可以通过经济收入衡量，亦表现为对基本生产资料土地的占有情况。[①] 本部分从农民对生产经营的需求、农民收入结构与财富观念发生了较大变化、农民消费意识呈现出新的特点、农民土地意识存在矛盾性等四个方面来论述，并提出引导农民经济利益意识良性发展的建议。

一　农民生产经营需求多元化

生产发展是新农村建设的主要目标之一，也是新农村建设的物质基础。推进农村生产发展，其中很重要的一点就是走现代农业之路。2007年中央一号文件提出："要用现代物质条件装备农业，用现代科学技术改造农业，用现代产业体系提升农业，用现代经营形式推进农业，用现代发展理念引领农业，用培养新型农民发展农业，提高农业水利化、机械化和信息化水平，提高土地产出率、资源利用率和农业劳动生产率，提高农业素质、效益和竞争力。"

农户在产前、产中、产后各环节都面临着一定的风险，归纳起来就是六大问题：①农资价格上涨，压缩生产收益；②农资质量得不到保证；③抵御自然灾害的能力亟待加强；④土地过分细碎，不利于机械化推广；⑤

[①] 恽希良：《经济利益概论》，四川人民出版社1991年版，第20页。

得不到新技术；⑥面对农产品收购商，完全处于价格接受者的地位，在产品定价方面处于弱势地位。①

（一）较高的生产与扩大再生产的成本意识

调查显示，农民经常思考生产项目的选择以及希望进行扩大再生产。当问及"您是否经常思考现在生产什么能够赚钱"时，有457人表示经常思考，占85.3%。这也希望政府有关部门能及时为农民提供多项支持与服务，有效引导农民走上致富之路。另一方面，农民对扩大再生产有强烈的需求，也会认真地计算成本。

表2—1　　您是否经常思考现在生产什么能够赚钱？

		频率	百分比%	有效百分比%	累计百分比%
有效	是	457	85.3	86.7	86.7
	否	70	13.0	13.3	100.0
	合计	527	98.3	100.0	
缺失	系统	9	1.7		
合计		536	100.0		

当问及"您的收入还会投入到扩大再生产吗"时，有448人表示会投入到扩大再生产，占83.6%，如下表所示。

表2—2　　您的收入还会投入到扩大再生产吗？

		频率	百分比%	有效百分比%	累计百分比%
有效	是	448	83.6	85.5	85.5
	否	76	14.2	14.5	100.0
	合计	524	97.8	100.0	
缺失	系统	12	2.2		
合计		536	100.0		

当问及"您在生产之前是否要认真地计算成本"时，有486人表示

---

① 白南生：《农民的需求与新农村建设》，社会科学文献出版社2009年版，第17页。

经常思考，占 90.7%。

表 2—3　　　　　您在生产之前是否要认真地计算成本？

		频率	百分比%	有效百分比%	累计百分比%
有效	是	486	90.7	92.2	92.2
	否	41	7.6	7.8	100.0
	合计	527	98.3	100.0	
缺失	系统	9	1.7		
合计		536	100.0		

（二）渴望得到政府和民间的资金扶持

调查显示，农民有很强的资金融入需求，但需求远远没有得到满足。当问及"您借过信用社，或者银行的贷款去扩大生产吗？"时，回答借过的有267人，将近50%的比例。没有借过的实际上也有需求，只不过他可能依赖于非正规信贷渠道。这一点可以通过韩俊的调研得到印证。在有资金需求的农户中，只有48.36%的农户从信用社获得了贷款。而同时有38.82%的农户由于对获得正规贷款没有信心而从未向信用社申请过贷款。从农户选择意愿上看，43%的农户最希望从信用社获得借款，42.9%的农户仍希望从亲友处获得借款。尽管在主观意愿上，农户对信用社和亲友借款的选择比例基本相当，但在现实选择上信用社借款比例却远小于向亲友借款比例。特别是在最希望从信用社贷款的796户农户中，41%的农户根本就没有申请过信用社贷款，而且其中40%的借款农户都完全依赖于非正规信贷渠道。[①] 这可以从下面的问题中得到印证。

表 2—4　　　　　您借过信用社，或者银行的贷款去扩大生产吗？

		频率	百分比%	有效百分比%	累计百分比%
有效	是	267	49.8	51.1	51.1
	否	255	47.6	48.9	100.0
	合计	522	97.4	100.0	

---

① 韩俊：《破解三农问题》，中国发展出版社2008年版，第249页。

续表

		频率	百分比%	有效百分比%	累计百分比%
缺失	系统	14	2.6		
	合计	536	100.0		

当问及"如果有一个适合您经营的项目，而您目前资金不够，您会怎么办"时，想"争取贷款"的人数达到347，比例达64.7%。另外有120人回答"向亲友借，借得到就干，借不到就不干"，占22.4%。仅有49人表示"资金不够就不做，不想欠账"，占9.1%。可见，绝大多数农民有强烈的生产经营欲望，也有很强的资金需求。

表2—5 如果有一个适合您经营的项目，而您目前资金不够，您会怎么办？

		频率	百分比%	有效百分比%	累计百分比%
有效	资金不够就不做，不想欠账	49	9.1	9.3	9.3
	向亲友借，借得到就干，借不到就不干	120	22.4	22.7	31.9
	争取贷款	347	64.7	65.6	97.5
	其它	13	2.4	2.5	100.0
	合计	529	98.7	100.0	
缺失	系统	7	1.3		
	合计	536	100.0		

现实中虽然农民对资金有很大的需求，但由于信用社实行过于严格的贷款额度控制，农户即使获得贷款，贷款额度与贷款需求量仍有较大差距，农户较大额度的贷款需求不能得到满足。随着农业和农村经济进入结构调整期，部分农民扩大生产经营规模的要求十分强烈。由于农村信用社贷款风险管理制度不完善、缺乏与农户需求有效对接的贷款保证手段，对农户大额贷款，农村信用社普遍存在"惜贷"和"减贷"现象，极大地限制了农户生产规模的扩大和生产结构的调整，制约了农业的发展和农民收入的增长。

（三）迫切希望政府提供科技服务

除资金外，农民还迫切地需要政府能为生产经营活动提供其他有效服务，比如专业技术服务。农民对科技在生产中的作用认识很到位。调查显示，有510人认为"科技在生产中重要"，占95.1%。

表2—6　　　　　　　您认为科技在生产中重要吗？

		频率	百分比%	有效百分比%	累计百分比%
有效	是	510	95.1	96.8	96.8
	否	17	3.2	3.2	100.0
	合计	527	98.3	100.0	
缺失	系统	9	1.7		
合计		536	100.0		

他们迫切需要政府提供多项服务，按照频次我们排序如下：科技资金服务＞专业技术培训＞法律、文化服务＞销售信息服务＞其它服务，从以上述排序可以看出，除资金需求外，农民最需要的就是专业技术培训服务，农民对这种有关生产经营的技术培训和服务十分欢迎，表现出极大的兴趣和需求，尤其是科技下乡活动。

表2—7　　　目前来看，你们迫切需要政府提供哪些方面的服务？　　　单位:%

方式	科技资金服务	专业技术培训	法律、文化服务	销售信息服务	其它服务
频率	246	243	102	64	13
百分比	45.9	45.3	19.0	11.9	2.4

这一点可以从下面三个问题得到印证。

当问及"您参加过哪些农技活动"时，按照参与人数排序如下：农技培训班＞农技下乡＞其它服务＞新品种新技术推介现场会。

表2—8　　　　　您参加过哪些农技活动（多选，排序）　　　　　单位:%

农技活动	农技培训班	农技下乡	新品种新技术推介现场会	其它
频率	268	205	125	153

续表

农技活动	农技培训班	农技下乡	新品种新技术推介现场会	其它
百分比	50.0	38.2	23.3	28.5

当问及"村里组织相关的技能培训,您会参加吗"时,表示"积极参加"的有440人,达到82.1%的比例。

表2—9　村里组织相关的技能培训,您会参加吗?

		频率	百分比%	有效百分比%	累计百分比%
有效	积极参加	440	82.1	85.3	85.3
	无所谓	64	11.9	12.4	97.7
	不参加	12	2.2	2.3	100.0
	合计	516	96.3	100.0	
缺失	系统	20	3.7		
合计		536	100.0		

当问及"科技下乡活动光顾您所在的村吗"时,回答"经常光顾"的有142人,占26.5%,回答"一般,次数不是很多"的有198人,占36.9%;回答"很少光顾"的有157人,占29.3%;回答"不清楚"的有25人,占4.7%。

表2—10　科技下乡活动光顾您所在的村吗?

		频率	百分比%	有效百分比%	累计百分比%
有效	经常光顾	142	26.5	27.2	27.2
	一般,次数不是很多	198	36.9	37.9	65.1
	很少光顾	157	29.3	30.1	95.2
	不清楚	25	4.7	4.8	100.0
	合计	522	97.4	100.0	
缺失	系统	14	2.6		
合计		536	100.0		

江西农村实行大包干以来，多数农户一直实行小规模的分散经营，由于市场信息不灵，把握市场困难，生产的盲目性和自发性经常存在，"一哄而上、一哄而散"现象屡屡发生，买难卖难问题交替出现，严重制约着农业和农村经济的发展，影响农民增收。农民在面对其他市场主体时，总是显得弱小无助，很难有等价交换和平等竞争的机会，极易受到中间商的盘剥。特别是农业生产中的科技应用能力还很弱，农技推广网络不完善，基层科技推广体系薄弱，县、乡级农技部门技术设备落后，农技部门之间的配合、联系较少；农业科技人员不足、素质不高，专业知识陈旧、老化；农技推广经费不足，根本没有资金用来进行农技推广，导致许多试验、示范无法开展，甚至农村动植物疫病出现也无法防控。[①]

多年来，江西省农业厅组织了多种形式的科技下乡活动，根据当地主导产业、优势农产品和农民的需求，采取专家现场技术指导、技术咨询、专题讲座、实用技术及成果展示、赠送科技图书、手册、光盘和农用生产资料等多种形式，为基层农民朋友及时提出实用、适用的生产技术措施，把实用技术送到农村的千家万户。但从调查所知，农民对科技下乡活动需求很大，而有将近1/3的被调查者认为科技下乡活动很少光顾他们所居住的村庄。因此，未来政府部门在科技下乡等服务中应当做好以下几点工作：一是增强科技下乡的针对性，要深入基层和实际，认真研究农民朋友想什么、盼什么、迫切需要什么，把实际效果放在第一位，切实普及先进农业实用技术、提供农业市场信息；二是要将大型科技咨询活动与科技小分队活动结合起来，尤其是各县农业部门要以基层农业技术推广机构为依托，组织乡镇农业技术服务小分队，深入到农村；三是要鼓励精通农业技术、实践经验丰富的农业科技人员，带技术、带项目、带成果、带专利，参加科技下乡活动，鼓励和引导科技工作者包村抓点，直接为农民服务；四是要充分利用现代传媒，促进送科技下乡由季节性、临时性、阶段性活动转变为经常性下乡。

---

① 刘谟炎：《农村政策指南——中共中央（江西省委）1号文件研究》，江西人民出版社2008年版，第322页。

二 农民收入结构与财富观念传统化

改革开放以来,邓小平提出了一个著名的"大政策"、"大原则"、"新办法",即让一部分人、一部分地区先富裕起来,最终实现共同富裕。在这里邓小平对先富的途径和手段有明确的质的规定,即强调先富的途径和手段是:"依靠勤奋劳动先富起来","由于多劳多得先富起来","勤劳致富是正当的"。那么,现实中农民的思想看法是什么呢?

(一) 农民收入来源的多元化

农民收入结构按收入来源分为工资性收入、家庭经营纯收入、转移性和财产性收入三部分。新中国成立以来,随着农业生产和农村经济的快速恢复,农村居民收入迅速增加,1949年,江西省农村居民人均纯收入不足60元,1978年也只有140.7元,农民仍然处于贫穷之中,改革开放以后,一系列的支农、惠农政策为农民收入持续快速增长带来了新的契机,2008年,江西省农民人均纯收入达到4697.2元,居中部六省第一位,居全国第13位,比1949年和1978年分别增长77.7倍和32.4倍,年均分别递增7.7%和12.4%。"十一五"期间,前四年我省农民人均纯收入在全国和中部地区中的排位分别保持在第13位和第1位,2010年因遭遇特大洪涝灾害,位次均下滑1位,但其它主要经济指标排位仍处于较前位次。(参见下表)

表2—11　　"十一五"期间中部地区农民人均纯收入　　单位:元

地区	2005年 收入水平	位次	2010年 收入水平	位次	年均增长(%)	2010年相当于全国比例(%)
全国	3254.9		5919.0		12.7	100.0
江西	3265.5	13	5788.6	14	12.1	97.8
湖南	3117.7	14	5622.0	15	12.5	95.0
湖北	3099.0	15	5832.3	13	13.5	98.5
山西	2890.7	18	4736.3	22	10.4	80.0
河南	2870.6	19	5523.7	17	14.0	93.3

续表

地区	2005年 收入水平	位次	2010年 收入水平	位次	年均增长（%）	2010年相当于全国比例（%）
安徽	2641.0	22	5285.2	18	14.9	89.3
六省平均	2940.0	—	5507.8	—	13.4	93.1

资料来源：国家统计局统计数据

农民收入中，农民人均获得的工资性收入为1842.36元，家庭经营纯收入人均为2552.59元，农民得到的利息、租金、土地征用补偿等财产性纯收入人均为66.55元；农民得到的救济金、补贴等转移性纯收入人均为235.69元。工资性收入和家庭经营纯收入占纯收入的比重分别为39.2%和56.1%，成为农民纯收入的主要来源。

从农民收入结构来看，收入来源不断拓宽，收入非农化趋势明显。随着国民经济发展和农村经济结构调整，农民收入结构发生了重大变化。"十一五"时期，江西农民收入在传统的家庭经营收入稳定增长的同时，工资性收入在农民人均纯收入中比重不断提升，特别是农民的财产性和转移性收入有了较快的增长，农民收入来源不断拓宽。第一，家庭经营收入仍然是农民收入的最主要来源，但所占比重不断下降。第二，工资性收入所占比重持续提升，成为农民增收的主要来源。随着农村经济的快速发展、工业化和城镇化水平的提高以及农民外出务工环境的逐步改善，江西省农村劳动力向非农产业和城市快速转移，农村劳动力就业结构发生了深刻变化。2008年，从事第一产业的农村劳动力占农村劳动力总数的比重由1952年的90.9%下降至52.0%，下降了38.9个百分点，而从事非农行业的农村劳动力所占比重则由9.1%提高到48.0%，上升了38.9个百分点。2008年，全省离乡进城农村劳动力为679.7万人，占农村劳动力的比重达到39.9%。第三，财产性和转移性收入快速增长，所占比重快速增加。农民家庭经营收入是农民家庭从事种植、养殖和家庭二三产业的收入，农民家庭经营收入所占比重的下降，农民工资性收入所占比重、财产性收入和转移性收入所占比重的增加，表明农民收入来源的拓宽，工资性收入比家庭经营收入更快的增长，表明农民来源于非农业收入的快速增长，农民的转移性收入比家庭经营收入更快的增长，表明的是农民来源于政府和社会直接转移给农民的收入增长。农民收入结构的变化表明，当前我省农民人均纯收入主要来源于农民家庭经营纯收入，工资性收入与家庭非农产业的收入已经成为农民人均纯收入增长的重要支撑。统计数据显示与我们的调查非常一致。

当问及"你们家现在主要收入来源，是农业还是其它"时，可以看出，农民收入主要来源分别是从事农业（212 频次，约占 39.6%）和打工（频次 201 次，约占 37.5%）两个途径，在集体企业工作和经商及其他三项分别占 2.4%、7.5% 和 10.6%，系统缺失 2.4%。可见，就所调查样本来看，从事农业和外出打工是农民收入的最主要来源，老区农民经商观念尚弱。这还可以从另外一个问题得到印证。

表 2—12　你们家现在主要收入来源，是农业还是其他？

		频率	百分比%	有效百分比%	累计百分比%
有效	农业	212	39.6	40.5	40.5
	集体企业工作	13	2.4	2.5	43.0
	打工	201	37.5	38.4	81.5
	经商	40	7.5	7.6	89.1
	其他	57	10.6	10.9	100.0
	合计	523	97.6	100.0	
缺失	系统	13	2.4		
合计		536	100.0		

当问及"您在从事农业之外，还从事什么别的工作"时，被调查人员回答基本排序依次是务工＞个体＞经商＞其他。收入来源与其从事的工作是有密切联系的。两个问题结合起来可以看出，革命老区农民所从事的工作和收入的主要来源仍然以农业为主，外出务工位居第二，居于不可忽视的地位，经商仍不是主业，自然也没成为家庭收入的主要来源。

表 2—13　您在从事农业之外，还从事什么别的工作？

		频率	百分比%	有效百分比%	累计百分比%
有效	务工	247	46.1	47.2	47.2

续表

		频率	百分比%	有效百分比%	累计百分比%
有效	个体	114	21.3	21.8	69.0
	经商	93	17.4	17.8	86.8
	其他	69	12.9	13.2	100.0
	合计	523	97.6	100.0	
缺失	系统	13	2.4		
合计		536	100.0		

为了更进一步了解农民对经商的真实看法，我们设计了一个问题"如果经商能挣更多的钱，而您又有条件和钱经商的时候，您的选择是什么"时，回答"以经商为主，兼顾农业"的有227频次，占42.4%的比例，回答"以农业为主，兼顾商业"的有143频次，占26.7%，回答"弃农经商"的有141频次，占26.3%。回答"仍然从事农业生产"的仅为14频次，占2.6%。从数据中可见，老区农民对土地的依恋度在市场经济的冲击下仍然很大，希望从事兼业的占69.1%，加上仍然从事农业生产的，农民选择不离开农业生产的占了71.7%之多，纯粹弃农经商的不到1/3。

表2—14　　如果经商能挣更多的钱，而您又有条件和钱
经商的时候，您的选择是：

		频率	百分比%	有效百分比%	累计百分比%
有效	以经商为主，兼顾农业	227	42.4	43.2	43.2
	以农业为主，兼顾商业	143	26.7	27.2	70.5
	弃农经商	141	26.3	26.9	97.3
	仍然从事农业生产	14	2.6	2.7	100.0
	合计	525	97.9	100.0	
缺失	系统	11	2.1		
合计		536	100.0		

（二）农民致富手段的技能化

在致富问题上，一是老老实实努力到底能否致富，超过半数以上约

59%的人认为不能,38.1%的人认为能够致富。当然这里老老实实指的是正当的勤劳致富。

表2—15　您认为一定要老老实实努力才会富裕吗?

		频率	百分比%	有效百分比%	累计百分比%
有效	是	204	38.1	39.2	39.2
	否	316	59.0	60.8	100.0
	合计	520	97.0	100.0	
缺失	系统	16	3.0		
合计		536	100.0		

二是"您认为当今发家致富最需要的是什么",即发家致富的根本要素是靠个人的本领还是亲戚朋友的帮助抑或是政府的帮助时,309频次认为根本上靠的是个人的本领,占57.6%,165频次认为靠的是政府帮助,约占30.8%。

表2—16　您认为当今发家致富最需要的是什么?

		频率	百分比%	有效百分比%	累计百分比%
有效	个人的本领	309	57.6	58.4	58.4
	亲戚朋友的帮助	26	4.9	4.9	63.3
	政府的帮助	165	30.8	31.2	94.5
	其他	29	5.4	5.5	100.0
	合计	529	98.7	100.0	
缺失	系统	7	1.3		
合计		536	100.0		

三是对周围已富裕人士致富秘诀的看法。当问及"对于您身边比较富裕的人,您认为他们中的大多数人主要依靠什么致富(限选2项)"排在前两位的分别是"能力强,会经营管理"和"胆子大,敢闯"这两种,分别为291频次和159频次,占54.3%和29.7%。其后两位是"能吃苦,勤快"和"有文化、有技术",分别为143频次和137频次,占26.7%和25.6%,再后是"自己或亲友的官位或政治背景"和"运气好或有人相

助"分别为124频次和56频次,占23.1%和10.4%。排在最后两位的是"狡诈,能骗人"和"违法经营"两项,分别为26频次和20频次,占4.9%和3.7%。调查显示,虽然这是从第三方来看待已致富人士的致富秘诀,但还是能反映勤劳致富,合法经营的理念,只要你有能力、会经营、敢闯敢冒险、能吃苦、又勤劳、有文化、有技术外加机遇好,每个人都能成功。反过来,已致富人员的致富经验或者秘诀必然会影响尚未致富或者正在致富的人士并为他们提供借鉴和参考,发挥良好的示范作用。违法经营和欺骗狡诈并不是致富的主渠道和主旋律。

表2—17 对于您身边比较富裕的人,您认为他们中的大多数人主要依靠什么致富(限选2项)   单位:%

原因	能力强,会经营管理	胆子大,敢闯	能吃苦,勤快	有文化、有技术	自己或亲友的官位或政治背景	运气好或有人相助	狡诈,能骗人	违法经营	说不清
频率	291	159	143	137	124	56	26	20	14
百分比	54.3	29.7	26.7	25.6	23.1	10.4	4.9	3.7	2.6

四是十分看重诚实守信在市场交易活动中的作用,对欺诈、背信弃义、欠债赖债等手段表示深恶痛绝。调查显示,有354频次的人认为诚实守信非常重要,148频次的人认为相当重要,这两项加起来约占93.6%,可见,从被调查者来说,绝大多数人认同诚实守信在市场交易活动中的作用。

表2—18 您认为诚实守信在市场交易活动中的作用如何?

		频率	百分比%	有效百分比%	累计百分比%
有效	非常重要	354	66.0	67.7	67.7
	相当重要	148	27.6	28.3	96.0
	有点重要	17	3.2	3.3	99.2
	不重要	4	0.8	0.8	100.0
	合计	523	97.6	100.0	

续表

		频率	百分比%	有效百分比%	累计百分比%
缺失	系统	13	2.4		
	合计	536	100.0		

自然，当问及"现在做生意如果不采用欺诈、背信弃义、欠债赖债等手段就赚不到钱"的问题时，表示不赞成及非常不赞成的总共有381人，占71%，但由于现实中虽然倡导诚实守信，仍有部分人员是通过欺诈、背信弃义、欠债赖债等手段致富的，因此也自然而然地影响了被调查者中的部分人，非常赞成的有76人，占14.2%，有点赞成的有69人，占13.1%。

表2—19 您对"现在做生意如果不采用欺诈、背信弃义、欠债赖债等手段就赚不到钱"的说法怎么看？

		频率	百分比%	有效百分比%	累计百分比%
有效	非常赞成	76	14.2	14.4	14.4
	有点赞成	69	12.9	13.1	27.6
	不赞成	213	39.7	40.5	68.1
	非常不赞成	168	31.3	31.9	100.0
	合计	526	98.1	100.0	
缺失	系统	10	1.9		
	合计	536	100.0		

三 农民的消费意识日益品质化与现代化

随着经济的持续健康发展，农民的收入逐年增加。农民手中的钱多了，对自身的生活质量要求也越来越高，农民的消费意识正在发生新的变化，新的消费特点的出现，预示着农村新的消费热点正在逐步形成，广大农民正在摆脱以吃、穿为主的消费观念，逐步追求更高层次的生活品质。

（一）农民生活基本消费状况

调查显示，农民每天的食品消费依次排序为肉食品＞水果＞蛋类＞牛奶＞海鲜，尤其是在内陆地区不常见的海鲜也经常消费，除上述食品以外，其他食品也占了大部。食品消费中，肉、蛋、奶、鱼、水果等消费量增多，表明膳食结构向营养、科学型发展。统计数据显示，2008年，江西农民人均消费肉禽16.2公斤、水产品5.78公斤、水果12.75公斤，比1983年分别增长54.4%、1.9倍和11.5倍。

表2—20　　请问您家中每天的食品消费中包括：（可多选）（%）

食品类别	肉食品	水果	蛋类	牛奶	海鲜	其他
频率	359	317	222	156	17	179
百分比	67.0	59.1	41.4	29.1	3.2	33.4

耐用消费品中，彩电、冰箱的拥有量占绝大多数，基本成为常用消费品。空调和热水器也已成为主力消费品，不常见的汽车也已进入部分农民家庭。

表2—21　　您家中的耐用消费品包括：（可多选）（%）

耐用品类别	汽车	空调	冰箱	彩电	热水器	其他
频率	57	290	415	478	244	75
百分比	10.6	54.1	77.4	89.2	45.5	14.0

（二）消费理念和结构从生存需求型向发展享受型转化

根据消费规律，低级消费阶段的人们用于吃、穿、住的比重较大，随着收入的提高，消费结构逐渐升级，人们用于其他诸如发展型、享受型消费的比重会有较大幅度的上升。生存型结构是指维持人的生命、恢复体力和人口繁衍所必需的消费所占的比重较大的消费结构。发展型结构是指提高人口素质所必需的消费。如开发智力、培养美育、德育，增强体育等方面的消费所占比重较大的消费结构。享受型则是除满足生存和发展需要以外，可以满足生活舒适、爱好，增加生活情趣等方面的消费所占份额较大的消费结构。由于按生存、发展、享受的需要进行分类，不易划分清楚，许多项目会有交叉，并且随着社会经济的发展，居民生活的变化，各类消费需要的内容也会不断发生变化，故此方法有一定的局限性。尽管如此，我们还是将吃、穿、住定义为生存需要，将娱乐教育文化服务、交通通信、家庭设备用品、医疗保健、其他商品和服务、耐用消费品支出定义为发展和享受需要,用来大致反映消费层次的变化。

1. 农民的需求从实用型走向品质追求型

当问及"您建造房屋看中什么"时,回答看重"实用性"的占55.2%,看重"内部设计和装潢"的有193频次,占36.0%,看重"外部气派"和"数量"的分别占4.1%和2.8%。

表2—22　　　　　　　　您建造房屋看中:

		频率	百分比%	有效百分比%	累计百分比%
有效	数量	15	2.8	2.9	2.9
	外部气派	22	4.1	4.2	7.0
	内部设计和装潢	193	36.0	36.7	43.7
	实用性	296	55.2	56.3	100.0
	合计	526	98.1	100.0	
缺失	系统	10	1.9		
合计		536	100.0		

当问及"您购买耐用消费品最注重什么"时,回答注重"内在质量和基本功能"的有375频次,占70.0%之多;其他就是注重价格、外观和样式以及售后服务等。

表2—23　　　　　　　您购买耐用消费品最注重:

		频率	百分比%	有效百分比%	累计百分比%
有效	内在质量和基本功能	375	70.0	72.3	72.3
	价格	81	15.1	15.6	87.9
	外观和样式	11	2.1	2.1	90.0
	售后服务	52	9.7	10.0	100.0
	合计	519	96.8	100.0	
缺失	系统	17	3.2		
合计		536	100.0		

当问及"您购买衣服时最看重什么"时,回答注重实用性的占 64.2%,注重价格、款式和衣料的分别占 11%、17% 和 6.5%。

表 2—24　　　　　　　　您购买衣服时最看重:

		频率	百分比%	有效百分比%	累计百分比%
有效	价格	59	11.0	11.2	11.2
	实用性	344	64.2	65.0	76.2
	款式	91	17.0	17.2	93.4
	衣料	35	6.5	6.6	100.0
	合计	529	98.7	100.0	
缺失	系统	7	1.3		
合计		536	100.0		

2. 农民精神生活消费比重上升,物质生活消费比重下降

主要表现在以下几个方面:在农村居民消费中,文化生活服务性消费增长快于物质生活消费。农村居民文化消费的比重由 1985 年的 3.17%,上升到 2000 年的 17.24%,比小康目标值高出 7.24 个百分点,而物质生活消费在绝对额不断增长的前提下,其消费比重由 96.83% 下降到 82.76%。改革开放以来,我国农村居民的物质生活水平不断提高,农村居民家庭人均纯收入 2007 年达到 4140.4 元,扣除物价因素,年均增长 6.2%;人均生活消费支出从 2001 年的 1741.09 元增长到 2007 年的 3223.85 元;恩格尔系数从 2001 年的 47.7% 下降到 2007 年的 43.1%。随着人民收入水平的上升,人们的消费结构也发生了重大变化,文化消费支出在居民消费支出中的比重在不断上升。据统计,农村居民家庭人均文教娱乐用品及服务支出由 1980 年的 8.3 元增加到 2007 年的 305.7 元,增长 35 倍,年均增长 14.3%,其占消费性支出比重由 5.1% 上升到 9.5%。农村居民的文化消费不仅提高了农村居民的生活质量,同时还因为其正外部性,为中国社会经济发展带来了巨大的效益,推动了中国社会经济的高速发展。[①]

[①] 参见卓纳新、黄向阳《农村居民文化消费的外部性研究》,《经济与社会发展》2009 年第 3 期。

随着生活水平的提高，农民已经有了外出旅游的欲望和实际行动。当问及"您家庭成员经常出去旅游吗"时，回答"经常去"的有12人，约占2.2%，回答"一般"的有109人，约占20.3%，有39.4%的人回答"比较少或者偶尔"参加旅游的。"几乎不"出去旅游的有197频次，占36.8%。

表2—25　　　　　　您家庭成员经常出去旅游吗？

		频率	百分比%	有效百分比%	累计百分比%
有效	几乎不	197	36.8	37.2	37.2
	比较少	211	39.4	39.9	77.1
	一般	109	20.3	20.6	97.7
	经常去	12	2.2	2.3	100.0
	合计	529	98.7	100.0	
缺失	系统	7	1.3		
合计		536	100.0		

当问及"如果您意外获得一笔较大数目的钱，您会首先选择什么"时，排在第一位和第二位的分别是"投资"和"精神文化教育消费"，比重分别占47.8%和24.8%，而选择"物质消费"和"存起来"的仅占11.4%和14.2%。可见，"精神文化教育消费"的理念已经深入到了寻常百姓的心里。

表2—26　　　如果您意外获得一笔较大数目的钱，您会首先选择：

		频率	百分比%	有效百分比%	累计百分比%
有效	物质消费	61	11.4	11.6	11.6
	投资	256	47.8	48.7	60.3
	精神文化教育消费	133	24.8	25.3	85.6
	存起来	76	14.2	14.4	100.0
	合计	526	98.1	100.0	
缺失	系统	10	1.9		
合计		536	100.0		

(三) 农民消费方式理性化

1. 老区农民消费方式是有计划的

调查显示，绝大多数农民在消费方面，非常注重消费计划的制定，对于信用消费即透支消费还是持谨慎态度。当问及"您花钱有计划吗"时，回答有计划的有438人，占81.7%，没有计划的仅占16%。

表2—27　　　　　　　您花钱有计划吗？

		频率	百分比%	有效百分比%	累计百分比%
有效	是	438	81.7	83.6	83.6
	否	86	16.0	16.4	100.0
	合计	524	97.8	100.0	
缺失	系统	12	2.2		
合计		536	100.0		

当问及"您的消费方式是什么"时，"先做消费计划再花钱"的频次为179，占33.4%，回答"能省则省"的频次为247，占46.1%，仅有少部分人回答"没什么计划"，占17.5%。

表2—28　　　　　　　您的消费方式是什么？

		频率	百分比%	有效百分比%	累计百分比%
有效	先做消费计划再花钱	179	33.4	34.2	34.2
	能省则省	247	46.1	47.1	81.3
	没什么计划	94	17.5	17.9	99.2
	毫不在乎	4	0.7	0.8	100.0
	合计	524	97.8	100.0	
缺失	系统	12	2.2		
合计		536	100.0		

2. 当地农民对于信用消费即透支消费还是持谨慎态度

当问及"您在什么情况下选择信用消费"时，回答"不管有钱没钱，想用就用"的有25人，约占4.7%，回答"有稳定收入就可以"的有

278 人，约占 51.9%，回答"尽量不要用信用消费"的有 204 人，占 38.1%。这里表明农民已经能够接受信用消费，但是仍持谨慎态度。

表 2—29　　　　　您在什么情况下选择信用消费

		频率	百分比%	有效百分比%	累计百分比%
有效	不管有钱没钱，想用就用	25	4.7	4.9	4.9
	有稳定收入就可以	278	51.9	54.8	59.8
	尽量不要用信用消费	204	38.1	40.2	100.0
	合计	507	94.6	100.0	
缺失	系统	29	5.4		
	合计	536	100.0		

3. 由于各种不确定因素的存在，江西农民消费意愿远远低于储蓄意愿

一方面，由于受传统消费观念影响，再加上对未来预期的不确定性，例如失业、养老、看病等，农民对未来生活保障的信心明显不足，消费意愿远远低于储蓄意愿，并且集中在一些不得不消费的大项目上。

当问及"除生活必要开支外，您家开销最大的一项是什么"时，居于前两位的分别是"教育支出"和"抚养子女和老人"。回答"教育支出"的为最大，有 241 人，占 45.0%，回答"抚养子女和老人"的占 43.1%。其余是"人情支出（请客送礼）"和"通信消费"。当问到"日常生活支出较大的项目"时，几乎所有的受访农民都做出了同样的选择：盖房子、儿女结婚、孩子上大学。

表 2—30　　　　　除生活必要开支外，您家开销最大的一项是：

		频率	百分比%	有效百分比%	累计百分比%
有效	教育支出	241	45.0	46.3	46.3
	抚养子女和老人	231	43.1	44.3	90.6
	人情支出（请客送礼）	28	5.2	5.4	96.0
	通信消费	7	1.3	1.3	97.3
	其他	14	2.6	2.7	100.0
	合计	521	97.2	100.0	

		频率	百分比%	有效百分比%	累计百分比%
缺失	系统	15	2.8		
	合计	536	100.0		

当前教育医疗费用居高不下,不少农户因供学生或者因高额医疗费用支出而负债累累,有的返贫。虽然近几年,农村教育得到的扶持力度在加大,教育环境得到改善,但农民的教育成本压力依然很大。2005年,江西省在校学生学杂费人均达到1201元,占农民人均生活消费支出的62%,供养子女上学的农户家庭大部分钱都花在学杂费上,而且大中专学生的学杂费远远高于平均水平,如果加上在外生活消费等基本支出,年均费用则逾万元。医疗方面同样如此,2005年我省农民医疗费用平均每户高达671.06元。对于缺乏活钱来源的农户来说,是沉重的负担。

表2—31　　　　您希望您的孩子通过教育达到什么教育水平?

		频率	百分比%	有效百分比%	累计百分比%
有效	本科及以上	452	84.3	85.8	85.8
	职业技术学校及大专	58	10.8	11.0	96.8
	中专	4	0.7	0.8	97.5
	高中	12	2.2	2.3	99.8
	初中	1	0.2	0.2	100.0
	合计	527	98.3	100.0	
缺失	系统	9	1.7		
	合计	536	100.0		

另一方面,农民面临贷款难,消费信贷存在巨大困境。大多数受访农民认为,有多少钱就做多少事情,除非遇到"实在过不去的坎或者火烧眉毛的事",不然绝不开口借钱,欠钱总是不太光彩的事。不过,他们都坦言有过借钱的经历。如果所需金额不是很大,农民们更倾向于向亲戚朋友求助,"不要付利息,也没有还款期,还是比较方便的。"但如果所需金额比较大,那只能求助于金融机构。下表显示,当资金不够时,最终将有64.7%的农民还是要求助于金融机构的贷款。

表 2—32　如果有一个适合您经营的项目，而您目前资金不够，您会怎么办？

		频率	百分比%	有效百分比%	累计百分比%
有效	资金不够就不做，不想欠账	49	9.1	9.3	9.3
	向亲友借，借得到就干，借不到就不干	120	22.4	22.7	31.9
	争取贷款	347	64.7	65.6	97.5
	其它	13	2.4	2.5	100.0
	合计	529	98.7	100.0	
缺失	系统	7	1.3		
合计		536	100.0		

但很多情况下，农民贷款并不那么容易。比如农民住房贷款，要求农民购房建房必须符合土地利用总体规划和村庄、集镇规划；申请贷款的农户没有不良信用记录，并有稳定的收入来源；贷款额一般不超过购房建房费用总额的50%。这些限制无疑让大多数农民顾虑重重，再加上不了解信贷政策、缺乏超前消费意识，农民贷款的积极性自然受到严重制约。"首要的难题就是抵押问题，农村宅基地属于集体用地，农民房也不像城市商品房那样产权清晰，不能抵押，即便可以抵押，一旦农民欠贷不还，金融机构也无法拍卖，难以处理。"江西省新建县农村信用社理事长夏顺华说，农民抗风险能力差，更易使发放贷款的金融机构造成损失。江西省农村信用社信贷管理部科长吴晓认为："一边是农村消费市场需求日益高涨，一边则是银行和农民面临贷款难、难贷款的困扰，这是目前农村消费信贷的一个突出矛盾。"[①] 前面的调查显示，绝大多数农民消费欲望强，农村消费市场需求日益高涨，如何有效引导农民消费，是我们需要进一步思考的问题。

---

① 参见卞民德《江西部分农村地区调查：农民贷款消费，不容易》，http：//unn.people.com.cn/GB/14748/11315946.html。

四 农民土地意识存在差异性

(一) 土地产权认知

当问及"您认为您现在耕种的土地是属于国家的或者集体的还是你自己的?"时,有402人认为是国家或者集体的,约占75.0%,93人认为是自己的,占17.4%,表示不知道和其他的有20人,约占3.8%。可见,绝大部分普通农民对自己耕种的土地性质十分了解。

表2—33　您认为您现在耕种的土地是属于国家的或者集体的还是你自己的?

		频率	百分比%	有效百分比%	累计百分比%
有效	国家或者集体的	402	75.0	78.1	78.1
	自己的	93	17.4	18.1	96.1
	不知道	18	3.4	3.5	99.6
	其他	2	0.4	0.4	100.0
	合计	515	96.1	100.0	
缺失	系统	21	3.9		
合计		536	100.0		

对另一个问题的回答也给予了充分证明。当问及"您认为目前的土地制度实际上是谁所有"时,回答国家所有或者集体所有的共有456人,约占85%。其中有17.5%的人认为农村土地虽然土地性质是集体所有,但却是"干部说了算"。

表2—34　您认为目前的土地制度实际上是:

		频率	百分比%	有效百分比%	累计百分比%
有效	私有	70	13.1	13.3	13.3
	集体所有,但干部说了算	94	17.5	17.9	31.2
	集体所有,大家说了算	146	27.2	27.8	58.9
	国家所有	216	40.3	41.1	100.0

续表

		频率	百分比%	有效百分比%	累计百分比%
	合计	526	98.1	100.0	
缺失	系统	10	1.9		
	合计	536	100.0		

为了保护国家的利益，约319人认为土地所有还是维持现状比较好，约占59.5%。在回答这三个问题时，有一个现象不得不引起重视，即约有20%左右的农民认为私有好，从我国国情来看，这部分人实际上是希望土地归集体所有，但是家庭联产承包后，土地应由自己在法律规定范围内自由支配。后面我们关于土地承包权的问卷也证明了这一点。

表2—35　　　为了保护国家的利益，您认为土地：

		频率	百分比%	有效百分比%	累计百分比%
有效	私有好	105	19.6	20.2	20.2
	现在的状况好	319	59.5	61.2	81.4
	其它	97	18.1	18.6	100.0
	合计	521	97.2	100.0	
缺失	系统	15	2.8		
	合计	536	100.0		

另外，调查显示，农民对国家现行的一些土地政策法规总体上满意，从表中可以看出，非常满意、满意以及比较满意的比例总计高达87%。从现有调查中尚不足以反映出当地存在征收土地造成社会矛盾突出的问题。

表2—36　　　您对国家现行的一些土地政策法规满意吗？

		频率	百分比%	有效百分比%	累计百分比%
有效	非常满意	56	10.4	10.7	10.7
	满意	250	46.6	47.6	58.3
	比较满意	161	30.0	30.7	89.0

续表

		频率	百分比%	有效百分比%	累计百分比%
	不满意	49	9.1	9.3	98.3
	其他	9	1.7	1.7	100.0
	合计	525	97.9	100.0	
缺失	系统	11	2.1		
合计		536	100.0		

(二) 承包权及农地征用认知

当问及"您现在的承包地和 80 年代刚分田到户时相比是多了还是少了"时，回答"少了"的有 313 频次，占总样本的 58.4%，回答"多了"的有 99 频次，占总样本的 18.5%，回答"几乎一样"的有 109 频次，占总样本的 20.3%。可见，不发达地区承包地总体上是减少了，其主要原因一方面是人口自然增长，另一方面是大量良田被挪作他用（比如农村宅基地使用等等），第三个原因就是政府征地发展经济使用。

表 2—37　您现在的承包地和 80 年代刚分田到户时相比是多了还是少了?

		频率	百分比%	有效百分比%	累计百分比%
有效	少了	313	58.4	60.1	60.1
	多了	99	18.5	19.0	79.1
	几乎一样	109	20.3	20.9	100.0
	合计	521	97.2	100.0	
缺失	系统	15	2.8		
合计		536	100.0		

当问及"您认为现在完全依靠承包土地从事相关生产能否过上好日子"时，回答"能够"的有 155 频次，占 28.9%；回答"不能够"的有 276 频次，占 51.5%；回答"说不准"的有 97 频次，占 18.1%。调查显示，农民完全依靠土地生活的也还是不在少数，当然，说不能够完全依靠承包土地过上好日子的人占了一半以上。改革开放以来，尤其是邓小平南

巡讲话以后,当地年轻农民开始流向广东等沿海地区打工,到2000年初期,打工贴补家用已成气候。但当地农民与土地的关系和情感仍比沿海地区更深。

表2—38 您认为现在完全依靠承包土地从事相关生产能否过上好日子?

		频率	百分比%	有效百分比%	累计百分比%
有效	能够	155	28.9	29.4	29.4
	不能够	276	51.5	52.3	81.6
	说不准	97	18.1	18.4	100.0
	合计	528	98.5	100.0	
缺失	系统	8	1.5		
合计		536	100.0		

当问及"您认为您村的承包地应该不应该每隔几年按照人口进行一次调整"时,有434频次的人认为"应该"调整,约占81%;回答"不应该"和"说不清"的有94频次,占17.5%。这实际反映了农民对农户人口发生变化后,是否要对承包地进行调整问题的看法和意愿。调查表明,当地绝大多数农民认为应该适时调整。但是在实际操作过程中,农户的人口虽发生了变化,却不一定就会相应地调整承包地。《农村土地承包法》规定,农村土地承包的承包方是本集体经济组织的农户;在农村土地承包中,妇女与男子享有同等承包土地的权利。村民承包土地是以农户为单位,承包期限基本都是30年以上。在《农村土地承包法》实施前已经预留机动地的,机动地面积不得超过本集体经济组织耕地总面积的5%,不足5%的不得再增加机动地;该法实施前未留机动地的,本法实施后不得再留机动地。这也就是说,法律是不鼓励预留机动地的。但是为了照顾某些农户人口增加以后对土地的需要,农村大致采取以下几种办法解决:如采用调整口粮田和提留款的动粮不动地,供粮不包田的办法;有的实行增人减责任田、加口粮田、减人增责任田、减口粮田的两田互补的办法;有的实行一部分土地长期承包不动,一部分土地短期承包,几年一调的长短结合的办法。

表 2—39　　　您认为您们村的承包地应该不应该每隔几年按照人口进行一次调整？

		频率	百分比%	有效百分比%	累计百分比%
有效	应该	434	81.0	82.2	82.2
	不应该	42	7.8	8.0	90.2
	说不清楚	52	9.7	9.8	100.0
	合计	528	98.5	100.0	
缺失	系统	8	1.5		
合计		536	100.0		

当问及"如果条件合适，您是否愿意完全放弃您的土地承包权"时，回答"愿意"的有 191 频次，占 35.6%，回答"不愿意"的有 259 频次，占 48.3%，回答"说不清楚"的有 75 频次，占 14%。关于土地承包权的放弃与否，对于农民来说，是一件非常纠结的事情。

表 2—40　　如果条件合适，您是否愿意完全放弃您的土地承包权？

		频率	百分比%	有效百分比%	累计百分比%
有效	愿意	191	35.6	36.4	36.4
	不愿意	259	48.3	49.3	85.7
	说不清楚	75	14.0	14.3	100.0
	合计	525	97.9	100.0	
缺失	系统	11	2.1		
合计		536	100.0		

当问及"您认为您的承包地被政府征用对您是好事还是坏事？"时，约 232 频次的人认为这是"好事"，占 43.3%；有 105 频次的人认为是"坏事"，占 19.6%，有 188 频次的人认为"说不清"，占 35.1%。从调查中显示，农民对土地征用的好坏存在明显的矛盾，光是说不清，就占了 1/3 之多。由于问卷未涉及是否存在征地矛盾等问题，故尚不足以妄加推测，但是现实中存在的农村征地矛盾以及由此引发的农村突发性群体事件确实值得我们深思。

表 2—41　您认为您的承包地被政府征用对您是好事还是坏事？

		频率	百分比%	有效百分比%	累计百分比%
有效	好事	232	43.3	44.2	44.2
	坏事	105	19.6	20.0	64.2
	说不清楚	188	35.1	35.8	100.0
	合计	525	97.9	100.0	
缺失	系统	11	2.1		
合计		536	100.0		

随着市场化、城市化进程的推进，征地规模越来越大、补偿标准越来越高，但农村征地引发的冲突却愈演愈烈。目前，全国范围出现了多起由农村征地而引发的事件[①]，研究者认为造成这种冲突的原因主要有四点：一是我国征收土地的补偿标准远远落后于社会经济发展水平，征地补偿无法满足老百姓的生活需求。二是法律概念上存在冲突。一方面，法律规定，为了公共利益的需要征收土地，但"公共利益"又难以界定。另一方面又规定"任何单位和个人进行建设，需要使用土地的，必须依法申请使用国有土地"，二者相互冲突。三是级差地租产生超额利润，国家、集体、个人利益分配不均是征地矛盾产生的最根本的原因，被征地农民的社保、医保等社会保障问题难以跟进及确保农田基本用地。四是一次性补偿无法保障被征地农民的长远生

---

① 据农业部的数据统计，仅 2006 年因征地引发的农村群体性事件已经占全国农村群体性事件的 65% 以上。下面仅列举 2010 年因征地引发冲突的主要事件：

2010 年 1 月 26 日下午 3 时 15 分左右，江苏省盐城市区迎宾路拓宽工程地段一居民曾某从家中身浇汽油，突然跑到门前迎宾路上点火自焚，其女发现后立即上前扑救，其女双手轻度烧伤。曾某为迎宾路拓宽工程地段一拆迁户。据家属称，曾某是在暴力拆迁人员威胁恐吓之下选择自焚的；2010 年 3 月 3 日，湖北省武汉市黄陂区。69 岁的王翠云在阻止拆迁方施工的过程中，被铲土机铲入土沟活埋，不治身亡；2010 年 3 月 27 日，江苏省连云港市东海县黄川镇一户村民为阻拦镇政府强拆自家的养猪场，有二人浇油自焚，68 岁的男子陶会西死亡，其 92 岁的父亲陶兴尧被烧伤；2010 年 4 月 3 日，福建泉州市民何全通，因不服自家房屋即将被强制拆迁的决定，在该屋点火自焚，经紧急抢救无效后死亡；2010 年 9 月 10 日上午，江西抚州市宜黄县发生恶性拆迁冲突，致使被拆迁户 3 人被烧成重伤，分别为被拆迁者钟姓一家的大伯、79 岁的叶忠诚，钟家的母亲、59 岁的罗志凤以及钟家二女儿钟如琴。9 月 18 日 1 时左右，伤势严重的叶忠诚因抢救无效死亡。

计。[①] 而关于农村征地冲突的深层次诱因，学者们普遍认为，模糊的集体土地所有权、多产权主体同时存在，是我国土地冲突频发的一个基本因素。有学者认为，导致我国农地非农化过程中的土地冲突的深层诱因，包括征地制度的缺陷[②]、农地所有权模糊、农地承包权残缺、土地矛盾调解制度缺陷[③]、农地征用补偿费偏低[④]、利益表达制度安排滞后[⑤]、农民在面临经济政治权利被侵犯时难以在体制内找到保护[⑥]。[⑦]

如何有效地解决好这个问题呢？正如学者吴毅所说的，"一方面是集体所有制的虚空以及无法消除的土地细碎化经营，另一方面又是作为既代表属地公共利益，却又有自身利益考虑，并且可以运用强势权力把这种考虑变为现实的基层政府，诸种因素相互缠结，互为因果，便不可避免地将经济学家们所说的那只'有形之手'积极或消极地，主动或被动地引入到征地和开发的过程中。""只是这种正负并存、优劣相交的悖论的存在，即政府的进入和作为既可能是农民利益受损的原因，却又可能是农民得利的前提。""也许现实就只能是这样既矛盾又复杂地存在和发生，人们所能做的，只不过是在这种主动和被动、有为与无奈以及损益之间的权衡与平衡。"[⑧]

（三）土地流转制度认知

我国农村土地关系的变革在党的十一届三中全会之后正式开始，经历了由"统一经营"到所有权、承包权"两权分离"，再到土地所有权、承

[①] 参见何永智，关于现行土地政策严重制约城乡统筹发展的提案，选自《政协第十一届全国委员会提案及办理复文选》(2008年卷)。

[②] 参见黄祖辉、汪晖《非公共利益性质的征地行为与土地发展权补偿》，《经济研究》2002年第5期；汪晖、黄祖辉：《公共利益、征地范围与公平补偿——从两个土地投机案例谈起》，《经济学》2004年第4期。

[③] 李红波、谭术魁、彭开丽：《诱发农村土地冲突的土地法规缺陷探析》，《经济体制改革》2007年第1期。

[④] 安虎森：《补偿机制在推行经济体制改革中作用》，《江苏社会科学》2006年第2期。

[⑤] 孙立平：《回顾2003政治：构建以权利为基础的制度安排》，中国国际战略研究网2004。

[⑥] 于建嵘：《农民有组织抗争及其政治风险》，《战略与管理》2003年第3期；温铁军：《农民社会保障与土地制度改革》，《学习月刊》2006年第19期。

[⑦] 参见孟宏斌《资源动员中的问题化建构：农村征地冲突的内在形成机理》，《当代经济科学》2010年第5期。

[⑧] 吴毅：《农地征用中基层政府的角色》，《读书》2004年第7期。

包权、经营权"三权分离"的逐步演进过程。

1978年11月由安徽凤阳县小岗村村民自发尝试实行土地承包经营，成为中国农村土地集体所有制改革的发端。1993年3月，八届全国人民代表大会一次会议通过《中华人民共和国宪法修正案》，对原《宪法》的第一款进行了修改，正式确认家庭联产承包责任制是农村集体经济的重要基础；同年11月中共中央、国务院颁布《关于当前农业和农村经济发展的若干政策措施》，决定在原有的耕地承包到期之后，再延长30年不变，同时提出有条件的地方允许土地使用权的转让。1998年10月，十五届三中全会通过中共中央《关于农业和农村工作若干问题的决定》，进一步明确了土地承包期再延长30年的政策，并要求加快立法，赋予农民长期而有法律保障的土地承包权。2002年8月，第九届全国人民代表大会常务委员会第二十九次会议通过《中华人民共和国农村土地承包法》，正式宣布"国家实行农村土地承包经营制度"。该法还规定，"国家保护承包方依法、自愿、有偿地进行土地承包经营权流转"。至此，农民土地承包权和土地经营权被以法律形式正式确定下来。

农民土地经营权是随着土地承包权的确定而派生出来的。部分农民在取得土地承包权后，既不放弃承包权利也不经营土地，而是将土地以各种方式交由他人经营，从而派生出土地"经营权"。所谓"土地承包经营权流转"是指在农村土地承包期内，承包方以转让、转包、互换、入股、出租[①]

---

① 转让：转让是指承包方有稳定的非农职业或者稳定的收入来源，经承包方申请和发包方同意，将部分或全部土地承包经营权让渡给其他从事农业生产经营的农户，由其履行相应土地承包合同的权利和义务。转让后原土地承包关系自行终止，原承包方承包期内的土地承包经营权部分或全部失去。

转包：转包是指承包方将部分或全部土地承包经营权以一定期限转给同一集体经济组织的其他农户从事农业生产经营。转包后原土地承包关系不变，原承包方继续履行原土地承包合同规定的权利和义务。接包方接转包时约定的条件对转包方负责。承包方将土地交他人代耕不足一年的除外。

互换：互换是指承包方之间为方便耕作或者各自需要，对属于同一集体经济组织的承包地块进行交换。同时互换相应的土地承包经营权。

入股：入股是指实行家庭承包方式的承包方之间为发展农业经济，将土地承包经营权作为股权，自愿联合从事农业合作生产经营；其他承包方式的承包方将土地承包经营权量化为股权，入股组成股份公司或者合作社等。从事农业生产经营。

出租：出租是指承包方将部分或全部土地承包经营权以一定期限租赁给他人从事农业生产经营。出租后原土地承包关系不变，原承包方继续履行原土地承包合同规定的权利和义务。承租方按出租时约定的条件对承包方负责。

等方式将承包土地的使用权转移给第三方从事农业生产经营的经济现象。农村土地承包经营权流转要在长期稳定家庭承包经营的前提下,按照"依法、自愿、有偿"的原则规范进行。流转的土地不得改作非农用地,流转过程中要尊重农户的自主权和流转效益。当然土地流转是有条件的。"土地流转是农民行使承包经营权的重要方式,任何人不得侵害。"首先,土地流转应该遵循依法、自愿、有偿的原则。换言之,任何人不得强迫、阻碍农民流转土地,也不得无偿征收、征用农民的土地。土地流转是农民行使承包经营权的重要方式,任何人不得侵害。其次,土地流转不得改变土地的农业用途。第三,土地只能流向农民。第四,土地流转必须遵循一定的程序。如农民向本集体经济组织以外的人流转土地时,须经村民会议三分之二以上成员或者三分之二以上村民代表的同意,并报乡(镇)人民政府批准;农民将土地承包经营权互换、转让时,当事人可向县级以上政府申请变更土地承包经营权,未经登记的不得对抗善意第三人。第五,土地承包经营权不得抵押。尽管流转方式多样,包括转包、出租、互换、转让、股份合作等形式。但应该注意的是,依据现行法律的规定,除抵押人依法承包并经发包方同意抵押的荒山、荒沟、荒丘、荒滩等荒地的土地使用权,以及以乡(镇)、村企业的厂房等建筑物抵押时其占用范围内的土地使用权可作为抵押物外,土地承包经营权不得进行抵押。当然,"流转土地承包经营权"和"土地私有化"完全是两回事。中国的土地属于国家,不属于个人。承包土地是承包土地的经营权,而不是拥有土地的所有权。

在江西,农村实行联产承包责任制后不久,农户之间的土地流转就出现了。[①] 1997年春,江西上高县界埠乡光明村西头村民小组试行耕地"反租倒包",村民简开发出资4200元倒包水田12亩,连同原有的12亩承包田,分别种植水稻、棉花、甘蔗、油菜,当年获纯收入1.1万多元。为了使农村土地流转依法、有序地进行,2004年4月18日,江西省农业厅根据农业部《农村土地承包经营权流转管理办法》,下发了《关于印发〈江西省农村土地承包经营权流转操作指南〉的通知》,规定农村土地流转必

---

① 以下有关数据来源参见冷淑莲、徐建平、冷崇总:《农村土地流转的成效、问题与对策》,《价格月刊》2008年第5期。

须遵循"依法、自愿、有偿"的原则，按照省农业厅监制的统一合同样式，组织流转双方签订合同，明确填写合同所规定的内容；签订的每份合同必须一式四份，出让方、受让方、村委会、乡（镇）经管站各执一份。2004年抚州市在江西率先集中开展规范土地流转工作，以《中华人民共和国农村土地承包法》、《中共中央关于做好农户承包地使用权流转的通知》等法律和政策，规范土地流转行为，纠正土地流转中的错误做法；以农业部《农村土地承包经营权流转管理办法》、省农业厅《关于农村土地承包经营权流转操作指南》以及《抚州市农村土地承包经营权流转办法》，明确土地流转程序、方法与步骤。

土地流转，一方面使农民自愿地将无力经营或不愿经营的土地及时转让出去，另一方面使部分经营有方、有能力扩大经营规模的农民能及时获得相应的土地，解决"有人无田种、有田无人种"，"多种不能、少种不行"的人地矛盾，为土地规模化经营创造了有利条件。例如，江西省抚州市临川区到2007年底种粮面积30亩以上的农户已达863户，100亩以上的农户达29户，200亩以上的大户有8户，促进了粮食生产向规模化、产业化和企业化方向发展，提高了种粮的经济效益。龙南县2007年来引导10万多亩农田、山地向种植能手流转，发展无公害农产品生产基地200多个，集约化种植脐橙6万多亩、无公害蔬菜3万多亩、蚕桑1万多亩、花卉苗木5000多亩，土地规模化种植比原来每亩增收200元以上，每年增收2000万元以上。

此外，土地流转既使农民从土地中被解放出来，摆脱了土地的羁绊，能从事效益更高的工作，又减轻了外出务工经商人员经营责任田的压力，解除了农民离土离乡的后顾之忧，因而一大批会手艺、头脑活、善经营的农民纷纷摆脱土地的束缚，外出务工或自行创业，既促进了农村富余劳动力的转移和农村城镇化进程，又增加了农民收入。到2007年底，江西省长年外出务工农民达到302.61万人。抚州市临川区农民外出务工人数达17万余人，比上年增加1.5万人，占全区农村劳动力33.5万的50.7%，务工总收入达13亿元，比上年增收1亿多元。乐平市众埠镇积极引导，将外出人员需要流转的土地进行转包，使其向种养大户、能手及开发商集中。2007年，该镇外出务工人员土地全部得到有效流转，无一抛荒、撂荒现象，流转面积达11000余亩，30亩以上转包大户达300户，转包面积最大的达220余亩,既促进了富余劳动力的转移,又为种养大户、开发商提供了用武之地,实现了转移劳动力和农民增收双赢。

基于上述利益驱动,革命老区农民对土地经营权实行自由流转是持支持态度的。调查显示,当问及"您赞成不赞成在现有的土地集体所有、家庭承包政策下对土地经营权实行自由流转"时,有361频次占68.2%的人表示"赞成",不赞成的和说不清楚的有168频次,约占31.4%。可见,绝大多数农民对土地经营权实行自由流转还是持支持态度的。

表2—42　您赞成不赞成在现有的土地集体所有、家庭承包政策下对土地经营权实行自由流转?

		频率	百分比%	有效百分比%	累计百分比%
有效	赞成	361	67.3	68.2	68.2
	不赞成	75	14.0	14.2	82.4
	说不清楚	93	17.4	17.6	100.0
	合计	529	98.7	100.0	
缺失	系统	7	1.3		
合计		536	100.0		

另一方面,农业社会化服务体系提供了诸多方便,使农民易于接受土地流转。资料表明,到2007年,江西全省生产合作和农产品流通中介服务组织已达6800余个。江西永新县引导农民依法、自愿、有偿、有序流转土地,带动了农技、农机、种子、供销、金融等涉农部门围绕土地流转开展政策、信息、技术、资金等全方位的服务,为土地流转创造了良好的外部环境。江西南康市各乡(镇、街道)专门成立农村土地流转服务中心、山地流转服务中心,加强土地流转的宣传教育和中介服务,使群众看到了土地流转带来的经济效益和社会效益,提高了土地流转的积极性;为使承租者安心投资创业,乡、村组织积极做好服务工作,提供劳务用工、人身财产安全保障、代理有关手续等服务工作,2007年该市已实现土地流转10000多亩,极大地推动了农业产业的发展。南丰县洽湾、莱溪等乡镇,成立土地流转服务中心,利用网络终端设备、手机信息等现代传播手段,收集并发布土地流转供需信息,及时为流转双方办理流转手续,取得了很好的效果。

至于如何流转，看法不一，当问及"假如允许土地自由流转，您会做出哪种选择"时，表示"转出使用权"的占1/4左右，表示同意"转入使用权"的占1/3上下，其余认为"保持现状"。

表2—43　　　假如允许土地自由流转，您会做出哪种选择？

		频率	百分比%	有效百分比%	累计百分比%
有效	转出使用权	136	25.4	25.9	25.9
	转入使用权	167	31.2	31.7	57.6
	保持现状	223	41.6	42.4	100.0
	合计	526	98.1	100.0	
缺失	系统	10	1.9		
合计		536	100.0		

从上述调查分析表明，对于土地自由流转，还是有近41.6%的农民选择"保持现状"。其内在根源还在于利益问题。农民祖祖辈辈与土地相伴，以土地为生，尽管现在部分农民的生存与生活已经并非完全依赖于土地上的产出，但他们对土地的炽热情感和"土地是农民的命根子"的传统思想意识，影响并制约了他们对土地流转并从中获取经济利益的考虑。农村养老、医疗、社会救助等社会保障体系不健全，多数农民把土地作为获取收入的主要来源和生活保障，农民主要还是依靠土地收入解决看病、上学、养老等问题，普遍把土地作为最基本的生活保障，很多人宁愿粗放经营也不肯进行土地流转。对土地流转心有余悸，不愿轻易转让土地使用权，满足于守土经营的现状；有的农民对土地流转政策心存疑虑，担心土地流转会改变土地承包政策，宁可粗放经营甚至不惜撂荒弃耕，也不愿将土地流转出去。部分农村基层干部认为既然土地由农户家庭承包了，那么种与不种，种好种坏都是农民自己的事，对土地流转抱消极懈怠的态度，甚至把农村土地承包经营与推行土地流转对立起来。据调查，2007年抚州市临川区河埠乡的河埠、郑家、田南、熊尧、斯和、塔溪、油顿、曾陆、尚源等村分别实现土地流转283.97亩、480.55亩、42.8亩、376.94亩、440.65亩、241.66亩、341.8亩、275.18亩、228.4亩；流入户数分别为41户、56户、8户、63户、66户、37户、49户、19户、34户，平

均每户的流入数目分别为 6.93 亩、8.58 亩、5.35 亩、5.98 亩、6.68 亩、6.53 亩、6.98 亩、14.48 亩、6.72 亩。据抚州市委农村工作部统计，2005 年~2007 年虽然全市土地流转面积分别达 55.9 万亩、59.03 万亩、62.42 万亩，但流入户的户均土地流入量分别仅为 7.84 亩、7.48 亩、5.9 亩。这样的土地流转规模不能很好地适应加快建设现代农业的新要求，也难以取得土地规模经营的效益。

专栏一　脉动赣鄱大地——探访土地确权登记颁证的"江西工作法"（有删节）

在我国全面建设小康社会的历史进程中，"三农"领域的改革同样进入深水区和攻坚期。土地制度、农业经营制度、农村产权制度的改革，要着力加快推进；这其中，农村土地承包经营权确权登记颁证，被视为深化改革的基础性工作，凸显重要性和紧迫性。2008 年起，中央一号文件多次要求各地开展试点，2013 年提出全国"五年完成"。

农业大省江西，上上下下的紧迫感更强。2013 年初，省委书记强卫履新江西时，审时度势提出了"发展升级、小康提速、绿色崛起、实干兴赣"，成为统领江西经济社会各项事业务实而加快推进的"十六字方针"。这个方针，在确权登记颁证过程中，一以贯之。

五到七月间，记者多次行走在赣鄱大地上，探访新一轮土地制度改革"积极、稳妥、快速"的进程，见证"定成员，准登记，确实地，赋真权，颁铁证"的生动场面，理解领会确权登记颁证的"江西工作法"。

江西工作法之一：顶层设计，高位推动，蹄疾而步稳

——在充分试点和调研基础上，进行科学的顶层设计和有力的高位推动，"五级书记抓确权，四套班子齐上阵"，充分做好政策解读、宣传发动、业务培训和检查督导。

4 月 28 日上午，江西南昌。

一场有关"全省农村土地承包经营权确权登记颁证工作"的推进会正在召开。来自全省各市县的党政领导、农业局局长和部分省直单位的领导认真地做着笔记，共同思索着这次涉及 4633 万亩土地、864 万农户、3482.6 万农民、17414 个村委会、20 万个村民小组的确权工作该如何推进。

省农业厅按照部署成立了全面深化农村改革工作领导小组，抽调精兵强将组成了综合协调、政策指导、督导检查、宣传报道、信息平台建设5个工作组，具体实施全省的确权登记颁证工作。

4—5月，江西省政府相继出台了《农村土地承包经营权确权登记颁证工作方案》和《关于开展农村集体经济组织产权制度改革试点的意见》，农业厅也相应发布《农村产权制度改革实施方案》、《农村土地承包经营权确权登记颁证若干问题解答》、《深化农业农村体制机制改革50题问答》等指导性文件或知识读本。

与此同时，江西还将此项工作所需经费纳入财政预算予以保障，省财政早早地把1000多万元的专项启动经费，下拨到了各部门和各级政府。贵溪市拿出1200万元搞测绘勾图，另外增加100万元工作经费；同属鹰潭市、经济条件稍差的余江县，这两笔投入分别是600万元和60万元。

截至6月底，江西省有确权任务的县市区中，104个县已在整体推进，4个县完成土地航拍与实测，2个县开始颁证。

江西工作法之二：以农民为主体，主阵地设在村组

——衡量改革的成与败、进与退的标准和依据，就是老百姓满意不满意。一些基础性、关键性的工作，需要靠村民小组长、靠村民理事会成员、靠老表们自己，务实地推进。

5月20日一大早，铜鼓县带溪乡西村仍然笼罩在一片水气中。大石下组村民吴兴荣溜达着来到村委会，想打听打听村里其他组土地确权的进展情况。

"5月11日土地承包经营权证就发到手上了。听说我是全省第一个拿到证的。"老吴小心地翻开盖有大红印章的《农村土地承包经营权证》，全家7口人、9个地块的编码、位置、形状、实测面积、东南西北四至界限、参照物、承包年限等详细情况，都标示得清清楚楚。

土地确权登记颁证的"江西工作法"，有一条核心经验，就是"把主阵地设在村组"。这个办法找到了，关键问题就迎刃而解；外来取经者，也感到豁然开朗。

对于这条"核心经验"，江西各地的干部在表述上略有一些不同，比如：以村民小组为基本单元开展工作；牵住村民小组这个"牛鼻子"；由村民小组自主决定的"确权登记模式"；充分调动村组积极性、坚持农民

的主体地位等等。

鹰潭市农业局副局长张火炎向记者介绍，明确要求做到村组会议"四签两不准"，即群众开会通知要签收，参加会议要签到，表决投票要签名，通过方案要签字，不准代签，不准用铅笔和圆珠笔签字；确权过程"四公示"，即摸底调查表、确权登记方案、勘界确权、农村土地承包经营权发证上榜公示；每户承包地"四相符"，即承包面积、承包合同、承包经营权证、登记簿数字相符；每个地块"五到户"，即承包地块位置、承包面积、承包合同、承包经营权证、基本农田标注到户。

这些个复杂的程序，靠谁去执行实施呢？靠村民小组长、靠理事会成员、靠村会计、靠老表们自己。

确权登记颁证的第一步是"摸清家底"，也就是对土地状况"查清核实"。江西各地在以村组实地勘测丈量土地为主的基础上，参照二轮土地承包数字、国土部门第二次普查数字、0.5米分辨率的航拍数字；并综合分析这"四个数字"，把每家每户的地块分布、四至、面积等搞清楚；再逐级汇总，把村组、乡镇、县市区，乃至全省的土地状况，最终搞得明明白白。

"把主阵地设在村民组"，最基础的工作靠村组和老表自己去做。把群众积极性调动起来之后，各级党政部门更要一鼓作气，更加不能松懈。

江西工作法之三：因地制宜，分类实施，不搞统一模式

——充分尊重历史、尊重现实、尊重群众，工作要用"尺子量"，而不是拿"快刀切"。在执行国家"基本不改变承包现状"的原则基础上，灵活实行"确权确地"和"确权确股不确地"两种方式。

按照2013年"中央1号文件"要求，农村土地承包经营权确权登记颁证工作，是要进一步稳定和完善农村土地承包关系，解决承包地块面积不准、四至不清、空间位置不明、登记簿不健全等问题。

针对这种因频繁调地造成新的矛盾的情况，这次确权登记颁证工作，江西给出了摸索与实践后的可行性方法和经验：在严格执行国家"基本不改变土地承包现状"原则的基础上，尊重历史、尊重现实、尊重群众。经群众一致同意，对因过去调地导致的不公平再次进行微调，之后则坚定执行稳定不变的政策，如有群众不同意调整的就按照二轮承包合同进行。

总之，江西明确要求各地根据实际情况，分类实施，不搞统一模式，不搞一刀切，工作要用"尺子量"，而不是拿"快刀切"，要在"细"和

"实"上下足功夫。因此，即便在同一个县，或者同一个乡，甚至同一个村的不同小组，方式、方法和进度也是有所区别的。

鹰潭市坚持"三不变"，即集体所有权不变、承包经营权不变、农用地性质不变；坚持"三严禁"，即严禁借机打乱原承包关系重新调整、严禁非法收回农民承包地、严禁加重农民负担；坚持"五条政策底线"，除个别地方因特殊情况可保留部分公共事业预留地到村民小组外，其他确地、确股的承包经营权证都要发到户，不许截留在乡镇、村委会、村民小组；对个别有纠纷的土地，在村民小组全体农户开了多次协商会仍没得到妥善解决前，暂缓确权颁证；等等。

记者在采访中得知，江西积极鼓励基层大胆尝试，看菜下单，既坚持土地确权确地到户的主流模式，同时对存在因标准化改造造成耕地"四至"不清的村组，或是耕地大规模流转的村组，探索采用确权确股不确地的模式，对少数情况复杂的村民小组允许两种模式并行实施。

"贯彻中央政策并结合江西实际，坚持因地制宜找方法。"胡汉平在总结一些地方的好经验时说，并以此总结为18个字"见识快，决心大，作风实，底线牢，办法多，操作准"。

江西工作法之四：夯实支点，撬动"三农"发展新格局

——改革没有完成时。确权以后，土地数据库、信息平台、流转中心建设必须跟上。今后将怎样持续创新农业经营体系、增强农村发展活力，江西也正在进行前瞻性思考和课题设计。

农村土地一轮承包，让农民吃了一颗"定心丸"；二轮承包，让农民再吃一颗"定心丸"；这一次，直接颁发土地的"身份证"、"户口本"，农民就彻底定心了。

在一路采访中，记者听到江西农民总结出土地确权登记颁证有"六好"：土地有身份，流转有依据，借款有保障，创业有资本，合作有基础，种田有责任。

其实，现实的各种问题也在倒逼改革的进行。

作为全国粮食主产区，江西常年调出粮食达上百亿斤，是新中国成立以来从未间断调出商品粮的两个省份之一。然而，同全国大部分地区一样，随着经济社会的发展，这里的农村也开始面临着土地分散、比较效益低下、农村劳动力外流、结构性矛盾突出等问题，粮食安全如何保障？现

代农业如何发展？如何让农民过上富足的生活？乡村的前途又在哪里？在家庭联产承包责任制为农业农村带来几十年发展后的今天，江西的农村产权改革有着现实和历史的必要性。

正如尚勇所强调的，江西的农村改革，目的是加快农民增收致富，提高农业现代化水平和效益，增强农村发展活力。江西的土地确权，也不仅仅是给农民"还权赋能"这么简单，它是改革的出发点和突破口，也是在寻找一条城乡一体化的新路径。因此，谋的是全局，而不是局部。

为了使农业农村发展具有前瞻性，江西还及早着手进行了农业产业体系规划，按照分类定片的原则，对哪些地方适合种粮，哪些地方适合搞经济作物，哪些地方适合搞水果种植进行精确定位。在这次确权过程中，全省一并做好了土地的分类工作。

记者感受到，确权登记颁证工作引发的新一轮土地改革浪潮，以及所引发的脉动效应，正在赣鄱大地上持续发酵。

（资料来源：余向东　文洪瑛　张凤云　陈涛：《脉动赣鄱大地——探访土地确权登记颁证的"江西工作法"》，《农民日报》，2014—07—18；http://www.moa.gov.cn/fwllm/qgxxlb/qg/201407/t20140718_3973023.htm)

（四）农民对合作劳动与单干存在矛盾心理

当问及"您对过去的集体经营有何看法"时，仅有82人认为好，占15.7%，超过72%以上的人认为不好，为386人。可见，绝大多数被调查者并不赞同过去的集体经营。

表2—44　　　　　　　您认为过去的集体经营好还是不好？

		频率	百分比%	有效百分比%	累计百分比%
有效	好	82	15.3	15.7	15.7
	不好	386	72.0	73.9	89.7
	无所谓	27	5.0	5.2	94.8
	没想过	27	5.0	5.2	100.0
	合计	522	97.4	100.0	
缺失	系统	14	2.6		
合计		536	100.0		

1978年开始的以家庭联产承包为主的各种生产责任制，极大地冲击着人民公社体制，经营制度的变革奠定了组织制度变迁的基础。农村联产承包责任制不仅较快地调整了农村的生产关系，有效地促进了社会生产力的发展，而且也为后来社会主义经济体制改革目标的确立奠定了基础。"能力和智慧"逐渐成为调节农村利益关系的内在机制，也在一定程度上调动了广大农民生产和经营的积极性及创造性。可以这样说，农村联产承包责任制的推行是我国农村的一场意义深远的革命。

表2—45　您认为50年代初的土地私有制、后来的人民公社化和现在的土地集体所有、家庭承包这三种方式哪种更好？

		频率	百分比%	有效百分比%	累计百分比%
有效	私有好	73	13.6	13.8	13.8
	人民公社好	13	2.4	2.5	16.2
	集体所有、家庭承包制好	405	75.6	76.4	92.6
	说不清楚	39	7.3	7.4	100.0
	合计	530	98.9	100.0	
缺失	系统	6	1.1		
合计		536	100.0		

当问及"您认为50年代初的土地私有制、后来的人民公社化和现在的土地集体所有、家庭承包这三种方式哪种更好"时，上述调查显示，认为人民公社好的仅有13人，占2.4%，认为"集体所有、家庭承包制好"的有405人，占被调查总数的75.6%，其有效百分比达到76.4%。说明经过30多年的农村改革，江西农民的思想已经发生了实质性变化。随着时间的推移，家庭联产承包制逐渐产生现实困境，这对农民来说就更像是一种煎熬。调查显示，农民普遍存在一种矛盾心理：即一方面向往集体性生活，另一方面又追求个人利益。

表2—46　您喜欢大家一起耕作，一起劳动的生活吗？

		频率	百分比%	有效百分比%	累计百分比%
有效	非常喜欢	51	9.5	9.7	9.7

续表

		频率	百分比%	有效百分比%	累计百分比%
	喜欢	202	37.7	38.5	48.2
	不喜欢	235	43.8	44.8	93.0
	无所谓	37	6.9	7.0	100.0
	合计	525	97.9	100.0	
缺失	系统	11	2.1		
合计		536	100.0		

当问及"您喜欢大家一起耕作，一起劳动的生活吗？"时，有235人表示不喜欢，占被调查者总数的43.8%，喜欢和非常喜欢的为253人，占47.2%，无所谓的为37人，占6.9%。结果显示，合作劳动与单干的态度基本持平，这个调查结果很有意思，说明了农民的一种矛盾心理：一方面向往集体性生活，另一方面又追求个人利益，而要能有效协调二者的关系，需要制度的创新。

五 农民的经济利益意识良性发展的对策选择

（一）尊重农民利益

尊重利益是马克思主义利益观的一个基本原则。马克思和恩格斯正确地说明了利益的本质、特点及其历史作用，他们认为，"人们为之奋斗的一切都同他们的利益有关"[1]、"追求利益是人类一切社会活动的动因"、"每一既定社会的经济关系首先表现为利益"[2]、"'思想'一旦离开'利益'，就一定会使自己出丑"[3] 等一系列尊重利益的观点。对利益的追求，形成人们的动机，成为推动人们活动的动因，而且是推动人们改造社会、改革同生产力发展要求不相适应的社会制度的直接动因。坚持利益原则也是无产阶级政党改造农民的一条坚定不移的基本准则。经济利益是其它一

---

[1] 《马克思恩格斯全集》第1卷，人民出版社1995年版，第187页。
[2] 《马克思恩格斯选集》第3卷，人民出版社1995年版，第209页。
[3] 《马克思恩格斯全集》第2卷，人民出版社1995年版，第103页。

切利益的基础，起着决定性作用。阶级斗争"首先是为了经济利益而进行的，政治权力不过是用来实现经济利益的手段"。① 列宁指出，千百万群众走向社会主义和共产主义，"不是直接依靠热情，而是借助于伟大革命所产生的热情，依靠个人兴趣、依靠从个人利益上的关心、依靠经济核算"②。革命时期，毛泽东指出，"一切空话都是无用的，必须给人民以看得见的物质福利"，强调要"对被领导者给以物质福利，至少不损害其利益，同时对被领导者给以政治教育。没有这两个条件或两个条件缺一，就不能实现领导"。③ 因此，首先应该在利益实现上更加全面地反映和表达人民大众各个方面的需要和愿望，包括经济利益、政治利益、文化利益、社会利益等。

  一是确保农民正当的土地收益。土地是农民的命根子，是农民的根本利益，解决土地问题是党解决农民问题的中心问题。在大革命时期，党逐渐认识到农民的"倾向与要求也已日渐明显起来：废除苛捐杂税，打倒土豪劣绅，并且要求群众自己的革命政权之建立，要求彻底肃清中国封建制度的残余，改变旧的土地关系"，"要求取消一切债务，铲除一切豪绅地主的权力"④。1925年10月，中共中央扩大会议第一次在党内提出农民土地问题，把"满足农民土地要求，实行耕地农有"列入党的纲领。到1927年，江西的赣西等地区，农民的斗争都进入了"耕地农有"解决土地问题的阶段，取得了重大进展。1927年3月16日，毛泽东在参与起草的《对农民宣言》中认识到："中国的农民问题，其内容即是一个贫农问题"，同时，"贫农问题的中心问题，就是一个土地问题"⑤，贫农问题不解决，革命终将没有完成的一日。土地革命时期，党运用革命手段变封建土地所有制为农民所有，解决了农民土地所有权，在分田中，实行"抽多补少，抽肥补瘦"的原则，从而保障了贫苦农民在土地革命中获得最大利益。在井冈山斗争时期，毛泽东同志领导工农红军开始了土地革命，

---

  ① 《马克思恩格斯选集》第4卷，人民出版社1995年版，第250页。
  ② 《列宁选集》第4卷，人民出版社1972年版，第572页。
  ③ 《毛泽东选集》第4卷，人民出版社1991年版，第1273页。
  ④ 华岗：《中国大革命史》，文史资料出版社1982年版，第283页。
  ⑤ 中共中央文献研究室：《毛泽东年谱》上卷，人民出版社、中央文献出版社1993年版，第199页。

"收拾金瓯一片，分田分地真忙。"为解决农民的土地问题，先后颁布了《井冈山土地法》、《兴国土地法》，通过土改，根据地"广大无地少地的农民分得了土地后，生产积极性极为高涨，促进了农业生产的发展。"在1931年2月，毛泽东在给江西省苏维埃政府的指示信中，规定了农民分得的田私有，土地可由农民自由处置，产品自由处理。这极大地调动了农民的积极性，促进了农民对党的信任，提高了党在人民心中的威信。土地革命使广大贫苦农民获得赖以生存的土地，根据地人民的生活需要得到了保障。抗日战争时期，实行减租减息，也最大限度地保障了农民的利益，为抗日战争的胜利创造了充分的条件。解决农民的土地问题，围绕土地改革广泛地教育、动员、组织群众，造成坚实的群众基础和物质基础，极大地调动了农民的积极性，掀起了农村革命的高潮，是夺取革命胜利的关键一环。新中国成立以来农村土地政策在社会主义建设的不同历史时期有不同的表现。建国初期实行土地改革，废除封建地主土地所有制，建立农民土地所有制，逐步消除土地剥削制度。1951年至1956年，党和政府鼓励农村合作化运动，农民土地所有制基本过渡到农民集体土地所有制，最终建立了农民集体土地所有制。从1958年到1978年，党通过人民公社化运动，农民集体土地所有制很快过渡到公社集体土地所有制。1978年党的十一届三中全会通过的《农村人民公社工作条例（试行草案）》中规定："保护人民公社各级所有权"，坚持人民公社制。1978年12月22日中共中央通过的《加快农业发展若干问题的决定（草案）》仍坚持土地公社集体所有制。1980年9月中共中央发出的《关于进一步加强和完善农业生产责任制的几个问题》中充分肯定专业联产承包计酬责任制和包产到户的做法。1982年12月4日，《中华人民共和国宪法》恢复了原来的乡、镇、村体制，标志着人民公社开始解体。在中央的推动下，包产到户、包干到户的形式成为主流。到1983年底，全国实行家庭承包的生产队已占到总数的97.8%。这标志着土地公社集体所有制瓦解，家庭联产承包责任制在全国范围确立。总之，党在各个时期始终坚持以农民的土地问题为核心关心关注农民的核心利益问题，有效地维护了农民的根本利益。新时期城乡统筹发展的核心问题是土地问题，要针对农民土地认知中的矛盾问题和困境，正确处置农民对于土地的所有权，把土地真正变成农民收入来源的一大保障，使土地真正成为农民的收入手段和养老手段。

二是新时期要从投入、政策和服务三个层面给农民生产经营创造环境和条件，把农业投入的着重点放在改善农田水利、市场建设和农产品储藏、保鲜等基础设施、科技服务和信息服务方面。

（二）实现制度创新

1. 建立合理的土地制度

一是农村集体土地所有权确权登记。农村集体土地所有权确权登记发证将覆盖江西省农村范围，包括属于农村集体所有的建设用地、农用地和未利用地。农村集体土地确权工作将尊重农村集体土地"三级所有、队为基础"的历史现状，按照"主体平等"的原则，确定所有权主体，将农村集体土地所有权依法确认到每个具有所有权的农民集体。在全面查清每宗集体土地权属、界址、面积和利用状况等的基础上，将建立健全江西全省城乡一体化地籍调查数据库，从而改变目前农村土地管理基础薄弱的状况，逐步建立产权明晰、权能明确、权益保障、流转顺畅、分配合理、严格规范的农村集体土地产权制度，为深化农村土地使用制度改革提供依据。江西省已先行完成乡镇农村集体土地确权登记发证试点工作。在此基础上，2012年年底前完成全省集体土地所有权确权登记发证工作。2013年下半年，分级汇总上报农村集体土地确权登记发证数据，完成省、市、县三级农村地籍调查和确权登记发证数据库及信息管理系统建设，并建立健全农村土地产权信息管理系统。①

二是按照"依法、自愿、有偿"的原则，构建土地流传体系。按照"依法、自愿、有偿"的原则，制定土地流转的具体办法，围绕"转前收益看得清、转时收益能得到、转后收益有保障"等重要环节，构建土地流转衔接体系，解决农民离土难题，允许外出务工、经商的农民依法有偿转让、租赁、入股、抵押土地承包经营权，促进土地使用权进入市场，有序流转，逐步集中。首先可防止土地撂荒，解除外出农民的后顾之忧，其次可提高土地生产率和劳动生产率，发展适度规模经营，推进农业产业化，创造更多的就业机会。

---

① 甘泉：《江西：2012年完成农村集体土地确权并发"身份证"》，http://www.gov.cn/jrzg/2011—12/31/content_ 2034943. htm。

三是打造农村土地流转服务平台，加快农村土地流转工作进程。根据区域建设规划和产业发展规划，明确土地流转后的使用方向，充分了解农民和流转方的流转需求，全面翔实地掌握流转家底，避免今后因流转用途不明、对接市场不畅而出现土地闲置荒芜或引发矛盾。建立"县——乡（镇）——村"三级土地流转服务机构，开展调查摸底工作，掌握农村土地资源现状，了解农民土地流转意愿，掌握流转数量和相关要求，按规划区域形成农村土地流转基础信息数据库的三级网络。以江西省吉安县为例，吉安县成立了吉安县农村土地承包仲裁委员会，全县13个乡镇先后建立了农村土地规范化服务中心，各乡镇农村土地流转服务体系已略见雏形。至6月中旬共流转土地4.587万亩，其中耕地3.5万余亩。

2. 改革户籍制度

按照国民待遇原则，建立农民"双放弃"后自动转城制度，逐步推行城乡统一的户籍制度，放宽对农民进城的限制性和歧视性规定，在就业、社会保障、子女入学、住房等方面给农民以市民待遇，让农民能在城乡之间自由流动、迁徙。对农民转为城市居民后，既可在一定时期内继续享受"两免一补"、独生子女补助等农村特有的社会保障，也可按其未转前将实际享受农村保障的年限折合成放弃土地的补偿金一次兑现，或折成储蓄保险金。

3. 作为地方治理的要点，如何有效引导农民选择信用消费，这需要当地金融机构制定相关政策

2006年，江西农村信用社在全国率先试水农民住房贷款。2009年8月中旬，江西农村信用社将支持农民构建住房的贷款业务系统化为"安家乐"农民住房贷款业务，以进一步激活农村消费市场，促进地方经济平稳较快增长。根据专家估计，住房贷款的出现，将农民引入了一个前所未有的大宗消费品信贷领域，将会带来农民消费观念的改变，逐步开启农村庞大的消费市场。根据最早试点农民住房贷款的江西赣州市的实地测算，农民住房贷款消费对拉动其它相关行业发展的效果非常显著。江西省农村信用联社7月底提供的最新统计表明，江西全省已有6.28万户农民获得了住房贷款，累计发放贷款13.6亿元。目前，江西农村信用社"安家乐"农民住房贷款业务，农村信用社根据农民房屋的坐落位置、土地性质及构建方式等不同情况，实行差异化、个性化模式，操作上更加具体

和清晰,能够有效满足农民住房贷款的金融服务需求。据了解,江西省农村信用社根据差异化、个性化模式的原则,对贷款需求额度较小、信誉良好的农户,由农信社与村民理事会共同组成资信评定小组,对农户评级授信,合理确定授信额度,以农户小额信用贷款或"文明信用农户"贷款方式给予支持;对在村庄、集镇规划区内的宅基地上建房的农户,可由信誉良好、有一定偿还能力的村"两委"干部、在当地有一定威望的致富带头人或者国家公务员为保证人,发放两人以上保证贷款;对农民专业合作社社员构建房的,可发放专业合作社社员联保贷款;对集体购买地方政府组织建设的农民公寓五户以上并自愿组成联保小组的农户,发放农民建房联保贷款;对组团购买规划区住房的农户,可由政府引导成立农民住房贷款担保中心或由农户自愿组成联保体,并在农信社存入一定比例的担保基金,由农村信用社根据自身资金状况,按担保基金的五至八倍给农民发放住房贷款。① 以吉安县为例,有效解决农户发展种养业的融资难题,化解农民发展特色农业资金和自然风险,该县在全省率先建立"政府+金融机构(农信社、保险公司)+龙头企业+农户"的新型信贷联合体,建立贷款担保、贷款贴息、农业保险三项制度,重点扶持特色产业发展。主要包括三个方面的内容:一是建立信贷担保联合体。由县财政和龙头企业出资设立肉鸡信贷合作担保基金,对需要贷款的农户,信用社按标准发放贷款,农户在产品上市时由龙头企业或合作社为信用社代扣本息。二是实行贷款贴息。县财政安排专项贴息资金,并整合老建扶贫的贴息资金向横江葡萄、合作养鸡和合作养猪倾斜。按贷款不超过5万元/户,6‰的月利率进行贴息。三是建立自然灾害保险。抓住中国人保在该县开展农业保险试点的机遇,建立了五大特色产业的农业保险,县财政和龙头企业给予农户保险补贴。保险坚持农户自愿的原则,主要针对火灾、爆炸、雷击、洪水、台风、暴风、龙卷风、雪灾、雹灾等自然灾害导致的损失:如葡萄保险按保费180元/亩(保险金额3000元)标准进行投保,保费由中国人保公司补助100元/亩,财政补助50元/亩,农户支出30元/亩;肉鸡保险按保费0.52元/平方米(保险金额80元/平方米,其中鸡舍50元/平

---

① 参见郭远明《住房贷款将农民引入信贷消费时代——江西在全国率先试水农民住房贷款情况调查》,《经济参考报》2009年9月25日。

方米，肉鸡 30 元/平方米）标准进行投保，保费由养殖户负担 30%、吉安温氏（正邦）负担 40%、政府负担 30%。通过建立新型信贷联合体，有效地解决了农户资金少、贷款难、风险大等问题，保证了五大特色产业的顺利推进。①

（三）引导农民合作

农村合作组织作为农村的一种经济组织形态，在我国改革开放前就已经存在并对农民产生了重大影响。农村合作组织有新型和传统之分，农村新型合作经济组织是相对于农村传统合作经济组织而言的，农村传统合作经济组织是指我国在自然经济和计划经济条件下，农民之间通过劳力、畜力、农具余缺调剂结成的生产互助组织和新中国成立前民间的互助合作组织、社会主义改造时期的互助组、初级社、高级社、人民公社，计划经济时期由政府组织建立的为农业服务的农村信用合作社、农村供销合作社，以及人民公社留下的制度遗产——社区合作经济组织。

不可否认的是，无论是在江西，还是在全国，20 世纪 80 年代开始的农村联产承包责任制大大地促进了农民生产经营的积极性，农村的劳动生产效率因此而空前地提高。但是随之而来的问题也日益增加，这种以分散生产经营为基础的生产方式，直接加剧了农民的离散状态。农村的各种公益事业无人问津，五六十年代建成的水利设施已经处于崩溃的边缘，农村医疗卫生教育各项事业也惊人的衰败，农村的公共管理甚至像村民自治这种法定的政治管理模式也无法推广，农村文化娱乐、农民自我教育已经如同沙漠。

随之而来的是经济发展也受到反作用的冲击，农民的规模化生产、经营、技术普及、推广，生产资料的优化组合等，都因为这种离散状态而无法实现。这种离散状态还进一步导致了农民自身权益的难以保障，基层政府、垄断部门和农村的各种集团势力利用农民的离散状态对农民进行利益剥夺，而农民因为自身抵抗能力不强，缺乏利益维护集团的有效保护，经常受到利益侵害。

因此，农村的这种离散状态已经成为农村经济以及政治文化发展的障

---

① 参见《突出重点，完善机制，推动农业产业化发展》，http：//www.jxncw.gov.cn/llyj/1444652.html。

碍，在现有的经济制度框架下，必须改善现有的农村组织结构才能使农村有所发展。

1. 合作的必要性

随着人民公社体制的解体，1978年以后中国启动了两项农村改革，一是实施家庭联产承包责任制，二是推进农副产品市场化改革。前者重新确立了农民在农业生产中的基础地位，使农村合作经济初步具备了按照真正合作的组织原则发展的环境与条件，农村合作组织的重新产生成为可能；后者一方面使农产品价格获得较大提高，农民获得了明显的实惠与利益，有了一定的财富积累，为农民合作组织的产生创造了一定的物质条件，另一方面又把分散、弱小、信息不灵和对外经济联系渠道不畅的农民卷入了竞争日益激烈的市场中。为了规避市场的风险，农民又产生了互助合作的要求，农民合作组织的出现有了现实的需求和广泛的农民基础。

作为我国农村基本经营制度的创新，农村专业合作经济组织产生的必然性是学者们首先要研究的问题。学者们首先从市场经济的发展、政府职能的转变和我国家庭联产承包责任制的角度研究农村专业合作经济组织产生的必然性。较为一致的观点是市场体系的建立和农村家庭联产承包制的缺陷使农民产生了对各种中介服务的需求，农村专业合作经济组织应运而生。缪建平认为农村专业合作经济组织"是我国农民在推进农村经济改革和发展中的又一个创造，是在家庭承包责任制的基础上，顺应我国农业生产的专业化、商品化、社会化和市场化趋势，向改革的不断深化而发展的。它能够把农民组织联合起来进入市场，符合市场经济发展的内在要求，是市场经济发展的必然"[①]。张晓山认为，市场的失灵和政府的缺陷是合作经济组织产生的根本原因。"发展市场经济要注意区分市场和政府的不同功能，市场着眼于效率与利润，追求效用最大化，而维护公平则是政府的责任。但在现实经济生活中，市场竞争并不完全，资源所有者在市场体系中的地位也并不平等。面对这些问题，政府不愿干预或无力干预，这就导致了合作社的诞生"，"市场经济越发展，就越需要有合作经济组织这类非常

[①] 缪建平：《高度重视农民专业合作组织的作用——关于发展农民专业合作组织的动因、必然性和实现途径的探讨》，《农村合作经济经营管理》1999年第3期。

规的经济性组织来弥补市场机制的缺陷及补充政府部门的功能"①。以专业合作经济组织为载体，推动我国农业产业化的发展是研究农村专业合作经济组织产生的又一视角。夏英认为"合作经济组织是连接公司企业与农户的纽带和桥梁"。周立群、曹利群认为，农业产业化的进程也是一个农村经济组织演变和创新的进程。在农业产业化之初，农村的主要经济组织形式之一是"龙头企业＋农户"，但是这种组织形式存在先天缺陷，主要是契约不能对当事人构成有效约束，双方都会出现签约后的机会主义行为，最终影响这种产业化组织形式的稳定。为了克服这种缺陷，有必要引入中介组织，形成新的组织形式——"龙头企业＋合作社＋农户"、"龙头企业＋协会＋农户"②。黄祖辉独辟蹊径，从农业生产最基本的特点分析论证农民合作的必然性。黄祖辉指出，"只要农业生产中最基本的特点——生产的生物性、地域的分散性以及规模的不均匀性存在，农民的合作就有存在的必然性，这不仅对农业人口的地位，而且对农产品市场更好的运行，对一个国家乃至国际经济的发展，都具有重要的作用"③。

这种农户家庭化经营的生产方式与现代农业的突出矛盾主要表现在高度分散的农户小生产与全球化大市场的矛盾。首先，小农户由于受客观条件的限制，难以及时、准确地掌握市场资讯和把握市场脉搏，生产经营具有很大的盲目性，难以生产出适销对路的产品，且单个农户因资本、人力和技术的限制，抗拒较大自然灾害的能力薄弱，也难以抗衡因新技术应用而带来的市场竞争。而通过组建合作经济组织，开展专业合作，依托合作组织使分散的农民联合组成有力的群体，形成抗击市场风险的合力，能起到保护农民利益和维护农业健康发展的作用。其次，为数众多的小农户以个体身份进入市场时，很难有议价能力，在购买原材料和销售农产品两个环节都处于弱势地位。尤其是随着市场化程度的进一步加深，农户的商品生产也面临着来自国外的强大竞争，这些竞争对手都是发育成熟组织化程度很高的企业，具有左右市场的能力。而我国分散的农户缺少能够代表自身利益诉求的载体，使其在有关农产品的国际贸易谈判中"集体失语"，不

---

① 张晓山：《当前农业结构调整中的几个问题》，《农业经济》1999年第7期。
② 周立群、曹利群：《农村经济组织形态的演变与创新——山东省莱阳市农业产业化调查报告》，《经济研究》2001年第1期。
③ 黄祖辉：《农民合作：必然性、变革态势与启示》，《中国农村经济》2000年第8期。

能有效应对高组织化的跨国公司主导的农产品国际贸易的挑战,导致农户在国际贸易中遭受巨大损失。第三,无法抱团的小农户们只能选择原始落后的生产方式和单打独斗的交易方式,生产效益始终在低位徘徊。目前,随着社会的快速发展,消费者对农产品的需求呈现多样化和高端化,在消费者最终支付的食品价格中,初级产品占的份额呈不断下降趋势,面对新的市场环境和消费者需求的变化,农民单家独户生产的产品越来越难以实现其价值,从而造成利益流失。而通过合作经济组织的建立能有效地扩大生产规模,提高产品的商品化、市场化程度,推动产业向更大规模、更高品质发展,从而使农民获得较大利益。第四,发展农村合作经济组织能健全与完善农村社会化服务体系。农村社会的分散性决定了农村社会服务主体的多元性。目前我国农村社会服务的主体包括:政府机构、涉农部门、农村集体经济组织和农村新型合作经济组织。与其它服务主体相比,农村新型合作经济组织具有不可替代的优势:这些农民自发组成的各种"协会",以维护农民自身利益为目的,遵循自主、民主、平等和团结的理念,实行入社自愿、退社自由、民主管理的运行机制,坚持服务会员、不以赢利为目的的办会宗旨,使这些"协会"成为真正意义上农民自己的组织,因而具有无比的亲和力。第五,发展农村合作经济组织能提高农民的素质。"协会"为农技推广提供了一个新的平台和依托,许多新品种、新技术通过"协会"这一渠道进入农村千家万户,农民在接受科技服务的同时,也接受了相应的科学意识和科学精神的熏陶。"协会"为农民进入市场提供了载体,农民依托协会抗击市场风险,积累营销经验、管理经验。"协会""一人一票,民办民主"的性质为农民提供了平等参与管理的机会,有利于形成民主意识、法制意识、合作意识,有利于提高农民自我组织、自我服务、自我管理、自我教育的能力,促进农村社会的和谐发展。[①]

2. 合作的基础和意愿

近年来,各地农民根据自己的实践需要已经创造出了形式多样的合作方式,如金融合作互助组织、农民的文艺团体、农民自主的技术推广团

[①] 参见钟家莲、满瑾、邱小云、罗捍华《江西赣州农村新型合作经济组织的调查与思考》,《农业考古》2005 第 6 期;陶叡、朱洪:《新型农民专业合作经济组织发展制约因素及对策分析》,《湖北广播电视大学学报》2011 年第 5 期。

体、农民自我组织起来的互帮互助学习小组以及农民联合起来的维权团队等,这些组织是在克服困难和维护自身权益的过程中自发形成的,这些团体的存在,一定程度上增强了农民克服生产生活上困难的能力,同时也在一定程度上维护了自身的合法权益。

表 2—47　　您认为将来最有希望的农村信息服务模式是:

		频率	百分比	有效百分比	累积百分比
有效	龙头企业引导	162	30.2	32.3	32.3
	服务组织带动	135	25.2	26.9	59.3
	与中介或经纪人保持联系	21	3.9	4.2	63.5
	成立专门机构提供有偿信息服务	102	19.0	20.4	83.8
	网络教室培训	19	3.5	3.8	87.6
	自家上网	52	9.7	10.4	98.0
	其他	10	1.9	2.0	100.0
	合计	501	93.5	100.0	
缺失	系统	35	6.5		
合计		536	100.0		

从表 2—47 可以看到,从农村信息服务模式看,江西农民认为主要由组织化机构提供,依次是龙头企业引导占 30.2%,服务组织带动占 25.2%,成立专门机构提供有偿信息服务占 19.0%,与中介或经纪人保持联系占 3.9%,说明认可的还是组织化机构。这与农民的组织合作化思维习惯有密切关系。

改革开放前江西传统农村合作组织变迁的基本路径是由个体分散的小农户生产到统一的集体化规模生产,主要经历了以下两个阶段[①]。在 1949——1956 年第一阶段,江西农村合作组织的变迁采取了循序渐进

---

① 有关改革开放前江西农村合作组织的发展历程主要是参考了何友良等《当代江西农史要略》,《农业考古》2003 年第 3 期;徐腊梅:《江西农业合作化运动的历史考察》,《江西财经大学学报》2008 年第 1 期以及《江西农业合作化运动掀起高潮的深层原因探析》,《江西师范大学学报》(哲学社会科学版) 2008 年第 6 期。

"三步走"的步骤。第一步,按自愿、互利的原则,号召农民组织带有社会主义性质的,几户或十几户的农业生产互助组。互助组可以说是江西农村合作经济组织最初的萌芽形式。1951年12月,中共中央发出了《关于农业生产互助合作的决议(草案)》。中共江西省委据此于1952年3月底明确提出"大量发展临时季节性互助组,重点试办常年互助组"的方针,号召全省农民走组织起来发展生产的道路。早在1951年全省土改高潮中,江西农民就自愿结合办起了9万多个互助组。到1952年底,全省互助组有12.33万个(其中临时、季节性互助组11.15万个,常年互助组1.18万个),入组农户72.4万户,占农户总数的19%。1953年3月初,省委进一步要求"大量发展临时、季节性互助组,重点发展常年互助组,试办农业生产合作社"。同时,对处理互助组内的物质利益关系也制定了有关政策,以保证互助组的稳步发展。1955年底,全省常年互助组发展到24.183万个,入组农户224.64万户,占总农户的57%。第二步,建立初级农业生产合作社。在互助组成批发展的1952年,全省出现了6个初级农业生产合作社(全省第一个初级社是1952年10月1日成立的永修陈翊科初级农业生产合作社)。1953年,省委于2月、6月、11月,连续三次召开全省互助合作会议,着手有计划、有组织地试办初级社。这年,全省试办了42个初级社。1954年3月和11月,省委又召开第四次、第五次全省互助合作会议,作出"提高老社,巩固新社,发展互助组,为合作化运动打好扎实基础"的部署,到1955年上半年,全省共办了14751个初级社,入社农户达38.42万户,占全省总农户的9.75%。初级社是以土地入股、统一经营为特征的合作经济组织,调动了农民发展个体经济的积极性和互助合作的积极性,促进了农业生产和农村经济的发展。第三步,在初级社的基础上,进一步组织大型的完全的社会主义性质的高级社。1955年,在发展初级社的过程中,进行了高级社试点,全省试办了36个高级社。高级社是以土地和主要生产资料实行集体公有为特征的社会主义性质的生产合作组织。它取消了土地分红,把耕畜和大型农具作价归公,实行集体劳动,统一分配,按劳动工分支付报酬。应该说,在生产关系变革中,试办少数更高形式的集体所有制生产合作组织是有必要的。但在1955年下半年全国出现农业合作化高潮的情况下,江西也加快了发展高级合作社的步伐。省委继11月修改计划之后,又在1956年元月再次修改计划，要求全省提前到1957年普遍建立高级农业生产合作社，实现完全的社会主义合作化。于是，全省各地都把大办高级社作为最重要的事。据统计，到1956年底，实有初、高级社共20348个，入社农户达393.7万户，占总农户的98%，其中高级社占96%，初级社占2%，全省实现了完全社会主义性质的农业合作化。从1955年10月提出试办高级社至1956年10月基本实现高级农业合作化，江西在一年时间内就完成了从初级社到高级社的转变，速度之快令人咋舌。这种"大干快上"的状态，与各地的竞相攀比、超常发展分不开。1958—1978年称为第二阶段。1958年8月中共中央政治局通过《中共中央关于在农村建立人民公社的决议》，之后两个多月，全国74万多个农业生产合作组织被改组为2.6万多个人民公社，加入公社的农民达1.2亿户，占全国农民总数的99%以上，这一阶段的农村合作组织实际上已快速演变为集体化性质的高度集中的人民公社。1958年8月15日，江西省修水县成立太阳升人民公社。这是江西出现的第一个人民公社。9月6—12日，省委召开五届六次全体（扩大）会议，贯彻8月底中央关于在农村建立人民公社的决议，通过了《关于在农村建立人民公社问题的指示》，规定在全省分"三步走"建立人民公社：第一步为"搭架子"，就是"串连起来，小社变大社"，要求"可以快些，在秋收以前结束"；第二步为处理矛盾，要求对并转中出现的各项经济政策问题予以解决，"可以在秋收以前完成，也可以在冬季生产中结合完成"，第三步为建立制度，就是要建立公社各种内部制度，要求"经过试点阶段，时间可以放长些"。三步走的规定，比较平稳，但在实际中并未得到贯彻。到10月底，全省80多个县，已县县实现人民公社化。这种农村经济组织形式的快速演变，违背了合作化初始中央提出的循序渐进与自愿互利的原则，犯了严重的左倾冒进错误。1959年，省委贯彻执行中央召开的一系列会议和毛泽东关于人民公社问题的指示精神，着手纠正当时已经认识到的错误。1959年1月召开的五届三次会议，省委在分析全省各行各业"大跃进"形势时，检讨与批评了"农业大跃进"中的突出问题，提出了改进的要求；三四月间，中央在上海召开政治局会议和八届七中全会后，省委召开常委扩大会议，通过了《关于整顿人民公社工作中的几个问题》的常委会纪要，布置进一步纠正"一平二调"的错误。从1961年至1965年，江西农村人民公社进入整顿与建立各项管理体制的阶段。从 1962 年开始，农村人民公社经过调整，最终确定以生产队所有制为基础的三级所有制为人民公社的基本制度。即公社、大队、生产队所有制，并一直延续到农村改革的初期。

改革开放后，随着农村体制环境与政策环境的变化，农村合作组织又迅速发展起来，并呈现出蓬勃发展的态势。在 1983 年，党中央在一号文件《当前农村经济政策的若干问题》中进一步提出，在农村发展合作经济。1984 年，中共中央 1 号文件又对政社分设以后的农村经济组织发展，提出了明确的指导方针。中央要求，原来的公社一级和非基本核算单位的大队，是取消还是作为经济联合组织保留下来，应根据具体情况，在群众自愿的基础上，与群众商定设置，形式与规模可以多种多样，不要自上而下强制推行某一种模式。为了完善统一经营和分散经营相结合的体制，一般应设置以土地公有为基础的地区性合作经济组织。这种组织可以叫农业合作社、经济联合社或群众选定的其他名称；可以以村（大队或联队）为范围设置，也可以以生产队为单位设置，可以同村民委员会分立，也可以一套班子两块牌子。1985 年，全国政社分设工作全部完成。绝大多数地方在原来的人民公社、生产大队和生产队解体后，相应组建了不同层次的社区性农村合作经济组织。这是经过了一个对原有农村合作组织的辩证否定过程之后，农民自主选择的结果。犹如全国一样，江西农村也选择了以市场化为导向的变迁路径。它是农民为抵御市场风险与适应市场经济发展的需要，寻求相互合作、共担风险、共享利益的自发联合行动。因此，这一时期的农村合作组织变迁方式实质上是诱导性制度变迁。纵观江西省农民专业合作社的发展过程，大致经历了萌芽、成长、快速发展三个阶段，呈现以下几个特点[①]：
（1）优势特色产业专业合作社与农业服务业专业合作社齐头并进，协调发展。过去组建的农民专业合作组织基本围绕专业化程度较高、市场风险较大的畜牧、水产、花卉苗木、瓜果蔬菜等优势特色产业组建。目前，新组建的合作社出现了像金溪合市病虫害防治合作社、青原区炉下农机合作社等为农业生产提供服务的专业合作社，服务对象不仅有本社

[①] 有关改革开放后江西农村合作组织的发展历程主要是参考了江西省农业厅《江西省农民专业合作组织建设与发展情况》2007 年 12 月 5 日，转引自中国农民专业合作社网。

社员，而且有其它粮食种植合作社的农民，合作形式向多样化发展。（2）农村中坚力量向合作社集聚，合作社领办人身份多元化。过去合作组织大多由农村能人或农村基层组织负责人牵头，主要提供技术和信息服务。目前，从领办主体看，农村种养大户、基层农技服务人员、村级"两委"负责人、龙头企业、大中专毕业生等正在成为合作社发展的主要力量。上高县充分发挥优质稻生产基地的资源优势，依托圣牛米业等龙头企业，支持基层农技服务人员在全县范围内组建了28家粮食种植合作社，实现合作社与龙头企业的有效对接。安远县车头镇甜（西）瓜合作社由刚从农业院校毕业的大学生创办，大胆引进日本等地优良品种，边学习技术，边开拓市场，带动周边农民增收，效果非常明显，受到省委孟建柱书记的高度评价。（3）合作领域不断拓宽，品牌效应逐步显现。合作内容已由过去单一的生产技术合作，逐步过渡到以产加销综合服务为主体，用品牌向流通、加工领域纵深发展。全省3639家农民专业合作组织中，以产加销综合服务为主的1252家，占34.4%；以提供技术、信息服务为主的848家，占23.3%；以生产为主的723家，占19.9%；以加工服务为主的563家，占15.5%；以运销仓储为主的253家，占7%。新登记成立的515家专业合作社中，有合作社自主品牌的占75%，获得无公害、绿色、有机食品论证的占72%。南昌鄱阳湖裕丰水产品合作社利用"鄱湖"商标，组织统一销售，2007年1—8月份销售淡水白鲳3800吨，每斤比2006年同期价高0.7元，直接为社员增收300多万元，合作社实现盈余80多万元。（4）合作社内部功能逐步完善，凝聚力不断增强。合作社在批量购买生产资料、组织加工、统一销售等环节中，让农民成员分享到流通环节增值的利润，增强了合作社的凝聚力。永修易家河果业合作社为农民成员统一提供低于市场价格的苗木、化肥、农药，以高于市价每斤0.2元收购社员柑橘，经分级打蜡包装，凭借"独一处"商标优势，畅销全国。2006年，合作社带动周边农户500多户，基地种植面积9.6万亩，总销量达6000多万斤，社员人均果业收入上万元。全省农民专业合作社围绕当地的特色产业、优势产品，组织社员专业化、规模化生产，有效促进了特色区域经济的发展，全省出现了大批柑橘村、茶叶村、辣椒村、红芽芋等专业村甚至专业乡，形成了各具特色的产业带、产业群。

农民专业合作社通过统一采购生产资料、统一技术标准、统一市场营销，有效降低了经营中各个环节的生产成本，提高了产品质量和经济效益，农民社员在盈余分配、股金分红、二次返利等方面直接增加了收入。2007年7月1日，《农民专业合作社法》实施后仅三个月时间，全省依法登记的农民专业合作社515家，出资总额43801.12万元；成员11490人，其中农民10362人，其他自然人990人，企业法人65个，事业法人40个，社团法人33个。截至2010年11月底，全省在工商部门登记的合作社10800家，实有入社农户118146户，占全省农户总数的1.47%，带动农户98万户。全省农民专业合作社分布在各个产业及其服务环节，其中种植业占46.8%；养殖业占42.5%，从事产加销综合服务的合作社占61%。据统计，江西省50%的鲜活农产品由合作社提供，合作社已成为农产品销售的主力军。同时，农民专业合作社通过制订实施统一的生产技术标准，组织广大社员进行标准化生产，提高了农产品的质量安全水平。有3000多家合作社实施了农产品质量安全标准，1000多家合作社通过了农产品质量认证。合作社生产、加工、销售的无公害产品占全省无公害产品的60%以上。全省有500多家合作社拥有自主商标，部分还获得国家级、省级著名商标或知名品牌。由于合作社的生产标准化程度高，实行品牌经营，极大地提高了产品的市场占有率。截至2010年10月底，全省已有3100余家合作社与超市或流通企业建立了稳定的产销关系，与超市签订供销协议的金额超过13亿元。[①] 全省示范区88家省级以上龙头企业在提高农产品加工增值能力的同时，健全和完善了"龙头企业＋农民专业合作社＋农户"的利益联结模式，积极引导农民以土地承包经营权、资金、技术等生产要素入股，参与龙头企业产业化经营，实现了龙头企业与农户之间的有效对接。目前，全省示范区农民专业合作社达3260家，占全省农民专业合作社总数的30.2%，农户入社率达11.5%，主要农产品中，合作社农户生产量占示范区比重为34.7%。[②] 合作社已逐步成为引领农民参与市场竞争的现

[①] 宋海峰：《江西省农民专业合作社达10800家》，《江西日报》2010年12月27日。
[②] 黄图强、宋海峰、宋江超：《农业现代化的"引擎"——我省推进现代农业示范区建设综述》，《江西日报》2011年8月9日。

代农业经营组织。从上述江西农村合作组织的实践来看，江西农民既有合作的基础，也有合作的实践。

3. 合作的组织制度保障

改革开放前30年农村发展的教训告诉我们，农民合作单纯依靠政府的力量很显然是无法做到的，而且用行政力量的结果会导致一个个有名无实的空壳产生。其结果也完全扭曲了当前农村建设的本义。

众所周知，分散化和非组织化是当前中国农业问题的主要症结所在，而农户一家一户地直接进入市场在目前还存在许多困难。以"大包干"为突破口的农村经济改革，以及后来逐步确立的"家庭联产承包经营，统分结合的双层经营体制"带来了小农经济的复苏。这在改革开放初期以及其后相当长的时期内表现为一种积极有效的组织形式。但随着社会主义市场经济体制的建立和完善，散乱无序的小农生产方式开始出现一系列问题。家庭承包责任制作为一种制度创新，主要是解决了农业生产体制问题，并没有解决农户与市场的衔接问题。小商品生产组织形式的弊端日益凸显，严重缺乏效率，不利于农民增收，不利于农村民主政治建设，不利于社会的稳定，也不利于农民科学文化素质的提高。面临市场经济的强烈冲击，伴随着中国在现代化进程中工业发展中过多地剥夺农民的利益，小农经济特别是农民家庭承担着相当大的风险，甚至可以说是处于停滞状态。农户进入市场需要一种中介组织，为此，中共中央《关于建立社会主义市场经济体制若干问题的决定》指出，发展市场中介组织，发挥其服务沟通、公正监督的作用。这就是说一个统一开放、竞争有序、完备发达的大市场，不仅要有合格的市场主体和健全的运行规则，还需要有起沟通、协调、服务作用的社会合作组织。发展社会合作组织需要带头人，需要一定的制度保障。农民专业合作经济组织要想得到更大发展，必须依托技术能手和经营能手，能够在市场开拓和产业链延伸方面表现出良好的企业家素质，但从农村的实际情况分析，要找到"甘愿牵头办、做给农民看、带着农民干、帮助农民销、利益大家享"的合作组织的引路人是不容易的。在改革开放的浪潮中，农村的能人凭着其敢闯肯干，不断研究市场、钻研养殖技术，自身有了较快发展，但其还只是刚刚起步，自身尚未站稳脚跟，无暇他顾，对牵头组建合作社缺乏信心；由于缺乏有效的激励机制，这些能人不愿意做领头羊，不甘愿作贡献或奉献。在目前农村的现实情况下,发挥党支部在农村的领头羊作用可能是发展农村社会合作组织的一条比较可行的路径。

我们知道,发展市场农业面临的最大困难,就是千家万户分散的小生产与千变万化的大市场的矛盾。如何把农户和市场有效联结起来,从发达国家的实践看,就是大力发展农村中介组织,通过农村社会合作组织引导和帮助农户走上专业化、社会化、一体化、集约化经营之路,形成较大的区域规模和产业规模,产生聚合规模效应,依靠农村社会合作组织来防范各种风险,从而引导农民致富。

事实上,党中央随着国内外形势的发展,与时俱进,不断地对农民专业合作组织的发展提出建议。[①] 早在1993年,国务院就明确以农业部作为指导和扶持农民专业合作与联合组织的行政主管部门。1994年,中共中央4号文件强调"要抓紧制定《农民专业协会章程》,引导农民专业协会真正成为民办、民管、农民受益的新型经济组织"。此后不久,农业部就和有关部门协作起草了《农民专业协会示范章程》。同年,农业部和中国科协联合下发了《关于加强对农民专业技术协会指导和扶持工作的通知》。1995年,中共中央、国务院《关于深化供销合作社改革的决定》,把发展专业合作社作为供销合作社改革的重要措施。供销合作社还把兴办专业合作社,作为其寻求改革和发展出路的重要方式。1998年10月,党的十五届三中全会通过了《中共中央关于农业和农村工作若干重大问题的决定》,深刻总结了我国农村改革20年的基本经验,首次提出了"农业、农村和农民问题是关系我国改革开放和现代化建设全局的重大问题",制定了"从现在起到2010年建设有中国特色社会主义新农村的奋斗目标",标志着农村改革又进入了一个新的发展阶段。

从2004年到2009年中央关于"三农"问题的六个"一号"文件中对农村合作组织的发展提供了政策性的策略。2004年"1号文件"《中共中央国务院关于促进农民增加收入若干政策的意见》中指出"鼓励发展各类农产品专业合作组织、购销大户和农民经纪人。积极推进有关农民专

---

① 有关此历史进程主要参考了苑鹏《中国农村市场化进程中的农民合作组织》,《中国社会科学》2001年第6期;万江红、徐小霞:《我国农村合作经济组织研究评述》,《农村经济》2006年第4期;陈柳钦、胡振华:《中国农村合作组织的历史变迁》,《农业经济问题》2010年第6期。

业合作组织的立法工作。从 2004 年起，中央和地方要安排专门资金，支持农民专业合作组织开展信息、技术、培训、质量标准与认证、市场营销等服务。有关金融机构支持农民专业合作组织建设标准化生产基地、兴办仓储设施和加工企业、购置农产品运销设备，财政可适当给予贴息"。2005 年"1 号文件"《中共中央国务院关于进一步加强农村工作提高农业综合生产能力若干政策的意见》指出，"发展农业产业化经营……积极探索龙头企业和专业合作组织为农户承贷承还、提供贷款担保等有效办法。支持农民专业合作组织发展，对专业合作组织及其所办加工、流通实体适当减免有关税费。集体经济组织要增强实力，搞好服务，同其他专业合作组织一起发挥联结龙头企业和农户的桥梁和纽带作用。" 2006 年中央"1 号文件"《中共中央、国务院关于推进社会主义新农村建设的若干意见》强调，"要着力培育一批竞争力、带动力强的龙头企业和企业集群示范基地，推广龙头企业、合作组织与农户有机结合的组织形式，让农民从产业化经营中得到更多的实惠……开展农产品精深加工增值税改革试点。积极引导和支持农民发展各类专业合作经济组织，加快立法进程，加大扶持力度，建立有利于农民合作经济组织发展的信贷、财税和登记等制度。"2006 年 10 月 31 日，十届全国人大第二十四次会议表决通过了《中华人民共和国农民专业合作社法》（中华人民共和国主席令第五十七号），于 2007 年 7 月 1 日正式实施。2007 年 5 月 28 日，国务院颁布《农民专业合作社登记管理条例》（中华人民共和国国务院令第 498 号），自 2007 年 7 月 1 日起施行。《中华人民共和国农民专业合作社法》和《农民专业合作社登记管理条例》的出台，标志着中国农民专业合作组织的发展进入了一个新阶段，它明确了农民专业合作组织的市场主体地位，对农民专业合作组织的组织和行为进行了适当的规范，在农村改革和经济发展、农民增收、社会稳定方面发挥了积极作用。2007 年中央"1 号文件"《中共中央、国务院关于积极发展现代农业扎实推进社会主义新农村建设的若干意见》强调，要"大力发展农民专业合作组织。认真贯彻农民专业合作社法，支持农民专业合作组织加快发展。各地要加快制定推动农民专业合作社发展的实施细则，有关部门要抓紧出台具体登记办法、财务会计制度和配套支持措施。要采取有利于农民专业合作组织发展的税收和金融政策，增大农民专业合作社建设示范项目资金规模，着力支持农民专业合作组织开展市场营销、信息服务、技术培训、农产品加工储藏和农资采购经营。"2008年中央"1号文件"《中共中央国务院关于切实加强农业基础建设进一步促进农业发展农民增收的若干意见》强调,要"积极发展农民专业合作社和农村服务组织。全面贯彻落实农民专业合作社法,抓紧出台配套法规政策,尽快制定税收优惠办法,清理取消不合理收费。各级财政要继续加大对农民专业合作社的扶持,农民专业合作社可以申请承担国家的有关涉农项目。支持发展农业生产经营服务组织,为农民提供代耕代种、用水管理和仓储运输等服务。鼓励发展农村综合服务组织,具备条件的地方可建立便民利民的农村社区服务中心和公益服务站。"2008年10月9日,中共十七届三中全会通过了《中共中央关于推进农村改革发展若干重大问题的决定》,《决定》指出:"按照服务农民、进退自由、权利平等、管理民主的要求,扶持农民专业合作社加快发展,使之成为引导农民参与国内外市场竞争的现代农业经营组织","有条件的地方,可以发展专业大户、家庭农场、农民专业合作社等规模经营主体"。这就是说,促进土地承包经营权的流转,形成土地的适度规模经营,农民专业合作社居于十分重要的地位。十七届三中全会《决定》还特别指出,"允许有条件的农民专业合作社开展信用合作。"2009年中央"1号文件"《中共中央、国务院关于2009年促进农业稳定发展农民持续增收的若干意见》强调,"加快发展多种形式新型农村金融组织和以服务农村为主的地区性中小银行。""大力发展小额信贷和微型金融服务,农村微小型金融组织可通过多种方式从金融机构融入资金。"在此进程中,江西各级、各类有关农村合作组织的地方性政策、法规、条例相继出台,为江西农村合作组织的建设提供了制度保障,农村合作组织的发展向合理化和规范化迈进。

在农业和农村经济由计划经济向市场经济转变过程中,农村经济中千家万户分散的小生产与千变万化的大市场的矛盾日益凸显,农民的个体化已经不能适应江西日益发展形势的客观要求,因此,在稳定家庭承包经营这一基本国策不变的情况下,通过社会合作组织形式把分散经营的千家万户农民联合起来,增强抗御市场风险和社会风险能力已成为当前江西农业和农村社会发展以及社会秩序建构中亟待解决的一个问题。农村经济社会和谐有序发展是实现中国特色社会主义的重要战略选择,农村经济社会和谐有序发展的关键是中国农民思想的引导与重构问题。新中国成立以来特别是改革开放以后，我国的农村已经从封闭发展走向开放发展、从单一发展走向多元发展、从稳定发展走向快速发展、从对政府的依附性发展走向政府引导、自主独立的发展道路。但农民还没有真正达到实现农村经济社会有序发展所必需的思想转变要求，总结农民思想变迁的历史规律，加强对农民的思想政治教育引导，促进农民思想的转型，从更高的思想理论层面建构农村和谐有序发展的长效机制迫在眉睫。

总之，随着农民收入的大幅提高，农民生活水平和质量已实现了本质性飞跃，农民经济利益意识呈现出多维性，因此，我们要紧密结合农民经济利益意识的变化特点，破解农民收入增长缓慢这一难题，避免其落入贫困陷阱，寻求农村发展新的着力点，理顺农村经济社会加快发展的脉络，以农村经济社会的全面改革为契机，抓住当前难得的关键性的历史发展机遇，实现中国特色社会主义新农村发展道路的重大战略突破。

第三章　江西农民政治意识的变化及其对策*

政治意识是人们在特定的社会条件下形成的政治态度、政治情感、政治认知、政治信念、政治习俗和政治价值的复合存在形式。其作为一种无形的精神力量，驱动和指导着政治主体的政治行为，进而影响社会的政治面貌，促进或制约政治发展。①

国外学者关于政治意识的涵义存在着诸多的意见和看法。比较共性的观点认为：从实质上讲，政治意识是一定社会中的人们关于社会政治制度、政治生活以及国家、阶级、社会政治集团及其相互关系问题的观点、思想、理论的总和。它最集中、最直接地表现了一定社会的阶级结构和阶级利益，反映了一定社会的经济基础。政治意识在政治文化结构中居于统率的、主导的地位。从内容上看，政治意识本身也是一个有多种元素组成的有机体。从集团和群体意识来看，它包括政党意识、国家意识、阶级意识、社团意识等；从人们对政治生活不同领域的认识来看，它包括民主意识、法律意识、权利意识、斗争意识等；从人们对政治运行过程的态度来看，它含有人们的政治态度意识、政治信仰意识、政治价值意识等等。政治意识的每个组成元素又是一个多层次的意识体。一般而言，政治意识形态的表现形式有政治理论、政治思想、政治学说、政治观点和政治主张等。思想理论学说是概念、原理的体系，是系统化了的理性认识。它是对政治现实的反映和理性的把握，反映了一

---

* 本节有关资料参见龚上华《农民政治意识分化与政府治理创新研究》，浙江大学出版社2014年版。

① 郑慧：《政治文明：涵义、特征与战略目标》，《政治学研究》2002年第3期。

定社会的阶级基础,但更集中地体现了社会经济运动和经济基础的状况,体现了经济基础的性质。①

综上所述,政治意识有不同的内容和表现形式。既有不为任何人所垄断的、人们在政治生活和政治活动中直接形成的、不自觉的、不系统的、不定型的、较为零碎的、粗糙的和自发的社会政治心理,也包括人们在政治实践中,通过对各种直观的、零散的和杂乱的感性认识进行抽象加工和整理而形成的较为系统的、深刻的、在政治意识中居于核心和主导地位的、集中反映阶级和集团根本利益的理性思维的政治思想,当然也包括以政治思想为基础,对政治行为予以规范的政治道德和规范,褒扬或鞭挞政治行为的政治舆论,约束、激励政治行为的政治信仰,等等。② 通俗来讲,政治意识的内容主要包括国家意识、法律意识、权利与义务意识、民主参与意识以及自由平等意识等。其中最重要的是国家意识或称政治信仰认同意识,它要求公民正确认识和处理国家利益、政党利益、民族利益、其他形式的集体利益与个人利益的关系,并视国家利益高于一切,这是不同政治体系对公民政治意识的共同要求。最根本的主要指政治民主意识,包括民主选举意识、民主决策意识、民主管理意识、民主监督意识、平等意识、自主意识等等。对农民而言,最有进步意义的首先是政治参与,它是农民政治权利得以实现的重要方式,反映着农民在政治生活中的地位、作用和选择范围。最基础的当属政治权利意识及利益表达意识,农民的权利意识主要指:认识和理解依法享有的权利及其价值;掌握如何有效行使与捍卫这些权利的方式;自觉把行使权利的行为规约于法律规范之中,以免损害其他主体的合法权益。农民的权利意识是参与意识生成的逻辑前提。只有享有充分的权利,形成自觉的权利意识,才能真切地意识到自己的主体地位,才会作为国家的主人在公民社会里主动实现自我管理、当家作主的权利。③

---

① 李晓伟:《政治学范畴探析——政治文化与政治意识》,《昆明大学学报》2008年第19期。
② 郑慧:《政治文明:涵义、特征与战略目标》,《政治学研究》2002年第3期。
③ 龚上华:《农民政治意识分化与政府治理创新研究》,浙江大学出版社2014年版,第39—45页。

一 农民具有强烈的政治信仰认同感

本课题组主要侧重于从政治信仰认知、政治信仰情感、政治信仰态度三个方面来考察当前江西农民对国家民族政党的政治信仰现状。调查表明：江西农民的国家观、民族观、政党观总体上是健康稳定的，主流是积极向上的。

（一）农民对执政党、民族的政治信仰认知

1. 农民对执政党宏观层面上的信仰认知

笔者的调查显示，农民在宏观层面上对党的认识非常到位，显示出国家主流意识形态的权威及其影响力。调查显示，约92%的被调查人员对共产党的宗旨是全心全意为人民服务认识清楚，仅有极少部分认为是"团结友爱"、"艰苦奋斗"以及"实事求是"。据牟成文（2008）调查鄂东A村表明，土地承包责任制实施以后，国家主流意识形态对村庄渗透的势头并没有减弱，只是改变了方式。虽然不再进行意识形态挂帅，而是让它回归其应有的位置，但是国家通过对农民的生产经营活动的指导、计划生育政策的执行、村民自治的实施等来显示国家或政党的权威及其影响力的存在。[①]

表3—1　　　　　　您觉得共产党的宗旨是什么？

		频率	百分比%	有效百分比%	累计百分比%
有效	团结友爱	18	3.4	3.4	3.4
	全心全意为人民服务	492	91.8	93.4	96.8
	艰苦奋斗	4	0.7	0.8	97.5
	实事求是	13	2.4	2.5	100.0
	合计	527	98.3	100.0	
缺失	系统	9	1.7		
合计		536	100.0		

---

① 参见牟成文《中国农民意识形态的变迁——以鄂东A村为个案》，湖北人民出版社2008年版，第135页。

调查显示，农民对我们党的最终目标这个问题，认为"是实现共产主义"的有354人，占66.0%，但也有162人认为是"实现共同富裕"，占30.2%，这一比例虽然说明农民对党的最终目标还是有部分不太清楚，但是对邓小平同志提出的共同富裕这一社会主义基本原则却是十分清楚。

表3—2　　　　　　　您知道我们党的最终目标是什么吗？

		频率	百分比%	有效百分比%	累计百分比%
有效	实现共产主义	354	66.0	67.7	67.7
	实现共同富裕	162	30.2	31.0	98.7
	其他	7	1.3	1.3	100.0
	合计	523	97.6	100.0	
缺失	系统	13	2.4		
合计		536	100.0		

2. 农民对民族团结和民族矛盾的看法和认知

国民对民族的认同感，也就是一种视自己为本民族和本国成员的归属感、亲和感，并能够认识到个人利益与民族利益休戚相关，个人尊严与国家尊严荣辱与共的同一性，由此产生心理上的民族向心力与凝聚力，从而自觉维护民族团结，反对民族分裂，反对任何外来侵略，坚决维护民族尊严和国家的主权与领土完整，甚至不惜为此付出生命。

（1）江西农民认为不同民族之间存在一定的矛盾

当问及"您认为目前不同民族之间的矛盾程度如何"时，有223人认为不同民族间矛盾其实不大，占41.6%；约179人认为目前不同民族间其实"没有实质性矛盾"，这个比例占33.4%。也有12.5%的人认为"大"，有7.5%的人认为"很大"。可见，老区农民对不同民族之间的矛盾总体上认为不大，尽管存在矛盾，也不是什么实质性的矛盾，这与江西是民族小省、江西少数民族在地理上呈典型的"散杂居"分布以及区域经济发展的不平衡因素有关。

表 3—3　　　　　您认为目前不同民族之间的矛盾程度：

		频率	百分比%	有效百分比%	累计百分比%
有效	很大	40	7.5	7.9	7.9
	大	67	12.5	13.2	21.0
	不大	223	41.6	43.8	64.8
	没有实质性矛盾	179	33.4	35.2	100.0
	合计	509	95.0	100.0	
缺失	系统	27	5.0		
合计		536	100.0		

所谓散居民族是相对于聚居民族而言的。聚居民族，就是某一民族集中居住在某一民族自治区域内，并占有一定数量比例。那么，在这一区域内，不管是否有别的民族，这个民族就是这个区域内的聚居民族。如此而论，散居民族则是指某一民族的成员以分散居住的状态零星分布在另一民族人员数量占有优势的区域的民族。杂居民族是一个相对概念，是相对于"聚居民族"和"散居民族"而言的，是介于聚居民族和散居民族之间的一种民族居住类型。所谓杂居民族是指两个或两个以上的民族共同混合居住在某一非民族自治区域内，虽然其人口数量、地位等方面存在一定差距，但在人们的历史记忆中从未出现人口数量处于绝对少数的散居或外来民族的一种民族居住类型。1979年10月12日中共中央、国务院批转的国家民委党组的《关于做好杂居、散居少数民族工作的报告》中，将散居少数民族和杂居少数民族称呼连并使用，将"杂居"、"散居"列为一种类型。1987年中共中央、国务院批转的统战部、国家民委《关于民族工作几个重要问题的报告》中则首次出现了"散杂居"并用的现象。就中国而言，散杂居少数民族主要包括两部分：一是居住在民族自治地方以外的少数民族；一是居住在自治地方以内但未实行自治的少数民族。这样，作为散杂居少数民族的民族乡也涵盖于其中了。因此，散杂居少数民族一般是指居住在民族区域自治地方以外的少数民族和居住在民族自治地方内但并未实行民族区域自治的少

数民族。①

江西省有畲族、回族等 51 个少数民族，共 12.57 万人口，占全省总人口的 0.27%，建有 8 个少数民族乡和 80 个少数民族行政村，400 多个少数民族村小组。少数民族中人口较多的有回族、畲族、壮族、满族、苗族、瑶族、蒙古族、侗族、朝鲜族、土家族、布依族等，其中人口最多的为回族和畲族；还有白族、彝族、黎族、高山族、藏族、水族、傣族、毛南族、纳西族、锡伯族、土族、哈尼族、羌族、仫佬族、维吾尔族、傈僳族、达斡尔族、仡佬族、裕固族、京族、独龙族、拉祜族、景颇族、布朗族、俄罗斯族和基诺族等。在地理上呈典型的"散杂居"分布，其中畲族聚居，约 10 万人，占全国畲族人口数的近六分之一，主要分布在赣东北、赣南的边远山区，如铅山太源畲族乡和贵溪樟坪畲族乡等地以及永丰、吉安、兴国、武宁、德安、资溪、宜黄、乐安等市县的 30 多个畲族乡村；瑶族部分聚居，如全南瑶山、喇叭山等；其他各少数民族均为散居状态。

民族关系是多民族国家最复杂、最重要的社会关系，而散杂居民族间关系在我国的民族关系中又占有举足轻重的地位，特别是改革开放以来，我国民族关系中的一些问题，比如民族间互融性的增多与民族意识增强并存，民族间互助合作的日益发展与民族间的竞争态势并存，经济联系日益加强与利益冲突日益增多并存，各民族日益繁荣与民族间发展差距的扩大并存等等，很大一部分发生在散杂居少数民族身上，"在我国民族关系中有 70%—80% 都是来自散杂居民族关系中的问题"。②

因此，正确处理新形势下散杂居民族间关系问题，关键在于民族间彼此共生共长、互信互补、互助互通，认识和处理散杂居区的民族关系，引导散杂居区各民族和谐共处、共同进步、共同繁荣，实现社会的和谐发展。这不仅关系到我国民族平等关系的形成、关系到多民族共同的国家认

---

① 关于散杂居问题的研究，可参见评论员《努力做好杂居散居少数民族的工作》，《中国民族》1981 年第 12 期；于衍学：《散杂居少数民族有关理论的系列研究与探索》，《社科纵横》2006 年第 4 期；张丽剑：《新时期散杂居民族间关系的焦点》，《中南民族大学学报》（人文社会科学版）2007 年第 4 期；岳雪莲：《共生互补视角下中国散杂居民族关系的特点》，《广西民族研究》2010 年第 2 期；李安辉：《论中国特色散杂居民族理论的形成与发展》，《中南民族大学学报》（人文社会科学版）2010 年第 6 期。

② 沈林、和佳、王云：《新散杂居民族工作概论》，民族出版社 2001 年版。

同意识的形成、关系到各民族之间一体化的社会联系的形成,更关系到整个社会的协调发展和全面进步,这对于增强综合国力、提高中华民族的凝聚力、实现各民族的共同繁荣都具有十分重要的现实意义。

(2) 江西农民认识到民族团结对中国发展的重要性

当问及"您认为民族团结对于中国的发展是否重要"时,有 410 人认为民族团结对于中国的发展"十分重要",约占 76.5%,认为比较重要的占 18.5%。可见,绝大多数农民能较清楚地认识到民族团结对我国发展的作用。

表 3—4　　您认为民族团结对于中国的发展是否重要:

		频率	百分比%	有效百分比%	累计百分比%
有效	十分重要	410	76.5	79.2	79.2
	比较重要	99	18.5	19.1	98.3
	无所谓	9	1.7	1.7	100.0
	合计	518	96.6	100.0	
缺失	系统	18	3.4		
合计		536	100.0		

从上述调查分析可以看出,农民十分认同维护民族团结是中华民族的根本利益,也是我们一切有良知的中国人、每一位中华儿女的一致共识,是最广泛的爱国统一战线最基本的前提基础。具体到江西来看,江西虽然是民族小省,做的却是民族工作的大事,从讲政治的高度、讲共同奔小康的高度、讲团结的高度重视民族地区的发展,加强民族工作的建设和发展。

江西加强了民族工作的力度。省财政对少数民族地区投资达 1 亿多元,扶持各类项目 430 个。实施了深山区少数民族移民搬迁和民族小康村建设,实施了电脑农业工程。全省 7 个民族乡 GDP 三年实现翻番,全部建成或在建通县硬化公路。60 个民族村通了公路,其中 40 多个民族村实现了通乡公路硬化,60 个民族村实现通电,79% 的户数已完成电网改造。2006 年,全省少数民族农民人均纯收入达 3152 元人民币,比上年增长 9.4%。

在经济社会发展方面，少数民族和民族地区呈现加快发展新态势。一是基础设施大为改善。2004年，全省民族乡村基本实现通电、通公路，90%以上的民族乡村完成农电改造，开通了固定电话或移动电话；全省民族乡村公路硬化率达到50%以上。二是经济实力显著增强。2004年，7个民族乡GDP达到5.14亿元，比上年增长16.48%；财政总收入2503万元，增长67.02%；招商引资4.98亿元，增长40.65%；新开工企业36家，实现工业产值4.35亿元，增长184%，这四项指标增长速度均高于全省平均增幅。三是社会事业全面进步。教育事业得到长足发展，民族中小学校危房改造基本完成，民族乡村适龄儿童入学率达99.47%，少数民族考生考入高等院校比例逐年增加；医疗卫生条件不断改善，"三院"建设基本完成，56个民族村用上了卫生达标饮用水；民族乡村群众文化活动日趋丰富，56个民族村通了广播电视。四是群众收入稳步提高，生产生活条件显著改善。农村少数民族人均纯收入达到2400元，较2000年增加932元，近1/3的民族村人均纯收入达3000元。全省农村少数民族贫困人口由2000年的1万人下降到4500人左右。去年，江西省启动国定贫困县少数民族贫困群众移民扶贫工程，有效改善了部分深山区库区少数民族贫困群众的生产生活条件。我省抓好"农家书屋"工程建设，到2010年底，在全省每个少数民族村建成一所标准化书屋，并落实好民族地区图书馆、基层文化站、文化室的图书配备政策；抓好文化信息资源共享工程建设，全省少数民族村全部纳入文化信息资源共享工程村级服务点建设体系，使民族地区能够充分利用数字和网络技术等现代科技手段，提升少数民族乡村公共文化服务的功能和水平；抓好广播电视"村村通"工程建设，到2012年底，完成全省20户以上少数民族自然村的广播电视"村村通"；抓好少数民族乡、村文化设施和文化活动场所的新建和改扩建工程，到2014年，在实现民族乡和辖有民族村的乡镇有综合文化站、民族村有文化活动室的基础上，少数民族乡、村文化基础设施全部达到省颁标准；抓好农村文化"三项活动"建设，积极开展文艺演出、展览、电影放映等活动，更好地满足民族地区各族群众的精神文化需求。

在民族关系方面，进一步谱写了全省各族人民平等互助、团结合作的新篇章。经过多年卓有成效的民族工作，全省上下认识到民族工作重要性的人越来越多，支持民族团结进步事业的力量越来越大，"汉族离不开少数民族，少数民族离不开汉族，各少数民族之间也相互离不开"的思想观念越来越深入人心。全省各族人民和睦相处、和衷共济、和谐发展，平等、团结、互助、和谐的社会主义民族关系得到进一步巩固和发展。多年来，全省民族地区没有发生一起涉及民族关系和影响民族团结的事件，没有发生一起因民族矛盾和利益纠纷而引发的群体上访事件，许多民族乡村连续十几年社会治安事件为零记录。在经济社会发展过程中，少数民族群众和汉族群众互相尊重、互相学习、互相帮助，形成了共同参与、共同创业、共同致富的良好局面。

在民族工作机制方面，走出了一条新形势下符合江西省实际的民族工作新路子。针对少数民族散杂居的特点，我省创造性地开展民族工作，把民族工作融入到社会工作中，初步走出了一条省委、省政府领导下"部门主动、社会联动、各方互动、齐抓共管"的民族工作社会化新路子。2000年，省里专门成立了"少数民族地区建设工作领导小组"，定期讨论研究民族工作，使民族工作始终置于全局工作的统筹之中，为民族工作的社会化提供了坚强的组织保证。为把民族地区的发展纳入全省经济社会发展的整体规划之中，2001年专门制定了《江西省民族地区经济和社会发展"十五"规划》，并在实际工作中得到很好的贯彻实施。从2001年开始，组织25个省直部门开展新一轮对口支援民族地区的工作，先后向民族乡村派出干部750多人，筹集资金2000多万元，扶持各类项目200多个，为民族工作社会化凝聚了强大的合力。2001年，省人大常委会专门颁布了《江西省少数民族权益保障条例》，为推动全社会尊重、维护少数民族的合法权益提供了有力的法律保障。这些措施，有效地整合了各种资源，凝聚了各方面力量，调动了大家的积极性，初步建立了新形势下民族工作社会化的长效机制，使江西省的民族工作提升到了一个新水平。

（3）江西农民认为影响民族团结的主要因素是"经济问题"

当问及"您认为影响民族团结的最主要因素是"什么时，有39.4%的人认为主要原因在于"经济问题"，31.7%的人认为主要在于"国家政策问题"，也有21.5%的人认为主要原因在于"种族问题"。

表 3—5　　　　　　您认为影响民族团结的最主要因素是：

		频率	百分比%	有效百分比%	累计百分比%
有效	经济问题	211	39.4	40.9	40.9
	种族问题	115	21.5	22.3	63.2
	国家政策问题	170	31.7	32.9	96.1
	其他	20	3.7	3.9	100.0
	合计	516	96.3	100.0	
缺失	系统	20	3.7		
合计		536	100.0		

当问及"您认为加强民族团结的最主要途径是什么"时，有188人认为"发展经济"是加强民族团结的最主要途径，占35.1%；约32.5%的人认为"进行宣传教育"是加强民族团结的最主要途径，也有27.8%的人认为只有"坚决打击民族分裂分子"，才能有效维护民族团结。

表 3—6　　　　　　您认为加强民族团结的最主要途径是：

		频率	百分比%	有效百分比%	累计百分比%
有效	发展经济	188	35.1	36.4	36.4
	进行宣传教育	174	32.5	33.7	70.2
	坚决打击民族分裂分子	149	27.8	28.9	99.0
	其他	5	0.9	1.0	100.0
	合计	516	96.3	100.0	
缺失	系统	20	3.7		
合计		536	100.0		

加快少数民族自身和民族地区经济社会的发展，是新阶段解决民族问题的根本途径。

在江西，改革开放初期，全省民族地区区域性贫困问题相当突出，民族乡村基础设施落后，生产发展极其缓慢，少数民族群众收入渠道单一，贫困率和返贫率居高不下。当时，民族地区流传的一首民谣——"一把竹梢两头尖，一担干柴换油盐；今天喝碗薄稀粥，明天饥饿去问天"，形象地反映了这种贫困状态。改革开放以来,在各级党委、政府和民族地区干部群众的共同努力下,民族地区逐步告别贫困、解决了温饱。由于少数民族在地理上呈典型的"散杂居"分布,大多分布在边远山区、革命老区、贫困地区和江河源头区,推进少数民族地区经济社会发展的任务还相当艰巨。特别要看到,随着经济社会的快速发展,全国各地经济文化交流频繁,就学、务工和经商的少数民族流动人口逐年增加,民族关系日益延伸到社会的各个领域。不能因为少数民族人口少而放松对民族工作的领导和支持,不能因为没有发生因民族问题引发的事端而放松应有的警惕,不能因为少数民族和民族地区经济社会发展不断取得进步就降低重视程度和工作的力度。所以要采取一切措施尽快缩小地区间的差距,尽快提高少数民族和民族地区的发展能力。其基本路径有两条:

一是大力改善民族地区的基础设施。基础设施的落后是制约民族地区经济发展的重要因素。如果要把经济搞上去,没有这些基础设施的帮助,是不可能的。因此,必须把优先发展交通、水利、电力、通讯等基础产业放在重要战略位置来考虑,从而改善民族地区投资环境和当地群众的生活、生产条件。

二是加大政策扶持的力度。加大国家一系列的宏观政策倾斜于民族地区的力度,给予民族地区和谐发展最有力的政策支持,最主要的就是经济的投入与税收的减免。十一五期间,江西省根据民族地区发展的实际,践行"山上办银行,工业兴畲乡,文化创特色,和谐促发展"的发展思路,民族地区经济呈现又好又快发展态势。5年来,江西省级部门累计为民族地区筹措资金4亿多元,扶持项目300多个,全省8个民族乡财政总收入从2005年的0.56亿元增加到2010年的2.26亿元,年均增长32.19%。民族地区农民人均纯收入从2005年底的2879元增加到2010年的5235元,年均增长12.7%。预计到2012年,江西民族乡、民族村农民人均纯收入和社会基本公共服务将赶上或超过全省平均水平,已经达到全省平均水平的民族乡村农民人均纯收入增幅高于全省平均水平。到2015年,江西将把民族乡建设成为"绿色产业基地,生态文明样板,科学发展先锋,民族团结模范",民族地区农民人均纯收入和社会基本公共服务基本赶上或超过全省平均水平,所有民族乡村实现整体脱贫,进入全面建设小康社会的新阶段。另一方面,就是实行对口支援，促进民族地区经济走出贫困恶性循环。① 在少数民族散杂居的江西省，结合民族地区经济的现状与特点，通过省直部门对口支援民族乡村的经济发展，在民族地区小康建设方面取得了显著的进展。就江西整体而言，1997年以来的对口支援，在近13万人的民族地区结出了丰硕的成果，改变了少数民族干部群众的思想观念，促进了民族地区的经济发展和社会进步。2000—2003年，民族地区获得各类扶持资金5500万元，民族乡财政收入、GDP连续4年保持12%以上的增幅。2003年，全省农村少数民族人均纯收入达到2000元，20%左右的民族村突破了3000元，民族乡实际招商引资也突破了3亿元。在短短的几年里，民族经济的增长点和增长极不断形成，建成了10万亩高效油茶林、30万亩毛竹林、3000多亩生态果园和2000多亩特色花卉、苗木、药材基地，一批绿色、生态、高效产业已经具备了一定的规模。与全省同步推进的民族地区"两基教育"取得了喜人的成绩，接受高等教育的少数民族超过了2500人。70%以上的民族乡村用上了自来水和卫生达标的饮用水。民族地区开始呈现协调、和谐、快速发展的趋势，全省民族团结的良好风尚得到不断增强和弘扬。对此，国家民委副主任牟本理进行了高度评价："江西为民族工作提供了一个新的途径，一条新的经验，一个新的方法，江西的经验值得向散杂居民族地区推广"。②

根据江西省散杂居民族地区的工作实际，大力推广三种模式。一是"一村一品"模式。江西省太源、篁碧、樟坪3个畲族乡的毛竹，龙冈畲族乡的油茶，赤土畲族乡的果业，资溪新月畲族村的苗木等，都在逐步形成一村一品的特色产业。发展一村一品要因地制宜，突出特色，好的产品做大，大的产品做强，短线产品做长，扶持龙头企业发展，形成规模优势和产业优势；二是"农业循环经济"模式。重点推广猪——沼——果（茶）模式。猪——沼——果模式在赣南一带发展得比较好。从2007年开始，每个民族乡都要抓一个试点，取得经验后逐步加以推广。三是"异地办厂、原地纳税"模式。近几年，樟坪畲族乡在贵溪工业园区引进

---

① 有关研究参见陈志刚《对口支援与散杂居民族地区小康建设：来自江西省少数民族地区对口支援的调研报告》，《中南民族大学学报》（人文社会科学版）2005年第3期。

② 牟本理：《江西的经验值得向散杂居民族地区推广》，《中国民族》2002年第9期。

了十多家企业。乡财政收入快速增长,综合经济实力不断增强,一举进入全省百强乡镇,实现了跨越式发展。去年该乡实现工业产值15亿元,财政总收入6300万元,一年翻一番。发展工业是江西民族地区强乡富民、增强自我发展能力的关键所在。民族乡兴办工业,要创新思路,把发展开放型经济与推进全民创业有机地结合起来。通过加快发展工业,推进民族地区自主创业,提升民族地区经济的综合实力。

(二) 农民对执政党的政治信仰情感

我们知道,政治信仰情感是在政治认知的基础上阐述的对政治事实与政治现象的一种内心体验。具体来讲,指政治主体在政治生活中对政治体系、政治活动、政治事件和政治人物等方面所产生的内心体验和感受,是伴随人的政治认知过程所形成的对于各种政治客体的好恶感、爱憎感、美丑感、亲疏感等心理反应的统称。为了进一步了解农民对执政党的情感状况,我们设计了六个题目共三类问题来调查农民对党的农村政策、农村基层党员干部以及农村普通党员的满意度调查,以期勾勒出农民对党的情感反映。

1. 江西农民对党中央的农村政策满意度较高

调查显示,农民对改革开放以来党的农村政策满意度较高,其中,对"三减免、三补贴"政策以及免除农业税等新近提出的农村政策印象最深。"三减免三补贴"政策即:减免农业税,取消除烟叶以外的农业特产税,全部免征牧业税,对种粮农民实行直接补贴,对部分地区农民实行良种补贴和对农机具购置实行补贴。当问及"您对党的农村政策的满意程度如何"时,有217人,占40.5%的人表示"非常满意",267人,占49.8%的人表示"基本满意"。6.7%的人表示"不满意"。

表3—7　　　　　　　　您对党的农村政策的满意程度如何?

		频率	百分比%	有效百分比%	累计百分比%
有效	非常满意	217	40.5	41.4	41.4
	基本满意	267	49.8	51.0	92.4
	不满意	36	6.7	6.9	99.2
	其他	4	0.7	0.8	100.0
	合计	524	97.8	100.0	

续表

		频率	百分比%	有效百分比%	累计百分比%
缺失	系统	12	2.2		
合计		536	100.0		

当问及"党的农村政策中对您印象最深的（或者影响最大的）是哪个"，选择"三减免、三补贴"政策的占第一位，约226人，占42.2%；选择"家庭联产承包责任制"的占21.8%，选择"免除农业税"的占20.7%，选择"新农村建设"的占12.1%。

表3—8　党的农村政策中对您印象最深的（或者影响最大的）是哪个？

		频率	百分比%	有效百分比%	累计百分比%
有效	家庭联产承包责任制	117	21.8	22.5	22.5
	"三减免、三补贴"政策	226	42.2	43.4	65.8
	免除农业税	111	20.7	21.3	87.1
	新农村建设	65	12.1	12.5	99.6
	其他	2	0.4	0.4	100.0
	合计	521	97.2	100.0	
缺失	系统	15	2.8		
合计		536	100.0		

2. 江西农民对基层政权的支持度较高

鉴于本研究的主题，本部分不是探讨学界热衷的如何强化基层政权建设的问题。但基层政权建设问题确实是一个关乎农村将来发展的重大问题，为了便于从农民思想观念的角度探讨、分析这个严肃的问题，本研究刻意选择了一些可以说明问题的指标体系，其中对村干部的评价、对村干部工作的支持是主要指标。

表3—9　　　　　　　村干部来收缴相关费用，您怎么做？

		频率	百分比	有效百分比	累积百分比
有效	积极缴纳	414	77.2	79.2	79.2

续表

		频率	百分比	有效百分比	累积百分比
有效	等其他人缴纳了才缴	78	14.6	14.9	94.1
	不缴纳	14	2.6	2.7	96.7
	其他	17	3.2	3.3	100.0
	合计	523	97.6	100.0	
缺失	系统	13	2.4		
合计		536	100.0		

村干部向农民收缴相关费用是村干部的职责之一，也是农民普遍反感的主要事情。在江西它又体现出特殊性。从全国看，近年来我国陆续出台了关于农民增收、减负的文件再加上取消农业税，可见我国对农村和农业的重视，但是事实上，这些政策并没有像预期的那样尽如人意。在一定意义上说，农民的贫困本身就是一种危机，但这种潜在危机未归为突发事件，贫困化危机是农村公共危机的一种，是造成江西农村公共危机的一个因素。取消农业税之后的江西农村危机依然存在，因为，任何行为都不可能像天平一样兼顾到事件主体的方方面面，只能说是相对公平，不能绝对，所以就不能对事件主体进行有效的控制。农民收入低，负担重是导致江西农民贫困化危机的一个重要因素。我国长久以来形成的城乡"二元经济"结构致使农民生活落后，农村经济发展缓慢，农村与城市经济矛盾加深，主要表现在以下几个方面：首先，以工农业产品价格"剪刀差"为基本形式的价格争夺依然激烈。其次，土地资源剥夺，城市化进程使得失地农民生活艰难。不断增加的失地农民队伍，必将严重影响江西地区的社会稳定和粮食安全。再次，就业岗位争夺，农民就业率低。二元经济结构使农民的弱势程度加剧了，公共投入和公共服务都严重欠缺，许多潜伏因素在加剧农民贫困化危机。[①]

就在这种背景下，我们的调查统计却表明，在村干部向农民收缴相关费用的问题上，79.2%的被调查农民表示积极交纳，这个结果说明了农村

[①] 龚上华：《农民政治意识分化与政府治理创新研究》，浙江大学出版社2014年版，第87—88页。

基层政权组织强大的公信力和良好的群众基础。这个结果在下表中也有印证。

表3—10　　　　　村里组织相关的技能培训，您会参加吗？

		频率	百分比%	有效百分比%	累计百分比%
有效	积极参加	440	82.1	85.3	85.3
	无所谓	64	11.9	12.4	97.7
	不参加	12	2.2	2.3	100.0
	合计	516	96.3	100.0	
缺失	系统	20	3.7		
合计		536	100.0		

与表3—9所列举的农民普遍反感的指标不同，在我们的课题问卷设计中，表3—10列举的是我们主观认为的农民将会欢迎的指标。以便进行比较分析。表3—10统计的结果没有出乎我们的预料，85.3%的被调查农民表示积极参加，这说明两个问题：一是江西农民对村组织普遍信任；二是农民有掌握相关技能的迫切需求。

3. 农民对农村基层干部满意度较高

农村基层干部是贯彻执行党在农村各项方针政策的骨干，是团结带领广大农民脱贫致富奔小康、建设有中国特色社会主义新农村的带头人。全国农村现有党员3029万名，约占全国党员总数的43%；农村基层干部680多万名，[①] 长期工作在农业生产第一线，他们直接联系着广大农民群众。江西吉安吉州区流行着这样一些顺口溜"户看村、村带户、群众看党员干部"、"要想富找党员干部"，这充分反映了群众对党员干部的期盼和发挥党员作用的重要性。

从江西省的情况来看，全省共有17267个行政村，86584名村委会干部。其中村支部书记和村委会主任有30423名；其中村支部书记和村委会主任"一肩挑"干部4569名，占村支部书记和村委会主任总数的15%。全省每个行政村平均有干部5名。全省村干部平均年龄41.6岁（见表

---

① 倪迅：《农村基层干部民主监督制度广泛建立》，《光明日报》2007年9月11日。

3.11）。年龄在35岁以下和55岁以上的分别占17.6%和10.2%；36—55岁年龄段的占72.2%。全省村级干部初、高中学历的占92.2%，大专、小学学历的分别仅占3.7%和4.1%。全省绝大多数村的许多村干部任职时间都比较长，其中任职5年以上的占69.6%。

表 3—11　　　　　　　　全省村级干部年龄结构情况

	35岁以下	36—46岁	46—55岁	55岁以上	平均年龄
人数（名）	15244	37633	24911	8796	41.6岁
比例（%）	17.6	43.4	28.8	10.2	

资料来源：刘谟炎：《农村政策指南—中共中央（江西省委）1号文件研究》，江西人民出版社2008年版，第414页。

表 3—12　　　　　　　　全省村级干部学历结构情况

	大专及大专以上	高中（中专）	初中	小学
人数（名）	3173	38903	40938	3570
比例（%）	3.7	44.9	47.3	4.1

资料来源：刘谟炎：《农村政策指南—中共中央（江西省委）1号文件研究》，江西人民出版社2008年版，第414页。

表 3—13　　　　　　　　全省村级干部任职年限情况

	5年以下	5—15年	15—25年	25年以上
人数（名）	26231	44884	15080	385
比例（%）	30.3	51.8	17.4	0.4

资料来源：刘谟炎：《农村政策指南—中共中央（江西省委）1号文件研究》，江西人民出版社2008年版，第414页。

对于这些基层干部，农民总体上倾向于什么标准才能承担重任呢？当问及"您认为具备以下什么条件，才能做您村的党支部书记"时，超过50%的人认为只有"能力强，带领大家致富"的人才能作为村的党支部书记人选，33.8%的人认为"人品好，办事公正"为根本标准，11.2%的人认为应该"觉悟高，有奉献精神"。可见，只要是符合这些条件的人尤其是能带领大家致富的人如果做了村支书，是一定能够得到绝大多数的村民支持的。

第三章 江西农民政治意识的变化及其对策

表 3—14　您认为具备以下什么条件，才能做您村的党支部书记？

		频率	百分比%	有效百分比%	累计百分比%
有效	人品好，办事公正	181	33.8	34.7	34.7
	觉悟高，有奉献精神	60	11.2	11.5	46.3
	能力强，带领大家致富	268	50.0	51.4	97.7
	您的其他看法	12	2.2	2.3	100.0
	合计	521	97.2	100.0	
缺失	系统	15	2.8		
	合计	536	100.0		

按照隐含的这样的标准，当我们问及"您对农村基层干部的印象如何"，有 296 人回答"基本满意"，占 55.2%，有 21.6% 共 116 人认为目前农村基层干部"能及时为民排忧解难"。约 18.8% 的人表示"不满意"。应该说，农民对生活在自己身边的基层干部是最有发言权的，从调查可见，农民总体上对基层干部还是比较满意的。

表 3—15　您对农村基层干部的印象如何？

		频率	百分比%	有效百分比%	累计百分比%
有效	能及时为民排忧解难	116	21.6	22.4	22.4
	基本满意	296	55.2	57.3	79.7
	不满意	101	18.8	19.5	99.2
	其他	4	0.7	0.8	100.0
	合计	517	96.5	100.0	
缺失	系统	19	3.5		
	合计	536	100.0		

4. 农民对农村普通党员的满意度较高

据有关调查资料显示，居住分散、流动性大、先锋模范作用意识淡薄，是目前农村党建工作队伍建设面临的一个实际问题。一些党员说："我们一没职、二无权，只能听听会议、举举拳头。"一些党员也不自觉地降低对自己的要求，混同于一般群众，甚至做了群众的尾巴。当问及

"您对村内党员在全村致富工作中的满意度如何"时，116人，约占21.6%的人表示"非常满意"，259人，占48.3%的人表示"基本满意"，135人，占25.2%的人表示"不是很满意"，2.4%的人表示"不清楚"。

表3—16　　您对村内党员在全村致富工作中的满意度是？

		频率	百分比%	有效百分比%	累计百分比%
有效	非常满意	116	21.6	22.2	22.2
	基本满意	259	48.3	49.5	71.7
	不是很满意	135	25.2	25.8	97.5
	不清楚	13	2.4	2.5	100.0
	合计	523	97.6	100.0	
缺失	系统	13	2.4		
合计		536	100.0		

当问及"您身边有没有您觉得优秀的党员"时，将近72.6%的人认为有优秀的党员，11.8%的人表示不清楚，近13.6%的人表示没有。总体上来看，绝大多数党员还是能够带动全村致富，但也有部分党员在这方面做得不够，群众不是很满意。其次，农民还是觉得周围有大量的优秀党员，但也有一部分农民认为身边没有优秀的党员。因此，在实际工作中如何发挥农村广大普通党员的主体作用，尤其是提高他们的自律意识和工作能力，使他们真正成为群众心中的一面旗帜，具有重要意义，这也将有助于增强农村基层党组织的吸引力、凝聚力和战斗力。

表3—17　　您身边有没有您觉得优秀的党员？

		频率	百分比%	有效百分比%	累计百分比%
有效	有	389	72.6	74.1	74.1
	不清楚	63	11.8	12.0	86.1
	没有	73	13.6	13.9	100.0
	合计	525	97.9	100.0	
缺失	系统	11	2.1		
合计		536	100.0		

(三) 农民对执政党和国家的态度

1. 农民对执政党的态度

调查显示，农民对执政党具有较高的信赖度和依存度，对党的执政充满信心。这可以从以下三个问卷中得到体现。一是多数农民相信共产主义能实现。

当问及"您认为共产主义社会能实现吗"时，约有63.8%的人表示"相信"共产主义社会能实现，22%的人表示"不太确定"，12.5%的人表示"不相信"。二是绝大多数农民相信党能把改革开放引向深入。

表3—18　　　　　　您认为共产主义社会能实现吗？

		频率	百分比%	有效百分比%	累计百分比%
有效	相信	342	63.8	64.9	64.9
	不太确定	118	22.0	22.4	87.3
	不相信	67	12.5	12.7	100.0
	合计	527	98.3	100.0	
缺失	系统	9	1.7		
合计		536	100.0		

当问及"您相信共产党能把改革开放引向深入吗"，83%的人表示"相信"共产党能把改革开放引向深入，仅有3.7%的人表示不相信，10.8%的人表示"不清楚"。三是绝大多数农民表示愿意入党。

表3—19　　　　　您相信共产党能把改革开放引向深入吗？

		频率	百分比%	有效百分比%	累计百分比%
有效	相信	445	83.0	85.1	85.1
	不相信	20	3.7	3.8	88.9
	不清楚	58	10.8	11.1	100.0
	合计	523	97.6	100.0	
缺失	系统	13	2.4		
合计		536	100.0		

当问及"您愿意入党吗"时，75.9%的人表示"愿意"，7.5%的人表示"不愿意"，13.6%的人表示"无所谓"。

表 3—20　　　　　　　　　您愿意入党吗？

		频率	百分比%	有效百分比%	累计百分比%
有效	不愿意	40	7.5	7.7	7.7
	愿意	407	75.9	78.3	86.0
	无所谓	73	13.6	14.0	100.0
	合计	520	97.0	100.0	
缺失	系统	16	3.0		
合计		536	100.0		

2. 农民对国家的态度

调查显示，农民对国家具有较高的忠诚度，对国家充满信心，这同样可以从以下三个问卷中得到体现。一是超过70%的农民表示，如果出国后不能再回来的话，义无反顾地选择不出国。当问及"如果您有机会出国，但条件是出国后不能再回来，您会选择什么"时，38.6%的人选择"不出国"，34.7%的人选择"想出国但是不会出国"，也就是说，如果出国后不能再回来的话，有将近73.3%的人选择不出国，18.7%的人选择"也许会出国"，另有5%的人选择"出国"。

表 3—21　　如果您有机会出国，但条件是出国后不能再回来，您会选择：

		频率	百分比%	有效百分比%	累计百分比%
有效	不出国	207	38.6	39.8	39.8
	想出国但是不会	186	34.7	35.8	75.6
	也许会出国	100	18.7	19.2	94.8
	出国	27	5.0	5.2	100.0
	合计	520	97.0	100.0	
缺失	系统	16	3.0		
合计		536	100.0		

二是如果看见有人在村里公开宣传支持国家分裂的言论时，超过80%的农民表示会采取积极主动的方式去制止分裂行为。当问及"如果您看见有人在村里公开宣扬支持国家分裂的言论，您会怎样"时，有33.2%的人表示"会打电话报警"，47.4%的人表示"会阻止他"。仅有6.9%的人采取消极应对的态度，"装作没听见"。9.9%的人表示"停下来听他讲"。

表3—22　如果您看见有人在村里公开宣扬支持国家分裂的言论，您会：

		频率	百分比%	有效百分比%	累计百分比%
有效	打电话报警	178	33.2	34.1	34.1
	阻止他	254	47.4	48.7	82.8
	装作没听见	37	6.9	7.1	89.8
	停下来听他讲	53	9.9	10.2	100.0
	合计	522	97.4	100.0	
缺失	系统	14	2.6		
合计		536	100.0		

三是如果中国和外国发生战争，超过90%的人表示会积极支持国家反抗外来侵略。当问及"如果中国与外国发生战争，您会积极支持国家吗"，有484人，占90.3%的人表示会积极支持国家，5%的人表示"有可能"会积极支持国家。

表3—23　如果中国与外国发生战争，您会积极支持国家吗？

		频率	百分比%	有效百分比%	累计百分比%
有效	会	484	90.3	91.8	91.8
	有可能	27	5.0	5.1	97.0
	不会	13	2.4	2.5	99.4
	不知道	3	0.6	0.6	100.0
	合计	527	98.3	100.0	
缺失	系统	9	1.7		
合计		536	100.0		

二 农民政治参与意识稳步提高

所谓政治参与是公民或团体试图影响政府决策和人事结构的行为,是现代社会公民制约政府的重要手段。政治参与的有效性以及规模和程度也是判断一个政体是否民主的重要指标。在现代民主体制中,公民是政治的积极参与者,相信通过政治参与能够对政府施加影响。参加选举投票是公民最基本、最普遍的政治参与活动。通过选举,公民表达自己的政治意愿,公共政策得到民意的支持,政府从而获得合法性。此外通过选举,公民通过选票对政府的工作做出评判。通过参加政党和社团等方式进行政治结社的活动,可以提高公民自身的政治表达的有效性。公民有时也参与政策的制定和对公职人员的罢免活动。公民还通过公民不服从的方式以良心自由的原则进行非暴力的公共行为。此外公民的政治参与还包括随机的参加游行示威、政治集会,以及为个人或小团体利益与政府官员的个人接触。从政治参与的基本路径来看,主要包括制度化的参与和非制度化的政治参与。在制度化的参与中,政治参与程度与政治制度化程度较高的社会,其现代化进程会保持一个良性的发展;反之则容易引起社会动荡。政治参与程度与政治制度化程度较高的社会,民众的政治参与有一套比较稳定的制度在社会各阶层间起着缓冲的作用。在现代,选举是政治参与中制度化程度高,公民控制政府最为有效的工具。[①] 与制度化的政治参与不同,非制度化的政治参与带有相当程度的随机性和不可预见性。在现代政治中,公民与公职人员的个人接触以及关系网是一种重要的非制度化参与。但是这种利益表达方式受经济地位的影响很大。此外,游行示威、抗议、骚乱等群体性事件也是一种非制度化的参与方式。[②]

村民自治是广大农民直接行使民主权利,依法办理自己的事情,实行自我管理、自我教育、自我服务的一项基本制度。村民自治制度的基本内容与核心,是"四个民主",即"民主选举、民主决策、民主管理、民主监督"。村民自治中的民主决策,就是按照有关法律法规,由全体村民按

---

① 孙关宏:《政治学概论》,复旦大学出版社2003年版,第287—298页。
② 同上书,第302—303页。

一定的户数或人口比例选举产生一定数量的代表，组成村民代表会议，研究决定村中重大事项和群众共同关心的问题，按多数人的意见做出决定，这是村民自治实践过程中的制度创新。1987年颁布的《中华人民共和国村民委员会组织法（试行）》第十一条规定，涉及全体村民利益的问题，村民委员会必须提请村民会议讨论决定。1998年修改的《中华人民共和国村民委员会组织法》第十九条明确规定了村民委员会必须提请村民会议讨论决定的事项。2010年第十一届全国人民代表大会常务委员会第十七次会议修订《中华人民共和国村民委员会组织法》第二十四条明确规定了涉及村民利益的下列事项，经村民会议讨论决定方可办理：（一）本村享受误工补贴的人员及补贴标准；（二）从村集体经济所得收益的使用；（三）本村公益事业的兴办和筹资筹劳方案及建设承包方案；（四）土地承包经营方案；（五）村集体经济项目的立项、承包方案；（六）宅基地的使用方案；（七）征地补偿费的使用、分配方案；（八）以借贷、租赁或者其他方式处分村集体财产；（九）村民会议认为应当由村民会议讨论决定的涉及村民利益的其他事项。上述规定，使村民群众参与重大事项的决策权得到了制度上的保证。

村民代表会议的职责，是决定本村事务的政策。各地的规定大同小异，主要包括：（一）本村办理"一事一议"事项时的资金筹集方案；（二）救灾、救济和扶贫款、物的落实方案；（三）审议村民委员会的财务收支情况，讨论决定数额较大的开支项目；（四）讨论决定村办学校、村建道路等公益事业的经费筹集方案；（五）审议村集体经济项目的立项、承包方案及村公益事业的建设、承包方案，批准签订经济合同；（六）讨论决定村民的土地承包经营方案；（七）讨论决定村庄建设规划和宅基地的使用方案；（八）讨论决定计划生育落实方案；（九）讨论决定本村经济、公益事业发展规划和年度工作计划；（十）讨论决定村民会议授权的其他事项。村民代表开会应当由全体代表的四分之三以上参加，所作决定须经全体代表的半数以上通过并不得与村民会议的决议、决定相抵触。

（一）农民对民主自治理念具有共识性

村民自治是广大农民直接行使民主权利，依法办理自己的事情，实行自我管理、自我教育、自我服务的一项基本制度。村民自治制度的基本内容和核心，是"四个民主"，即"民主选举、民主决策、民主管理、民主监督"。当问及"您认为自治是"什么时，有428人，将近80%的人能正确表明自治就是"自我管理、自我教育、自我服务"。6.9%的人认为自治就是"减少乡镇政府直接干涉的办法"。6.2%的人认为自治"只不过是一个新名词，没有实际意义"，4.9%的人表示"不清楚"。

表3—24　　　　　　　　您认为"自治"是：

		频率	百分比%	有效百分比%	累计百分比%
有效	自我管理、自我教育、自我服务	428	79.9	81.7	81.7
	减少乡镇政府直接干涉的办法	37	6.9	7.1	88.7
	只不过是一个新名词，没有实际意义	33	6.2	6.3	95.0
	不清楚	26	4.9	5.0	100.0
	合计	524	97.8	100.0	
缺失	系统	12	2.2		
	合计	536	100.0		

（二）积极参与村民大会，主动履行职责

参与意识直接决定人的参与行为，参与意识是反映民主意识及其程度的重要指标。村民自治制度下村民参与决策大致有两种形式：一种是村民会议的形式。村民会议的好处是村民参与者众多，形成的决议影响力广、约束力强，弱点是讨论难以深入；另一种形式是村民代表会议。村民代表会议因为可以集中村中有影响力的代表人物，他们的决定就容易在村庄产生权威，从而有助于将诸如集资出工的决定贯彻下去。这就是说，村民会议是全村的最高权力机关，同时也是全村的最高决策机构。村民会议和村民代表会议讨论决定村民会议授权的事项。农民普遍认识到，村民自治就是村里的官由村民自己选，村里的事由村民自己管。村民会议和村民代表会议，作为村民自治活动中民主决策的地位最高、最有权威的组织形式，

第三章 江西农民政治意识的变化及其对策

是村民参与最广泛,最直接、最全面地表达村民利益和要求的组织形式。因此,村民实现其决策权,最根本的是依靠村民会议和村民代表会议的形式,按照法律赋予村民会议和村民代表会议的职权,民主议事,依法决策,任何离开这种组织形式的决策都是不合法的。调查显示,农民还是能积极主动参与村民决策的最高权力机关村民大会,积极履行自己职责的。当问及"您参加过您村的村民大会吗"时,回答"每次都参加"的有218人,占40.7%,有251人,占46.8%的人表示"有时参加,有时没有参加",也有10.6%的人表示"没有参加"。

牟成文[1]通过以鄂东 A 村为个案的调查表明:通过"选举政治",A村农民的民主意识逐渐被激活了,这主要表现在以下几方面:第一,村民对"选举政治"的认识由肤浅逐步走向深刻。第二,村民对"选举政治"的参与由被动逐步走向主动。第三,村民对"选举政治"的态度由消极逐步走向积极。何为选举政治?"选举政治"是在社会转型期解构了"运动政治""斗争政治""阶级政治"后才出现的。"村庄政治"是相对于"国家政治"而言的。[2] "村庄政治"是"小政治",而"国家政治"是"大政治"。"村庄政治"体现了村庄利益之中的政治特性。"村庄政治"既有广义的,又有狭义的。广义的"村庄政治"泛指村庄里一切具有政治特性或政治色彩的活动、关系及利益等,而狭义的"村庄政治"主要是指村庄的选举政治或村民自治中的政治。

表 3—25　　　　　　　您参加过您村的村民大会吗?

		频率	百分比%	有效百分比%	累计百分比%
有效	没有参加	57	10.6	10.8	10.8
	每次都参加	218	40.7	41.4	52.3
	有时参加,有时没有参加	251	46.8	47.7	100.0
	合计	526	98.1	100.0	

---

[1] 牟成文:《中国农民意识形态的变迁》,湖北人民出版社2008年版,第150—151页。
[2] 关于"村庄政治"与"国家政治"的区分参见杨善华、柳莉的《日常生活政治化与农村妇女的公共参与》,《中国社会科学》2005年第3期;刘小京于2003年9月在北大召开的关于农村妇女政治参与的讨论会上也曾就二者的区分作过精彩发言。

续表

		频率	百分比%	有效百分比%	累计百分比%
缺失	系统	10	1.9		
	合计	536	100.0		

在村民会议和村民代表会议的制度设计中，农民群众可各自或通过自己的代表参与村中公共事务和公益事业的决策。按18岁以上村民占全村人口的60%左右计算，村民会议是村中村民参与最多、规模最大的会议，它是村民自治中村民参与最广泛、最直接的组织形式，是能够最全面、最直接地表达村民利益和要求的组织形式。而且，它的权威性最强，是村民自治中拥有最高决策权的权力组织。在村民会议授权的情况下，可由村民委员会召集村民代表开会，讨论决定有关事项。村民代表由村民选举产生，代表村民的意志。普通村民则通过间接参与的形式参与村务的决策。

调查显示，村民大会能够较好地履行组织法所规定的议程和事项。当问及"您参加的村民大会主要讨论什么"时，有188人，约35.1%的人表示所参加的村民大会主要讨论"治安"问题，有99人，约18.5%的人表示所参加的村民大会主要讨论"计划生育问题"，有7.8%的人表示所参加的村民大会主要讨论"交粮纳税问题"，有34.1%的人表示讨论其他问题。

表3—26　　　您参加的村民大会主要讨论：

		频率	百分比%	有效百分比%	累计百分比%
有效	治安	188	35.1	36.7	36.7
	计划生育	99	18.5	19.3	56.1
	交粮纳税	42	7.8	8.2	64.3
	其他	183	34.1	35.7	100.0
	合计	512	95.5	100.0	
缺失	系统	24	4.5		
	合计	536	100.0		

(三）农民理性选择领导班子

农民普遍认为村组干部既代表政府，又代表村民。当问及"您觉得您村和组的干部，主要代表谁"时，共有330人认为村组干部"既代表政府，又代表村民"，占61.6%；有117人认为村组干部代表"村民"，有73人，约13.6%的人表示村组干部代表"政府"。

表3—27　　　　　您觉得您村和组的干部，主要代表：

		频率	百分比%	有效百分比%	累计百分比%
有效	政府	73	13.6	14.0	14.0
	村民	117	21.8	22.5	36.5
	既代表政府，又代表村民	330	61.6	63.5	100.0
	合计	520	97.0	100.0	
缺失	系统	16	3.0		
合计		536	100.0		

在投票选村支部班子成员时，农民总体上倾向于具备什么标准才能承担重任呢？超过50%的人认为只有"能力强，带领大家致富"的人才能作为村的党支部书记人选，33.8%的人认为"人品好，办事公正"为根本标准，11.2%的人认为应该"觉悟高，有奉献精神"。可见，只要是符合这样条件的人尤其是能带领大家致富的人做了村支书，是一定能够得到绝大多数的村民支持的。而对于村干部担任现职务的主要条件，排在第一位的是"工作能力强"，占38.4%，而认为"群众关系好"的占33%，认为"能得到本村百姓中旺族的支持"的占13.8%，认为"领导信任"的占8.2%。可见，工作能力强，能带领大家致富是农民选择村两委干部的根本标准。主张积极参与的人大都强烈地意识到选举村里的带头人与自己切身利益的关系，他们能明确提出村干部在发展农村经济，减轻农民负担，增加农民收入等方面的标准。

发家致富是农民最大的愿望，也是他们选择村干部的标准，而"办事公正、为人正直"也是他们对村支部成员的要求。广大党员、村民对选举什么样的人进支部班子，心中都很清楚，他们认可的是那些"认认真真做事、有能力带领村民致富、办事公道"的村干部。虽然在有些村由于受亲族、姻亲、派别、地缘等因素的影响，少数党员和村民在选举中，从本亲族或小团体的利益出发，有一些干扰正常选举工作的行为；特别是在一些宗亲势力比较大、派性比较强的村，少数党员、群众无视党组织的宣传、引导，他们就是不按任职条件，不管能力如何，只选自家人、自己人，致使个别并不称职的党员通过合法途径进入了支部班子，而少数"小门小户"但有能力的原支部班子成员得票数却不是最高。但从整体情况看，这些非正式制度化因素的影响程度和范围还是相当有限的，还没法影响和操纵正常选举。[①]

表 3—28　您认为具备以下什么条件，才能做您村的党支部书记？

		频率	百分比%	有效百分比%	累计百分比%
有效	人品好，办事公正	181	33.8	34.7	34.7
	觉悟高，有奉献精神	60	11.2	11.5	46.3
	能力强，带领大家致富	268	50.0	51.4	97.7
	其他	12	2.2	2.3	100.0
	合计	521	97.2	100.0	
缺失	系统	15	2.8		
合计		536	100.0		

表 3—29　您认为村干部担任现职务的主要有利条件是：

		频率	百分比%	有效百分比%	累计百分比%
有效	工作能力强	206	38.4	39.4	39.4
	领导信任	44	8.2	8.4	47.8
	群众关系好	177	33.0	33.8	81.6
	能得到本村百姓中旺族的支持	74	13.8	14.1	95.8
	其他	22	4.1	4.2	100.0

---

① 唐晓腾：《基层民主选举与农村社会重构》，社会科学文献出版社 2007 年版，第 299 页。

续表

		频率	百分比%	有效百分比%	累计百分比%
	合计	523	97.6	100.0	
缺失	系统	13	2.4		
合计		536	100.0		

三 促进农民政治意识良性发展对策

(一) 大力发展农村经济,提升收入增长水平

"每一历史时代的经济生产以及必然由此产生的社会结构,是该时代政治的和精神的历史的基础。"[①] 经济决定政治,政治意识受社会经济结构和生产力发展水平影响,政治意识只能在一定的经济基础上形成和发展,总是反映一定历史条件下的发展水平和人类实践活动的深度和广度。农村经济的发展与否直接影响村民们社会意识形态的高低,人们只有在解决了温饱的前提下才会有精力去寻求更多的民主权利。江西"三农"工作取得了重大进展,农业持续发展,粮食连年丰收,农民收入持续快速增长,农村面貌得到较大改善,农村经济社会发展出现少有的好势头。但是,必须清醒地看到,农业依然是国民经济发展的薄弱环节,投入不足,基础脆弱。集中表现在粮食增产、农民增收的长效机制并没有建立;制约农业和农村发展的深层次矛盾并没有消除;农村经济社会发展明显滞后的局面并没有根本改观。当前城乡二元结构造成的深层次矛盾依然存在,农村发展仍然严重滞后于城市,农村改革和发展仍然处于艰难的爬坡和攻坚阶段,城乡公共服务水平仍然不均衡,城乡居民的收入差距仍呈扩大趋势,社会主义新农村建设的任务还非常艰巨。这些问题严重制约了农村巨大需求潜力的释放和中国全面建设小康社会的进程,也势必影响农民生活品质的提高,影响到农民公共意识的增强以及影响农民参与农村的政治建设的积极性。因此,一是要加强对农业的支持和保护,这是增加农民收入的重要保障。二是要使土地真正成为农民收入来源的一大保障。三是要继

---

① 《马克思恩格斯选集》第 1 卷,人民出版社 1995 年版,第 252 页。

续深入推进新农村建设。四是切实加强江西粮食主产区生产能力的建设,抓住农民增收这一重点。五是要抑制地区差距的扩大,真正做到提升农民收入增长能力,为农民政治意识的提升提供重要的物质保障。

(二) 清除二元体制障碍,实现国民机会均等

以户籍制度为核心的一系列排斥性、歧视性的制度安排,是阻碍农民工实现政治权利的关键所在。违背了市场经济的基本要求,影响了资源的有效配置,阻碍了我国城市化进程和农村现代化的进程,阻碍了劳动力的空间转移和全国统一的劳动力市场的形成与发展,加上其附加功能,严重导致公民待遇不平等,影响了社会的稳定。深入清除各种阻碍城乡统筹就业的二元分割体制性障碍和扭曲市场的城镇偏向性歧视性政策,加快建立城乡统一的户籍管理制度、劳动就业和社会保障制度、教育培训和就业服务体系,要加快改革以剥离附着在户口背后的各种利益,把隐藏在户口之后的劳动、人事、工资、物价、教育、卫生、社会福利等诸多制度与户口脱钩,依法维护城乡劳动者的合法权益。重视农村剩余劳动力的就业问题,创造宽松的政策环境(如逐步实现城乡户口的一体化管理,将进城务工的农民纳入统一的社会保障体系等),取消各种对农民工的限制,让农民自由、平等地依照经济比较的利益原则,不断拓宽农民的就业空间和增收渠道。为此,还要把发展小城镇与农村市场化建设紧密结合起来,充分发挥市场对发展农村经济,方便居民生活,吸引人流的重要作用,同时要积极搞好社会化服务,吸引农民进城居住。

(三) 加强农民政治教育,提升农民政治素质

列宁曾经指出:"文盲是站在政治之外的,必须先教他们识字。不识字就不可能有政治,不识字只能有流言蜚语、传闻偏见,而没有政治。"[1]最基本的民主政治观念是不可能由农民自身产生的,他们需要我们从外部的启蒙和输入。[2] 虽然我国农民的文化素质有所提高,但农民文化素质低于全国平均水平是不争的事实。因此,要提高农民的文化素质,加强对农

---

[1] 《列宁全集》第42卷,人民出版社1987年版,第200页。
[2] 程同顺:《当代中国农村政治发展研究》,天津人民出版社1998年版,第293—295页。

民的政治教育。通过政治教育,一方面可以改变农民的政治态度,消除农民政治参与中的冷漠、偏见,使农民产生主动参与的愿望和动机;同时增强农民的责任意识,树立政治参与是自己不可剥夺的权利,亦是自己义不容辞的责任的观念,把村庄看成"具有共同的认同和归属感的生活共同体"①。政治参与必须掌握基本的政治知识。农民要掌握村民自治基本信息,要对村务有客观、全面的认识,农民要掌握有关村民自治制度、自治过程、公民权利和义务的知识;要熟悉国家各项涉农政策,尤其是各项支农惠农政策等,要对农民进行广泛、深入、持久的法律意识、公民意识、无产阶级政治思想和政治理论灌输,通过政治教育还可以增加农民的政治知识,提高农民的政治认知能力,唤起农民自身的政治觉醒和参政意识,这样才能做到心中有数,做村民自治的"内行人"。

(四) 完善农村民主管理,健全农民参与机制

在农村基层民主建设的实践中,农民能否真正通过这样的民主实践实现自己的公民政治权利,参与国家和社会的公共事务管理,表达自己的利益诉求,维护自身合法权益,需要进行科学的认真的调查研究;基层民主实践过程还存在什么样的问题及其解决的措施,需要进行探索;农村基层民主实践中有什么样的创新举措值得借鉴和推广,需要进行总结。在新农村建设中,要把村务是否公开、决策是否民主、管理是否规范、监督是否有效作为检验村务公开、民主管理工作效果的重要标准,把"农民愿意不愿意、高兴不高兴"作为衡量新农村建设成效的重要标准,确保新农村建设让农民受益。一是完善村民自治运行机制,不断推进农村基层民主政治向纵深发展,让农民群众真正享有知情权、参与权、选择权、管理权和监督权。二是完善村务公开制度。提高村务公开的质量,在公开内容、公开程序、公开机制上下工夫,使村务公开经常化、制度化、规范化、程序化。要进一步完善已有的公开制度,如计划生育政策落实、救灾救济款发放、宅基地使用、村集体经济所得收益使用、村干部报酬、土地征用补偿及分配等,还要把新农村建设中各级财政到村到户的优惠政策和支农资

---

① 徐勇:《农村微观组织再造与社区自我整合——湖北省杨林桥镇农村社区建设的经验与启示》,《河南社会科学》2006 年第 9 期,第 11—13 页。

金、社会各界的帮扶资金和建设项目以及村民要求公开的其他事项，及时纳入村务公开的内容和范围。三是完善"管理民主"的监督机制。进一步加强村务公开监督小组、村民民主理财小组、村民代表大会和村民大会、村"两委"联席会议制度建设，提高村务活动的透明度，强化对村务公开、财务公开的民主监督，建立并执行村务公开民主管理责任追究制度，同时加强县乡党委、政府对村干部的监督，加大对村级管理民主制度执行情况的指导和监督，实现各方面监督的互补联动。四是培育农村新型社会化组织。农村社会中介组织是农民自我管理、相互扶助、共同提高的非政府组织。积极培育农村各种新型的社会化服务组织，积极培育服务农村的社会中介组织，鼓励、引导和支持农民自己组织起来，成立农村合作社，发展各种农业协会，开展经济技术服务，提供法律援助、财务咨询等，使农民能够依靠自己的力量，提高与外部市场竞争的能力，维护农民自身的合法权益。

第四章 江西农民宗族意识的现状及趋势

一 宗族：村庄政治生活函数中的重要变量

（一）宗族及其历史发展

宗族是富于"中华民族特色"的传统文化，宗族即为由男系血缘关系的各个家庭，在宗法观念的规范下组成的社会群体，既包括内部系谱关系较清晰的"宗族"（lineage），也含有松懈的同姓继嗣群体"氏族"（clan）。在晚清之前，国家权力的正式设置止于县一级（即所谓的"皇权不下县"），在乡和村则实行地方性自治。这种自治实际上是由乡绅与宗族共同治理，费孝通称之为"长老统治"。在这种宗族自治状态中，农村社会积淀了数百年的宗族血亲关系，沉淀出浓郁的宗族文化，凝固成相当系统的宗族制度。中华民国时期，虽然中央政府试图将国家权力延伸至乡村，例如设立乡政府等，但实际上，宗族在乡村治理中所扮演的角色与作用仍然十分重要。

族权曾经作为封建政权的重要补充和延伸形式在我国历史上长期存在。1927年毛泽东在分析中国社会性质时指出，中国社会中存在着三种权力支配系统：（一）一国、一省、一县以至一乡的国家系统（政权）；（二）宗祠、支祠以至家长的家族系统（族权）；（三）阎罗天子、城隍庙王以至土地菩萨的阴间系统以及玉皇大帝以至各种神怪的神仙系统——总称之为鬼神系统（神权）。在这里，毛泽东使用了"家族系统"这一概念，并将其与"国家系统"和"鬼神系统"并列于同等的地位，足见家族系统在中国社会的地位。毛泽东还进一步指出："政权、族权、神权、夫权，代表了全部封建宗法的思想和制度，是束缚中国人民特别是农民的四条极大的绳索。"① 族权在这里仅次于政权,在封建制度下,以政权控制社会政治,以族权控制社会基层,以神权控制人民的思想,以夫权控制家庭关系,四种权力构成完整统一的社会控制体系。孙中山在《三民主义》中写道:"中国人最崇拜的是家族主义和宗族主义,没有国族主义,外国旁观的人说中国是一盘散沙,这个原因在什么地方呢?就是因为一般人民只有家族主义和宗族主义,而没有国族主义。中国人对于家族和宗族的团结力非常大,往往因为保护宗族起见,宁肯牺牲身家性命……至于说到对于国家,从来没有一次具有极大牺牲精神去做的。所以中国人的团结力,只能及于宗族而止,还没有扩张到国族。"② 闻一多也曾谈道:"我们三千年来的文化,便以家族主义为中心,一切制度、祖先崇拜的信仰和以孝为核心的道德观念等等,都是从这里产生的。"③

将宗族置于20世纪的历史时段,宗族在村治中的作用经历了三大阶段,第一阶段,20世纪前半叶居主导地位,作用很大;第二阶段即1949年至1979年间,宗族作用潜伏着,没有正式的合法地位;第三阶段为1980年以来,宗族的作用凸显,但是不如20世纪上半叶那么强大(肖唐镖,2001)自1949年新中国建立后的三十来年间,在持续性政治运动的冲击下,宗族在乡村的治理者角色业已丧失,而沦为非正式影响者角色。70年代末期以来,我国农村各种社会关系进入了一个重新调整和重新组合的阶段,由此所形成的一种相对宽松的外部环境,为农村宗族在沉寂多年之后重新登上历史舞台再度扮演农村社会自我运行中的重要角色,提供了有利的条件。同时,更为重要的是,农村改革成功地重构了微观经营主体,均田制下的土地关系,容量狭小的家庭构成,以及生产力水平缺少质的提高,都促使农村对重兴宗族提出了强烈的要求。这样,在内外条件的融结点上,宗族开始活跃起来,特别是在南方农村,宗族关系在一些地区已成为一种重要的经济文化形态。在20世纪80年代以后,特别是在90年代以来,随着农村基层民主建设的推进,宗族与基层民主之间究竟会发生何种性质的互动呢?这已成为实现农村政治现代化、民主化进程中不可

---

① 《毛泽东选集》第1卷,人民出版社1991年版,第33页。
② 《孙中山全集》第9卷,中华书局1986年版,第185页。
③ 《闻一多全集》第3卷,生活·读书·新知三联书店1983年版,第453页。

回避的重要课题。

新中国成立前，江西省的宗族活动异常活跃。拿江西万载来看，1933年，《申报》特派记者陈庚雅在一篇通讯中用超过三分之一的笔墨来描述万载县的宗族。当时的万载"各姓氏之宗祠家庙，鳞次栉比，颇有宗法社会之意识"。那时的宗族一般均有族产，族人经常在祭祀或做寿之时欢会聚餐。宗族内存在着一定程度的经济援助，这其中包括对老者的赞助和对学子的嘉奖。据《株潭镇志》，1949年7月18日，解放军43军128师解放株潭，随后成立中共株潭区工作委员会，株潭区政府和区中队，址设"龙祥英祠"。此后，政府接收宗族、地主、祠堂、庙宇店面3.3万平方米，作为公产店面，由株潭区人民政府管理。"文革"结束后，株潭镇龙姓的三座祠堂——龙祥英祠、巨舟公祠和龙志霖祠分别被株潭镇政府、株潭镇红星村村委会及一家镇办农具厂使用。

在20世纪90年代初，宗族活动开始出现复兴迹象，很多姓氏开始重修族谱。据江西万载株潭镇党委书记喻阳青介绍，到2000年前后，各姓氏欲收回祠堂的意愿开始强烈，镇政府迄今也未恢复为"龙祥英祠"。但在2000年前后，龙姓的巨舟公祠和龙志霖祠都回到了龙姓手中，他们随即开始对祠堂进行重建。与龙姓祠堂回归相伴随的，是全县范围内的祠堂重建和新建风潮。

宗族理事会开始活跃，同宗族人士的联系日益密切。与新中国成立前相比，宗族内部不再有族规，宗族长老对族人不再具有惩治的权力，其道德规劝力减弱；没有了族产，新中国成立前那种组织化的对贫困族人的经济援助已经消失，但同族间的互相帮忙仍然存在。宗族内的活动更多集中在族人的婚丧嫁娶和祭祀扫墓上，池溪村的丁姓还经常在一起表演傩舞。

祠堂更多地成为大家聚餐的地方，族人的婚筵和寿筵多在这里举行，杯盏交错间，宗族内部强势的凝聚力日渐形成。各级政府和村委会也开始感觉到宗族对地方治理的影响，因此，"打击宗族派性"运动和新农村建设紧密地结合起来。

如前所述，江西是中国宗族势力非常强的一个省份，近年来，与宗族相关的恶性事件不断发生，江西省上饶地区1990年7月至9月，共发生宗族械斗案件126起，大型械斗案件45起，死亡43人，伤280人，其中重伤79人；九江市都昌县余晃村与上饶地区波阳县金家村长期以来械斗不断，伤亡严重。1989 年 "8·21" 械斗，双方死亡 8 人，伤数十人。仅 1991 年上半年，江西全省发生各种械斗案件 214 起，参与人数 2600 余人，死亡 17 人，伤 916 人，直接经济损失逾百万元。①特别是 2006 年 "4·26" 事件②的发生更引发了学界对江西宗族制度与宗族势力问题的思考。无论是从江西的宗族特色来看，还是就其目前状况而言，中国江西省农民的宗族意识问题都是一个重要的研究课题。

（二）宗族意识及其考量

宗族曾是中国农村社会一种重要的治理组织形式。宗族意识是一个十分复杂的概念，与前文分析的几个部分不同，它十分敏感。宗族意识处理不好会直接导致宗族纠纷。自 20 世纪初开始尤其是 20 世纪 50 年代以来，

---

① 余红：《对农村宗族械斗的忧思》，《南昌大学学报》（哲学社会科学版）1993 年第 3 期。
② "4·26" 事件指的是江西万载因扫墓引起的 600 人宗族派性聚众闹事事件。
2006 年 4 月 26 日，万载县株潭镇的龙姓不顾潭埠镇池溪丁姓的反对，纠集近千人准备强行前往池溪村虎形山举行祭扫活动，并在龙姓祠堂打灶做饭，还预备了铁棍钢管等不少凶器。潭埠的丁姓也动员了数百名群众，手持梭镖、砍刀等严阵以待，双方还到处串联同姓同宗人帮斗。25 日以前一直在做双方工作的万载县委、县政府，眼见说服教育工作无效，一方面迅速向上级组织汇报，请求警力支援，一方面立即启动突发事件应急预案，组成 8 个工作组连夜开展工作。4 月 26 日一早，万载县组织 260 多名警力、500 多名机关干部赶到株潭和潭埠，成立了现场处置总指挥部。在宜春市委的统一调度下，由宜春市公安局和周边县市抽调的 400 多名特警、武警等警力也赶到了现场，和万载县的警力一起，在株潭往潭埠的公路上，设置了 3 道防线。万载的机关干部带着一万份《万载县人民政府关于严禁利用潭埠池溪虎形山墓地纠纷寻衅滋事破坏社会稳定的通告》，到群众中散发，继续做群众的思想教育工作。上午 10 时左右，株潭龙姓 600 多人打着旗帜，手持凶器敲锣打鼓强行冲过了公安人员的第一道防线，又先后 3 次冲击第二道防线，部分带头闹事者还用铁棍等殴打公安人员。现场总指挥部果断下令，依法将两名为首分子当场抓捕，龙姓队伍这才一哄而散。万载县委乘胜追击，27 日上午一鼓作气清理了潭埠丁姓祠堂和株潭的龙姓祠堂、高姓祠堂，将所有封建迷信的东西一扫而光，万载县委决定将全县几十所宗姓祠堂改作农民夜校，要配合新农村建设，用社会主义健康文明的活动，取代封建落后的残渣余孽。万载县通过宣传车、宣传传单、召开党员、村组干部会、逐户上门等，到丁姓、龙姓集中居住地宣传党和政府的政策，开展政治攻心，深挖聚众闹事的幕后组织者、策划者、指挥者和肇事者。到 27 日止，共收缴铁棍、刀、梭镖等凶器 200 多件，拘捕和传讯近 10 人，迫于政治攻势的压力，丁、龙两姓的会长等人均投案自首。为扩大成果，加强基层组织建设，万载县成立了 "4·26" 事件处置领导小组，设立办公室与县 "打黑除恶" 工作活动办公室合署办公，出台一系列规章制度，从严禁党员干部参与宗族派性活动抓起，加强党的基层组织建设，坚决遏制愈演愈烈的宗族派性非法活动。万载县还决定从 5 月份起，开展一次干部整顿作风活动，将干部下派到农村，与农民同吃、同住、同劳动、同学习、同进步，以实际行动帮助农民致富。

农村宗族就已经被表述为一种落后、封闭甚至反动的封建糟粕，并通过国家政权在政治上、组织上给予摧枯拉朽式的彻底打击。与此同时，国家通过强大的政治舆论宣传将这一观念牢固确立，使人们对宗族形成了一种不容置疑的思维定式。农村改革兴起后，农村宗族组织及其活动在中国商品经济最为活跃的东南地区的普遍复兴，给了这一思维定式以强烈的冲击，进而引起学者们对这一问题的重新认识和反思。20世纪80年代以来，由于宗族仪式重现和宗族功能的"显扬"，尤其是随着村民自治建设的不断推进，作为一种农村社会群体形式的宗族组织自然又与村民自治自觉不自觉地缠绕在一起。

纵观十余年来农村宗族问题的学术研究，可以说，不管学者们持何种态度，也不管学者们的观点有多少分歧，但大多数学者在其研究的逻辑起点或者研究的基本视角上都有着共同之处，即都局限于从血缘（包括拟制血缘）或血缘与地缘结合的视角，或者说从传统族群的视角看待并研究农村的宗族问题。因此，这一研究模式尽管也不断有所创新，但还是或多或少地如费孝通先生所指出的那样，是只看到"社会结构"而看不到人的一种研究[①]，是一种忽略"历时性"（diachronic）而过分侧重"共时性"（synchronic）的研究。它容易导致向后看即以"静止的眼光"[②]。研究社会发展的问题，从而使农村社会结构的研究陷入割裂农村宗族与现实社区主要成员即农民的关系，看不到宗族组织对广大农民真正的现实意义，也看不到广大农民及其生存环境对宗族组织选择的影响，看不到农民自身观念的转变给宗族带来的转变，从而使其研究缺乏对现实的解释能力，如解释不了农村宗族发生的极大变化的事实，也解释不了为何农民对于参与宗族活动表现出的极大热情。因此，我们应该正视城乡社会生存方式与社会利益的多元选择；克服单一的结构观思维，把农村宗族的研究和它的利益主体农民紧密相连而不是割裂宗族与农民的关系，从而克服用静

[①] 费孝通：《个人·群体·社会——一生学术历程的自我思考》，《乡土中国》，《生育制度》，北京大学出版社1998年版，第374页。

[②] 参见温锐《理想·历史·现实：毛泽东与中国农村经济变革研究》，山西高校联合出版社1995年版，第3页；温锐、游海华：《劳动力的流动与农村社会变迁：20世纪赣闽粤三边地区实证研究》，中国社会科学出版社2001年版，第361页。

止的眼光看待农村宗族问题。①

但无论如何，学者们的研究成果为本书进一步从农民思想观念角度探讨中国江西省宗族意识与治理问题提供了坚实的理论基础。

二 农民宗族意识强弱程度方面存在差异

所谓宗族意识，指的是人们对以自己为中心的血缘上同宗共祖者或有拟血缘关系亲族的一种亲近感和认同感。这种亲近感和认同感，在村民的日常生活中往往表现为同姓族人间的守望相助、同声相求和情感相依。民间所谓的"血浓于水"、"同宗同族一家人，打断骨头连着筋"等俗谚就是这种意识的生动描述。在我国，由于长期生活在前工业社会里，绝大多数民族的成员都或多或少地存留有宗族或家族意识。在江西农村，据我们的调查，宗族意识的存留在一些地方还是比较浓厚的。

所谓宗族，是一种以血缘关系为基础、由家庭房份结成的亲缘集团或社会群体组织。在宗族关系中，家庭是最小的单位，家有家长；集若干家而成户，户有户长；集若干户而成房，房有房长；集若干房而成支，支有支长；集若干支而成族，族有族长，由下而上，有条不紊，同宗同族之人集为宗族。可见：它以父系血统网络为基础，强调传宗接代，深受封建社会三纲五常的影响。

典型的宗族通常有如下基本组织表现和制度特征：其一是族谱。宗族是依据一定的血缘关系确定的亲缘组织。族谱不仅是确定和联系族群的重要方式，也是确定族民亲疏辈分、权利义务及房份组织体系的重要方式。通过族谱，还可以宣扬本族名贤忠烈，一方面巩固和提高本族的社会地位，另一方面也增强宗族内部的凝聚力，强化宗族意识和宗族团结。从而为宗族组织的集体行动奠定基础，有助于宗族延续和发展。其二是宗祠。宗祠是宗族的标志，是祭祖的圣地，议事的场所。典型的宗族都会建立自己的宗祠，以祭祀自己的祖先。通过祭祀，活着的后代与去世的祖先得以

---

① 参见温锐、蒋国河《20世纪90年代以来当代中国农村宗族问题研究管窥》，《福建师范大学学报》2004年第4期；蒋国河：《20世纪90年代以来当代中国农村宗族问题研究述评》，《中国农村观察》2006年第3期。

连接起来，并加强家族成员的团结。宗祠还是族内重大事务议事和宗族成员庆典等共同活动的场所，是以家风族规教育后代的场所，同时也是管理宗族事务机构的场所。其三是族规。任何组织的存在不可能没有一定的组织规范。宗族的组织规范就体现为成文和不成文的族训、家训、戒条、族规、族约等。族规规定宗族成员的权利和义务、宗族组织和活动方式，它不仅是族民行为的准则，也是宗族组织活动的规范。其四是族产。族产包括祭田、族田和义庄等等家族共同的资产。一定的族产是家族活动的经济基础。通过置族产，为家族组织的正常运转、兴办公益事业提供一定的财力支持，也可以通过族产来助学扶贫，增强族民的团结，从而实现"收族"（联系族众）和"睦族"（族民团结）的目的。其五是族长。一个典型的宗族要有族长作为宗族的内外代表。族长是宗族利益的代表，主管宗族内外事务，调解仲裁族内矛盾，行使宗族的各项权力。正是宗祠、族谱、族规、族产及族长的有机结合，维系着宗族的存在和运转。它们构成了一种完备的宗族制度，使宗族得以履行自己的功能，实现自身的目标。

由于宗族通过族长和其他长老的权威，通过非正式的规则包括伦理规范、价值取向、道德、习惯等文化性因素的作用有效地协调和控制着族内的摩擦纠纷，实现对家族成员的行为约束。费孝通在其《乡土中国》中指出：中国乡村人际关系具有特定的结构原理，用图像表示，就像一枚小石头扔进宁静的池塘，泛起一圈圈涟漪，外形酷似一个一个的同心圆，层层向外扩散。这个图式有三个要点：第一，中国乡村社会的组织结构以自己为中心，而不是以外在的别人、有形的团体或国家为中心；第二，人与人之间的关系不均等，有亲疏之分，越靠近中心，越亲近；越远离圆心，关系越疏远；第三，个人与每一个圈上的人际关系，都有特定的伦理规范和各自不同的相处之道，方式规则各不相同。这种结构因而培育了一种社会的人格，体现了一种"熟人社会中"的管理模式，至今仍在很大程度上影响着乡村的社会生活，为现今的村民所接受，从而形成了一种深入农民内心世界的宗族意识。

从江西农民宗族意识的现实表现来看，改革开放以来，江西农民宗族意识有此消彼长的双重性因素存在，一方面表现为宗族意识和极端化倾向，另一方面也存在宗族意识消解的因素。

（一）农民宗族意识复苏和极端化因素

1. 农民宗族意识复苏的表现

（1）召开宗亲代表大会，成立宗亲理事会等宗族组织

重建的宗族一般都设有以"宗族头人"为核心的宗族机构，各地宗族头人的名称不尽一致。如江西省金溪县分别有叫"族长"、"理事长"的，峡江县有称"尊长公"的，青原区、吉安县等有称"族长公"的，等等。除族长外，宗族还设有其他的管理人员。如江西省吉水三江村郭氏宗族，在族长下还设有"房宗"，泰和田段萧氏宗族也设有"房长"等。族内大小事务均由"族长"、"房长"义务管理。"族长"、"房长"在族内都享有很高威望，说话也会有人听。

2009年7月2日，谢氏宝树堂寿七公宗亲代表大会，在寻乌县南桥镇罗陂村召开，出席会议的寿七公宗亲代表有280多人，谢日新、谢荣来、谢荣财、谢石妹、谢鼎盛、谢祝文、谢应泉、谢玉梅、谢炎坤、谢应标等新老理事成员在主席台就座。宗亲代表大会回顾了近十年来挖掘和弘扬民族文化的一件又一件实事；统一了全族，纂修了四修族谱；收回了祖业；修缮了宗祠；处理了祖坟建筑物，修复了祖公、祖婆的坟地；发动了捐款，支持了罗陂村路的硬化，同时还坚持了对宗祠、祖地开展"一年一小祭，三年一大祭"的活动，加强了祖业的管理，增强了宗亲的团结，加深了宗亲的情谊，凝聚了后裔敬祖爱祖的孝心。在宗亲代表大会中，调整了"寿七公"宗亲理事，成立了新的宗族管理机构；明确了"秉继传统，服务宗亲，贡献社会"的宗旨，开展宗亲人才普查，联络感情，为宗亲服务活动；建立了宗亲内的奖学金制度，鼓励宗亲子弟勤学成才；提出了寿七公祠左侧门楼即将倒塌，急需重修的意见；对善庆户内的宗亲发出了有力出力、有钱出钱的倡议，号召宗亲铭记"祖业有损，人人有责"，要怀有一颗感恩的心，注入一腔感激的情，为重修祖业回报一份孝心。大会之后，在宗亲代表们争先恐后的捐款活动中，有226人捐了款，其中罗陂66人；南桥70人；程田22人；张天塘53人；廷岭14人；吉潭1人。据统计，首批捐款总额39888元，其中谢天捐款2000元；谢鸣捐款1000元；谢运庆捐款800元；谢小洪、谢元祥、谢木森、谢苍松、谢运发等宗亲捐款600元；谢明炎、谢丙炎、谢培坤、谢应才、谢荣峰等

宗亲捐款500元；最少的捐款也有100元以上。①

(2) 重修族谱

家谱是记载本宗族世系和事迹的历史图籍，它与正史、方志一起构成中华民族史学的三大支柱，是中华民族悠久历史文化的组成部分。家谱又叫谱牒，是因为它的原始是由甲骨或竹片刻上世系、名录后用绳线串联或堆叠而成方叫牒。后来以这种方式传达统治意向，就把公文、凭证也称之为牒，如通牒、度牒、尺牒。中国历代帝王均修玉牒，而清代皇谱最为完整无损，共2600余册，一式两份，分别藏于现中国第二历史博物馆和辽宁省博物馆内。现北京国家图书馆、上海图书馆、山西太原"中国谱牒资料研究中心"是我国三大家谱收藏中心。

每个宗族大多有一部宗谱，又称家谱、支谱、族谱等等。民间各姓氏宗谱是由各氏族自己编写、自行印刷、自行保管、阅读的家族史籍。各氏族每隔数10年编修1次，以溯源流，序昭穆，承先启后，教忠教学、敦宗睦族为目的。其内容包括诗书礼乐、人伦道德、人文地理、社会结构、战争情况、自然灾害、人口流动、民族起源、文物建筑、风俗习惯、宗教信仰、历史人物，以及文教事业、发明创造等，特别是记载着全族的户口、婚配和血缘关系，直系亲属中谁应受到尊敬，全族的祖先墓、族产公田的坐落地点、方位及其图表等。

在20世纪80年代至今的三十余年中，各姓各支基本完成了一次续修家谱的过程，遗补了自民国中期以来，停修、断毁家谱的损失。有的姓氏已将步伐迈进了实修全国统谱或世界统谱的阶段。这是中华谱牒文化向世界融合的大飞跃。如龚姓《中华龚氏通志》已于2005年印行；郑姓《郑氏大成宗谱》（善果支系）已印行，继而总修《郑氏族系大典》；吴姓荫泰伯之光，继宗谱大统，修就《中华吴氏大统宗谱》；余姓2008年已在江西省修水县召开了《中华余氏总谱》颁发庆典大会；胡姓已印行了《世界胡氏谱牒》；深圳中华丘氏谱馆正在编纂《中华丘氏大宗谱》；黄姓也在进行《世界黄氏总谱》的编修；刘姓亦在编《刘氏大统谱》；孔、孟、曾、颜更是"一派寰宇亲一家"，都在续修其各自共派辈字号的全国统宗谱；李姓更是以历史上曾是皇姓而称为《李氏通天谱》。张姓亦于

---

① 《谢氏宝树堂寿七公宗亲代表大会在江西寻乌召开》，中华谢氏网。

2010年5月28日在河北省清河县华夏张氏祖庭挥公堂,由清河张氏宗亲联谊会提议组建《华夏张氏统谱》编纂委员会,向全世界张氏宗亲发出编修《华夏张氏统谱》的倡议书。[①]

这一修谱的习惯,进入90年代以来,在赣北,赣中一些经济相对富裕的地区颇为流行,但宗谱的内容已和旧式的宗谱不尽相同,增添了很多新的内容[②]:

一是注重族谱文化与中华历史文化的内在联系。谱牒文化是"和"的文化,它兴于"和",毁于"乱",成于团结,败于分裂。孙中山说,"族谱记载着中华民族由宗族的团结扩展到民族的大团结",以和为本,把家庭之和、家族之和、民族之和、国家之和,以至世界之和作为社会责任。如吉水县郭氏族谱开卷所写:"家之有谱,犹国之有史"。盛世编志,太平修谱,堪称弘扬民族文化、再现尧天舜日之举,确实可喜可贺!

二是注重修谱对现今改革开放的现实价值。重视修谱,亦乃中华民族源远流长的传统精神,对弘扬祖国传统文化,探索家族文化,既发挥家庭美德建设的作用,也适应旅居海外同胞寻根谒祖的要求,并可促进中外科技、文化、经济的交流,也大有裨益于中华民族的繁荣昌盛,续修氏谱,具有不可估量的隐形价值和作用。如《中华龚氏通志》是中华龚氏有史以来的第一部大型姓氏文化专著,也是目前国内流行的统谱通志之一。它采用志书之体例,使用志书的语言,详述中华龚氏的全貌及其繁衍播迁概况,上溯到上古时代之共工氏(龚氏鼻祖),下述至当代各地的龚氏子孙。其内容涉及龚氏族源、族称、迁徙、分布、人口、文化(含文学艺术作品简介)、经济、古今人物、名人轶事等。还着重张扬了不少先祖的丰功伟绩、懿德、风范。特别注意搜录古今谱牒编修情况及其家规、家教(这些民法是国法的有力补充),并以树立社会公德和构建和谐社会为宗旨、目的。

三是宣扬本宗的伟人、名人。《吉水县郭氏宗谱》中记载了隋唐以来流传至今的几位先圣。其中有力助唐明皇平定安史之乱的郭子仪将军;有

[①] 张敦柏:《关于编纂全国统谱之我见——在江西修水县第二次谱牒研讨会上的发言》,http://www.zhangshi.org/zpbx/ShowArticle.asp?ArticleID=229。

[②] 参见肖唐镖《宗族》,载熊景明主编:《进入21世纪的中国农村》,光明日报出版社2000年版,三农中国,http://www.snzg.cn。

明朝吏部尚书郭元昶等,对于史书上评价为"功盖天下而天子不起疑心,位极人臣而无人嫉妒,生活上穷奢极欲而无人指责",谱上记载却并非翔实,或许此子仪非彼子仪,移花接木,颇有攀附之嫌。

四是号召子辈继承先圣精神风尚。有诗曰:"炎黄龙钟始轩辕,得姓封程越三千。立雪程门的郭子仪,记载的情况却并非翔实,或许此子仪非彼子仪,只是移花接木的攀附之笔。忠仰慕,抚孤救赵义为先。承传祖辈崇德尚,时代子孙效圣贤。宗谱续修今古贯,寻根问祖九垓传。"定辈字也有崇尚祖德之意。《吉水郭氏宗谱》"为使程氏子孙继先圣品德,尊列祖教诲"在"积、善、乃、余、庆、修、德、其、福、基"辈字之后又列五个辈字,即"仁义纲常在",可见用心良苦。

现在重修宗谱,以江西一般县乡的经济水平,一般在500户以上的宗族,每个男丁200—500元人民币,女性免交,这其实多少也是受封建社会男尊女卑思想影响。当然也有自愿多捐者出几十元到几万元人民币的都有。有时是跨乡甚至跨县修谱,如2005年重修《吉水县郭氏宗谱》,谱上所载在世男丁8000多人,在京的郭福安先生就先后捐资达五万多元人民币。

(3) 重修、重建宗祠

在江西农村,大多宗族都有一个祠堂或祖厝,也称宗祠、家庙。祠堂里供奉着死去祖先的神主牌位,所以祠堂首先是祭祀祖先的场所。通过祭祀祖先,向族众灌输宗族团结、血亲相爱的观念,把家族团聚在一起。近年来,在吉安,余都,井冈山等市县中,印象最深的是很多地方还在大兴土木,重修或重建祠堂,不同姓氏建造的祠堂还互相攀比,可谓富丽堂皇,是当地最为引人注目的建筑。祠堂的兴建,表明人们表达其宗族观念的行为模式进一步系统化和规范化。

有的地方还成立了董事会,专门负责筹办在祠堂里进行的各种宗族活动,使各种活动运行的程序井然有序。宗族在当地的各项事务中仍在发挥着重要的作用,当然其性质与50年前也不相同了。

祠堂既是宗族的标志,自然受到宗族的重视。近代各地宗族的祠堂其建筑形式各异,但都体现了礼貌尊严。一般的形式包括龛室,用来供奉祖先神主;大厅,用来举行婚丧嫁娶宴会,且只供本氏族人使用,这与城市里的酒店承办婚宴意义非同。

祠堂是一个宗族的中心，象征着祖先，象征着宗族的团结。宗族成员通过祭祀祖先，通过父系血缘关系把族人凝集在一起，形成一个严密的家族组织。所以，祠堂的修建是宗族意识恢复的又一重要标志。

祠堂的修缮或重建一般要集资10—50万元人民币不等，对于一些地方上的小姓氏，人丁不够兴旺，集资重修祠堂对每个家庭的确成为一个不小的负担，但再穷的人家，只要大多数人赞同修祠，都不吝惜这份钱财，甚至先建祠堂，再建私房，充分体现了宗族的凝聚力。

2. 农民宗族意识有所复苏的主要原因分析

(1) 政府对农村控制方式的变革以及农村组织调控能力减弱

和宗法制度相决裂，是中共的一贯立场。但自1978年11月党的十一届三中全会后，特别是随着"对中国传统文化再认识"思想的兴起，中共对宗族问题的定性、做法和具体政策都与"文革"及以前有所区别。1983年虽仍非常鲜明地称作"封建宗族势力"，并提出了处置"封建宗族势力活动"的有关政策建议；1990年尽管还要求"制止封建宗族势力的蔓延"，但已将"宗族械斗"改称为"群众性械斗"。至1991年，中央在有关文件中则称宗族思想为"歪风陋习"；在1994年的有关政策部署中，始终将宗族问题称作"宗族势力"、"宗族活动"，并斥之为"落后习俗"，但政治色彩已淡化，对宗族的认识渐趋中性色彩。在对宗族活动制止和打击的政策中，也特别强调要教育引导为主，而不再强制要求和限制。与政策的变化互为表里的是农村宗族活动和农民宗族意识的增强和日趋外现化。这正表明，政治制度的松动，使得政治领域中维持和培育的宗族意识有可能在社会、经济、文化等领域找到了新的表达机会。[1] 另一方面，现在农村基层的管理组织是村民委员会和村民小组，其既没有原先的生产大队和生产小队所具有的经济职能，也没有能够发挥很好的作用。现实的情况需要某种组织的协调和仲裁，以建立一种稳定的秩序。国家民政部曾调查表明：全国20%的村级组织处于瘫痪状态。于是宗族秩序和权威便乘隙填补或代替了乡村社会调控和管理的"真空"或软弱涣散。[2]

---

[1] 赵力涛：《家族与村庄政治（1950—1970）》，《二十一世纪》1999年第10期。
[2] 王笑天、陆玉：《乡村社会重修族谱现象的思考——兼论宗族意识与农村现代化的关系》，《社会科学研究》1996年第6期。

(2) 农村宗族精英的利益驱动

农民宗族意识的复兴还取决于宗族精英在这种社会转型和宗族势力复兴中的重要作用。所谓宗族精英是指在乡村社区的政治、经济、文化和社会生活中基于智力、经历、分工和心理上等方面的优势，对乡村政治、经济、文化和社会生活的管理具有重要影响力的人。他们握有一定的社会话语资源，包括政治的、经济的、文化的，或传统的社会资源；他们在乡村社区中具有非正式的权威，担负着重要的社会整合功能，对乡村社会中意见的表达、政策的执行、政策的评估以及各种信息的反馈等都起到不可替代的作用。[①] 在戴利朝看来，民间精英相当于传统社会中的"士绅"，当前概指三类人：退休还乡的干部，村落干部，教师。而且三者的分工也相对明确和固定：老干部提议或倡导，村落干部组织，教师负责"文书"工作。[②] 钱杭先生对泰和农村宗族"重建"的考察[③]，梁洪生先生对近年江西农村宗族"谁在修谱"问题的回答[④]，都共同揭示了民间精英在建设宗族过程中的首倡和主导作用。

从历史上来看，对于宗族组织的建构，主要还是士大夫们的理想追求，从宋代范仲淹，到明代归有光、清初顾炎武、晚清冯桂芬，都曾经为恢复宗族组织而不断呼吁。宗族组织的构建需要较强的经济基础和熟悉儒家文化的人才，因而大多数的家族组织都是由城市或市镇中的士绅或富商所建立，而在广大的农村社会，农民的家族组织大多是处于自然的状态，缺少系统的组织和经济基础。在明清商品经济有较大发展的背景下，很多农村宗族的成员经商致富后，在光宗耀祖观念的促使下，不是将大量资本再投资经营或雇工经营而是回归故里买田建宅并捐官，回归为地主。[⑤] 当代宗族复兴过程中，基本延续了传统社会的这种利益驱动。在他们看来，

---

① 钟添生：《转型社会中宗族精英的村治逻辑》，《农业考古》2007年第6期。

② 戴利朝：《转型时期的农村宗族及其嬗变——以20世纪下半叶江西为中心》，《江西师范大学学报》（哲学社会科学版）2004年第2期。

③ 钱杭、谢维扬：《传统与转型：江西泰和农村宗族形态——一项社会人类学的研究》，上海社会科学院出版社1995年版。

④ 梁洪生：《近观江西民间修谱活动》，《东方》1995年第2期；《谁在修谱》，《东方》1995年第3期；《江西公藏谱牒目录提要》，江西教育出版社2002年版。

⑤ 施由明等：《宗族与江西古代农村社会——安义千年古村个案研究》，《江西社会科学》2004年第11期。

对家族的荣誉感和责任感（如记载宗族历史，传承宗族文化，以及如王铭铭所说的"为族人作主"）是他们热心族务的原始驱动力。此外，借助于修谱、修祠等宗族要务的筹办，他们既可以获得普通村民乃至村组干部的尊重和认同（原有职权已经丧失），也可以获得一种"成事"的满足感（赋闲在家），还可以恢复与重建他们在乡土社会的关系网络。①

(3) 农民的宗族情结

一方面是为了寻找一种心灵的归宿和精神的安慰，表达一种人所共有的人伦之情。

"宗族"作为一种势力，一种社会组织，经过几千年对人们的不断约束和影响，已经完全内化到人们的心灵深处。它已经不再只是一种势力和社会组织，而变成了一种社会情感的归宿和精神信仰的载体。它已经成为人们生命内核的一部分。改革开放以来，社会变革所引起的动荡，市场经济中莫测的风险使人们身心疲惫。远避尘世，烧香祭祖，回归传统，使人们在追忆祖先的过程中，恢复心灵的宁静，换取一份情感的慰藉。因为"传统不仅仅是价值体系，是人的世界，而且还是人类生活的终端逻辑，也可以说是人类的终极关怀体系"。传统失落不仅意味着"生活的逻辑性、生命真实性的解体"，也是"精神家园的解体"。②调查显示，农民对生活的风险和生存的压力总体上感觉比较大，其中，回答"很大"的有 78 人，占 14.6%，回答"比较大"的有 183 人，占 34.1%；回答"一般"的为 226 人，占 42.2%，回答"比较小"的仅有 43 人，占 8.0%。（参见表 4—1）农民目前生活在土地保障、家族保障、集体保障、社会保障以及社会互助等层层保障网的保护下显得非常安全，但实际上这种"安全"是非常脆弱的。从江西省农村社会保障事业来看，发展还比较滞后，农民"安全网"还很不安全。主要表现在：一是"五保"对象保障有待加强。据统计，江西五保对象供养率只有 84%，集中供养 5.4 万人，集中供养率只有 30.4%，远低于浙江省集中供养率 81.8% 的水平；在五保对象供养标准上，国务院明确要求不得低于当地农民上一年的生活水

---

① 戴利朝：《转型时期的农村宗族及其嬗变——以 20 世纪下半叶江西为中心》，《江西师范大学学报》（哲学社会科学版）2004 年第 2 期。

② ［德］费迪南·腾尼斯著，林荣远译：《共同体与社会》，商务印书馆 1999 年版。

平。据此测算，江西五保对象集中供养保障标准和分散供养标准实际保障水平只相当于应保标准的75.4%和72%；特困群众救助标准也偏低，常年救助标准每人每年仅为300元，临时救助标准为60元，对特困群众可谓杯水车薪。二是新型农村合作医疗制度有待完善。目前，全省试点县占县（区）总数的12%左右，2006年要达到40%，2007年达到60%，2008年全面推行。目前试点县参合率不高，少数地方群众积极参加意愿还不强，主要是农村医药市场比较混乱，药价虚高问题突出。由于药品的差价，农民得到的实际补偿可能等于零，甚至是负数。此外，各级财政对参合农民每人每年补助提高到40元。一方面经费筹资总量仍然太少，参合农民的受益程度不高，难于切实解决因病致贫的问题；另一方面，财政将增加大量支出，地方财政负担沉重、难以为继。四是农民收入水平，与城镇职工相比相去甚远，当遇到自然灾害和疾病事故时，大多数的农民反映政府部门没有相应的救助或救助不足以解决问题，只有小部分的农户认为政府的救助和自己的努力足以渡过难关，生活基本上有保障。

表4—1　　　　　　　　您生活的风险和生存的压力

		频率	百分比%	有效百分比%	累计百分比%
有效	很大	78	14.6	14.7	14.7
	比较大	183	34.1	34.5	49.2
	一般	226	42.2	42.6	91.9
	比较小	43	8.0	8.1	100.0
	合计	530	98.9	100.0	
缺失	系统	6	1.1		
合计		536	100.0		

另一方面，是为了实现一些功能性的目的，如农忙时互相帮助，生老病死过程中互相抚恤，遇到危害时共同抵抗等。

其一，农村实行生产责任制后，各家各户在经济上都形成了相对独立的生产单位，而单个家庭势单力薄，需要彼此帮助。由于人们在生产和生活中遇到的重重困难仅靠单个家庭难以解决，村民间和亲戚间的互助便成了发展生产、扶弱济贫时所必需，在面对求助组织乏力的情况下，人们转而求助有一定血缘关系的家庭也就成了必然。有调查显示，在被调查对象的农业生产中，几乎每个村庄都存在着亲族内部生产合作的现象，有的是已分家的几位兄弟合伙购买一头牲畜，轮流喂养，共同使用；有的则是已经单过的几个兄弟家庭在播种、脱粒、收割和农忙季节共同劳动；在个体、私营企业和个体承包的村有企业中，也普遍存在着亲族合作的现象。①"在农村新的经济结构启动和发展过程中，亲缘关系是信任结构建立的基础，也是实际获得资源的重要途径。对许多乡镇企业和企业家的调查表明，企业经营的直接动因以及资金、信息、技术、人才、资源和销售市场的获得，常常是直接和间接的亲缘连带关系造成的。"② 亲属在发展经济中的作用也为其它学者的调查所证实。

表4—2　　　　　　　　经营中遇到困难先找谁　　　　　　　　（%）

收入组	血缘关系	姻亲关系	地缘关系	政治关系	友缘关系	经济组织
100元以下	39	1	17	21	21	3
100—200	53	5	19	15	14	0
200—300	49	10	7	12	17	5
300—400	60	7	15	2	15	3
400—500	56	12	9	1	16	6
500—800	49	9	16	5	16	6
800元以上	52	12	16	1	22	5

资料来源：周晓虹：《现代化进程中的中国农民》，南京大学出版社1998年版，第91页。

表4—3　　　　　　　经营中得到帮助的来源（%）

收入组	血缘关系	姻亲关系	地缘关系	政治关系	友缘关系	经济组织
100元以下	30	3	6	36	23	6
100—200	39	10	10	12	18	10
200—300	46	17	6	11	18	4

---

① 潘强恩：《中国农村学》，中共中央党校出版社1999年版，第13页。
② 周晓虹：《现代化进程中的中国农民》，南京大学出版社1998年版，第8页。

续表

收入组	血缘关系	姻亲关系	地缘关系	政治关系	友缘关系	经济组织
300—400	58	16	4	5	17	4
400—500	45	7	10	7	15	10
500—800	45	14	10	3	14	10
800元以上	30	10	11	8	27	11

资料来源：沉石，米有录：《中国农村家庭变迁》，农村读物出版社1989年版，第89页。

笔者在江西调研的结果也证明了亲属在发展经济中的作用。当问及"如果有一个适合您经营的项目，而您目前资金不够，您会怎么办"时，想"争取贷款"的人数达到347，比例达到64.7%。另外有将近120人回答"向亲友借，借得到就干，借不到就不干"，占22.4%。仅有49人表示"资金不够就不做，不想欠账"，占9.1%。可见，绝大多数农民有强烈的生产经营欲望，也有强烈的资金需求，寻求亲属帮助成了重要的选择之一。

表4—4　　如果有一个适合您经营的项目，而您目前资金不够，您会怎么办？

		频率	百分比%	有效百分比%	累计百分比%
有效	资金不够就不做，不想欠账	49	9.1	9.3	9.3
	向亲友借，借得到就干，借不到就不干	120	22.4	22.7	31.9
	争取贷款	347	64.7	65.6	97.5
	其他	13	2.4	2.5	100.0
	合计	529	98.7	100.0	
缺失	系统	7	1.3		
	合计	536	100.0		

其二，随着经济社会的发展以及人口的不断增加，资源紧缺矛盾日益凸显，对土地、山林、水利、矿产等生存和发展资源的争夺也日益激烈。

此外，实行责任制后，农村各家庭之间的纠纷大大增多了，如在土地分配、化肥、浇水、用电、宅基地、承包项目的安排等一系列问题上，不可避免地会引起大量纠纷。这种纠纷也是近年来农村出现的新情况。农村宗族组织，向来就以谋取和维护本族经济利益作为其一项重要职责，在人们为争夺各种资源的争斗和冲突中，仅仅依靠家庭个体力量明显不足，很难解决问题，宗族的关系网络就成为农民寻求资源和帮助的首选对象。原来已经疏远的各类亲戚，自然又彼此亲近起来，从而在客观上促使宗族势力的活跃。当然最重要的原因是，宗族势力作为我国的一个基本文化要素，始终也没有被根除，它一直在发挥着作用，只是程度不同罢了。

其三，日常生活中互相照应，互相帮忙。一个家庭要办大事，如建房、婚丧等，血缘上较亲近的家庭都有不可逃避的互助责任，出工出力出钱都必不可少。

(4) 农民宗族意识中存在一定的合理性

其一，孝老敬老是中华民族的品德，这对于缓解当前由人口老龄化带来的养老压力起到了一定作用。

所谓人口老龄化是指总人口中因年轻人口数量减少、年长人口数量增加而导致的老年人口比例相应增长的动态过程。按照联合国有关组织的统计，当一个国家或地区60岁以上老龄人口数超过人口总数的10%，或65岁以上老龄人口数超过7%，就称其为老龄化国家或老龄化地区。国际上习惯将人口年龄结构划分为三种类型：65岁以上老龄人口数超过总人数7%的称为老年型人口，4%—7%称为成年型人口，4%以下称为年轻型人口。在2000年，中国进行第五次人口普查中发现，我国0—14岁的青少年所占的比重正在逐年下降，60岁以上老龄人口数为1.3亿，首次突破10%；65岁以上的老年人口已经达到8810万，占了总人口的6.69%，已经正式跨入老龄化国家的行列。

从世界范围来看，已经出现人口老龄化和进入老龄化社会的国家，几乎都属于经济比较发达的国家。中国人口老龄化的发展既有与经济发达国家类似的方面，也具有许多与发达国家人口老龄化不同的特殊表现。我国人口基数本来就很大，又因我国已进入老龄化社会，所以我国老龄化人口基数也很大。我国人口老龄化发展速度快。2000年末，我国60岁及以上人口已达到1.30亿，占世界老年人口的21.23%，有关机构预计，到

2030年时,我国老年人口将达3.42亿,占世界老年人口的25.39%,到2050年,我国60岁及以上人口将达到4.18亿,但是,占世界老年人口的比重将会下降到21.93%。65岁及以上人口从7%上升到14%所需的时间:法国为115年,瑞典为85年,美国为66年,英国为45年,而中国要达到这一比例只需25年左右。老年人口高龄化进展迅速。国际上研究人口老龄化问题时通常把80岁以上老人划为高龄老年人口。我国高龄老年人口在1991年到2000年的10年间,以每年3.6%的速度增长,高龄老年人口已从1990年的801万增长到2000年的1201万;预计到2025年和2050年将分别达到3547万和12083万,占世界高龄人口的23.1%和31.9%。上海早在1979年就进入了老龄化社会,目前的老龄化程度高达13.4%。此外,浙江、北京、天津、江苏、重庆、湖北、湖南、广西、四川、山东、安徽、辽宁、陕西总共14个省市也先后进入了老龄化社会。"空巢"老人家庭的比例持续增大。随着社会转型的加快,人口迁移和流动加速,大量的中青年劳动力离家到外省务工经商,与子女、晚辈共同生活的老年人逐渐分开独居,成为"空巢"老人。

表4—5　　　　　中国五次人口普查的人口结构分布

年份	年龄构成（%）		
	0—14岁	15—64岁	65岁以上
1953	36.3	59.3	4.4
1964	40.7	55.7	3.6
1982	33.45	61.66	4.89
1990	27.61	66.89	5.50
2000	22.89	70.15	6.96

从江西省来看,自实施人口控制政策以来,人口增长速度放慢,老年人口规模明显加大。自1982年至2005年的23年间,全省65岁及以上老年人口净增167.07万人,年均增加7.26万人。2005年,全省65岁及以上老年人口数已达到316.54万人,占全省总人口的7.35%,比预测的2009年提前四年进入老龄化社会。江西老年人口不仅规模大,而且增长速度大大快于总人口的增长速度。在1982—1990年、1990—2000年和

2000—2005年三个时段内，65岁以上人口的年均增长率分别比全省总人口的年均增长率高出1.440%、1.96%和3.79%，呈逐段上升的趋势，老龄化程度日益加深。老年人口年龄结构日趋高龄化。1990年至2005年15年间，江西80岁以上老年人口达到54.32万人，比1990年净增34.84万人，年均增长率高达11.92%。同2000年第五次人口普查相比，2010年第六次人口普查时，60岁及以上人口比重上升了2.08个百分点，65岁及以上人口比重上升了1.49个百分点，人口老龄化速度呈明显加快的趋势，而且江西是在人均GDP水平较低的情况下步入老龄化社会的，属于典型的"未富先老"。

表4—6　江西省历次人口普查年及2008年的人口年龄构成情况

年份	年龄构成（%）				
	0—14岁	15—64岁	65岁以上	老少比	老龄人抚养比
1982	30.80	64.70	4.50	14.61	6.95
1990	25.24	69.67	5.09	20.16	7.30
2000	25.9	67.83	6.27	24.2	9.24
2005	24.09	68.56	7.35	30.51	10.72
2008	22.41	69.18	8.41	37.53	12.16
2010	21.88	70.52	7.60	34.73	10.78

注：老龄人抚养比 =（65岁以上人数/15—64岁人数）*100%

资料来源：1982年、1990年数据来源于文献，2000年数据来源于2000年人口普查资料，2008年来源于江西省2008年国民经济和社会发展统计公报，2010年数据来源于江西省第六次全国人口普查主要数据。

"十二五"时期将是我国人口老龄化加速发展期，人口老龄化形势会更加严峻，将呈现老龄化、高龄化、空巢化加速发展的新特征。预计到2015年，我国60岁以上老年人口将达到2.16亿，约占总人口的16.7%，年均净增老年人口800多万，超过新增人口数量；80岁以上的高龄老人将达到2400万，约占老年人口的11.1%，年均净增高龄老人100万，增速超过我国人口老龄化速度；65岁以上空巢老年人口将超过5100万，约占老年人口的近1/4。发达国家城市老龄化水平一般高于农村，而我国情况则相反，江西省这一特征更为明显。2000年人口普查时全省农村65岁及以上老年人口比例为 6.50%，比城镇高 0.83 个百分点；到 2005 年 1% 人口抽样调查时，农村这一比例达到 7.78%，比城镇高 1.16 个百分点。随着江西省工业化、城镇化不断加快，大批青壮年人口及子女进入城镇居住、就业，这一现象在一定时期内将持续加剧。老年人照料问题更加突出。由于我国老年人口规模大，老龄化发展迅速，受经济发展水平和城乡二元经济结构的制约，政府和社会对养老资源的供给有限，而养老的实际需求又非常大，两者的矛盾十分突出，单靠养老保险是远远不够的，还必须发挥千百年来中华民族传统的孝文化的巨大作用以承担日益困顿的农村养老问题。

宗族最强调族人处理好家庭关系，对父子、夫妻、兄弟、婆媳、祖孙、妯娌、叔（伯）侄、姑嫂、叔嫂等关系加以规范，一般不出儒家伦理的要求。其中最重视父子、兄弟关系，强调孝、悌之道，并把子弟的行为都纳入进去。《慈南干溪章氏宗谱》嘉庆时所定《族规》说："孝悌为万化之原……盖父母为生身之本，兄弟乃手足之情，不孝固天理不容，不悌亦人情所不近，倘或灭绝天良，渐染敝俗，甚至双亲冻馁，同室操戈，如此之人，不待天诛神殛，在族人必须声罪共击，到祠杖笞，或鸣官治罪，以肃规约。"① 在长期的宗法制度下，年长者易成为生产的组织者和领导者，折射到生活、观念中，敬老之风逐生而成。但随着国家对农村宗族的打击以及市场经济的冲击，年长者比年轻人更难调适自己以适应社会，年长者的优势难以发挥或荡然无存，在农村敬老成为现今乡村社会的一大难题，不但没有"父召，无诺，手执业而投之，食在口则吐之"② 的敬老之风，甚至不能做到"肇奇服牛，型服贾友，养孝厥父母"③ 而满足父母亲最基本的生活保障需求。因而，无论是物质上，还是精神上，老人的处境都十分尴尬。在现实中，尽管宗法关系弱化但仍然在起作用。在社会经济的二元运行及其刚性差序格局④中，农民的养老及其保障几乎全由

---

① 参见白寿彝总主编《中国通史》第十卷，《中古时代·清时期》（上册），《宗法制度》章节，上海人民出版社 1996 年版。

② 《礼记》。

③ 《尚书·尧典》。

④ "差序格局"一词是费孝通老先生提出的，旨在描述亲疏远近的人际格局，如同水面上泛开的连晕一般，由自己延伸开去，一圈一圈，按离自己距离的远近来划分亲疏。费孝通先生解剖中国传统社会，使用的是社会结构分析方法，这是社会学通用的方法。

家庭承担,每个成年人都肩负着"仰事父母,俯畜妻子"的重任。老年农民既无力凭自己的劳动获得收入,又无退休金,何以颐养天年呢?只能靠宗亲的赡养。对于鳏寡孤独而言,宗亲更是唯一的依赖。这样,宗法关系的存在就成为农村社会和谐稳定的必要保证。① 从笔者在江西的调查结果来看,证明了宗法关系、家庭观念、孝文化在农民思想观念中的主导作用。当问及"您是否赞成婚后与长辈共同生活"时,持赞成态度的达到59.9%,外加持勉强态度的(12.5%),总计达到72.4%(参见表4—7),这是值得庆幸的。同时,在处理诸如婆媳关系这样与长辈之间的关系时,76.1%的人表示能够忍让(参见表4—8)。家庭里除掉生活开支外,最重要的一项开支就是抚养子女和老人了(43.1%)(参见表4—9)。

表4—7　　　　　　您是否赞成婚后与长辈共同生活

		频率	百分比%	有效百分比%	累计百分比%
有效	赞成	321	59.9	60.7	60.7
	勉强	67	12.5	12.7	73.3
	不赞成	94	17.5	17.8	91.1
	无所谓	47	8.8	8.9	100.0
	合计	529	98.7	100.0	
缺失	系统	7	1.3		
	合计	536	100.0		

表4—8　　　　　　遇到婆媳不和睦的时候,您是怎么处理的?

		频率	百分比%	有效百分比%	累计百分比%
有效	据理力争	110	20.5	21.2	21.2
	忍让	408	76.1	78.8	100.0
	合计	518	96.6	100.0	
缺失	系统	18	3.4		
	合计	536	100.0		

---

① 李成贵:《当代中国农村宗族问题研究》,《管理世界》1994年第5期。

表4—9　　　　　除生活必要开支外，您家开销最大的一项是

		频率	百分比%	有效百分比%	累计百分比%
有效	教育支出	241	45.0	46.3	46.3
	抚养子女和老人	231	43.1	44.3	90.6
	人情支出（请客送礼）	28	5.2	5.4	96.0
	通信消费	7	1.3	1.3	97.3
	其他	14	2.6	2.7	100.0
	合计	521	97.2	100.0	
缺失	系统	15	2.8		
合计		536	100.0		

上述调查表明，尽管市场经济条件下家庭养老功能在弱化，但我国的国情决定了在相当长的时期内，家庭仍然是我国老年人经济供养、生活照料和精神慰藉的主要承担者，不管是城市还是农村，家庭养老的基石地位至少在短期内还不能改变。另一方面，家庭养老方式也符合我国老年人的心理。居家养老既能满足老年人不离开家、不离开熟悉的生活环境的心理意愿，又能使家庭借助部分社会力量共同承担照顾老年人，减轻家庭因人力不足而导致的实际困难。有调查显示，真正愿意到养老福利机构安度晚年的老年人只占6%，大部分老年人喜欢待在熟悉的家中安度晚年。因此，应充分运用我国千百年来所形成的浓厚的、根深蒂固的家庭观念，弘扬我国的孝文化，再辅之以必要的立法，强调家庭应承担第一位养老保障责任，以使家庭保障发挥出应有的作用。

其二，亲属之间邻里之间讲究互帮互助，这与当前倡导的和谐社会的理念是互通的。

十六届六中全会作出的构建社会主义和谐社会的决定是我党新时期治国理政的核心理念，是中国共产党历史上第一个加强社会建设的纲领性文献，是建设中国特色社会主义伟大事业的新理论、新发展、新境界。社会主义和谐社会的基本特征是：民主法治、公平正义、诚信友爱、充满活力、安定有序、人与自然和谐相处。由此可见，和谐就是以人为本，就是一切为了人民不断增长的物质文化的需要，为了人的素质的提高、人际关

系的升华、天人关系的和谐。在构建社会主义和谐社会的进程中，我们也强调加强伦理建设，首先，从人际方面来看，家庭仍然是社会的细胞，是社会凝聚力量的源泉。但现代家庭却呈现出脆弱的一面，人际关系呈现出冷漠化的趋势，这样不利于社会的全面发展。所以，我们依然需要一种伦理道德的力量来维系我们的社会，因为一个完善的社会，也是以伦理道德价值为中心向全社会辐射的最具吸引力的一个价值体系的载体，维护健全的伦理关系是优化社会生态的必要措施，伦理与政治的并进是今天一个必然的选择。

宗族要求族人互亲互爱。如合肥杨氏宗族要求族人"卑不犯尊，少不凌长"。四川李氏宗族对同族中如何处理辈分关系，强调"同族伯叔昆仲自有定序"。还规定处理贫富关系的要求，"族中贫富不齐，富者不可骄，骄则招尤，亦易起侈荡之心，贫者不可惰，惰则不惟益困，而且无所不至"。合肥杨氏宗族也重视族中的贫富关系，认为"族间贫富自有不齐，然分则各门，合原一家，毋异视也，务要休戚相关，有无相恤，勿令无赖以致辱身，贱行陨节败名，有玷先祖也"[①]。亲情关系作为中国乡村一种特别重要的文化在中国特色社会主义体系建设中有特别的意义。"仁"、"礼"是儒家文化的核心内容。在《论语》中出现105次，意思主要有"爱人"，"先难而后获"，"克己复礼"，"己所不欲，勿施于人"，"能行五者于天下"等，仁的本意在《说文》中："仁，亲也。从人二。"可以说"仁者爱人"是"仁学"的基本思想，孔子"爱人"的具体方法是"忠"、"恕"，所谓"忠"是指"己欲立而立人，己欲达而达人"[②]；所谓"恕"是指"己所不欲，勿施于人"[③]。"忠"与"恕"既是对自己的要求，又是对他人的态度。对己是要求"克己"，对人是要做到"爱人"，应该做到"恭、宽、信、敏、惠"[④]。所以，"仁"含"克己"与"爱人"这两个方面，这也是儒家文化的伦理基础。但是，儒家的"爱人"是带有明显的宗法性，渗透着血缘关系的根脉。因为"爱人"的首

---

① 参见白寿彝总主编：《中国通史》第十卷，《中古时代·清时期》（上册），《宗法制度》章节，上海人民出版社1996年版。

② 《论语·雍也》。

③ 《论语·颜渊》。

④ 《论语·阳货》。

要要做到"孝"、"悌",并以"尊尊"与"亲亲"为原则。儒家文化中的"仁"是最高的道德标准,最高的人格追求和最高的精神境界。"和为贵"思想是建立一个和谐社会生态的根本指导原则。社会生态平衡核心问题是人际关系的和谐,这种人际关系范围很广,涵盖人与集体、国家各个方面。儒家十分强调人际关系协作,"爱人者,人恒爱之;敬人者,人恒敬之","仁爱之心,忠恕之道"是人际和谐的基础。这种"仁爱"之心,实则是"爱人"之心,推而广之则是一种"群己"关系,是"公"与"私"的关系。儒家认为和谐社会是以家庭和谐为原型,家庭成员之间的和睦关系是社会和谐的基本元素,把家庭成员之间的和睦关系推广开来,就能实现社会的和谐。在这种传统文化的影响下,中国的农村宗族特别重视"亲情"因素。

农村实行土地承包制之后,单家独户的农民成了名义上的独立经营主体,但由于土地规模狭小,生产力低下,以及强制性的农村人口政策使农户人口规模日益小型化,农民实际上很难独立地低成本地完成全部生产经营,规模不经济制约着农家的收益和效用最大化的实现,同时处理日常生活中如生老病死、结婚盖房等事宜也有诸多不便,因而需要互相帮助、互通有无。比如,有些生产活动只有通过几个劳动力共同完成,才能达到最佳效果。在大部分地区,耕地便是必须由多个农户共同完成的农事活动之一。通常情况下要顺利地完成耕地,需要有不少于5人的协作劳动,包括扶犁、撒粪、撒肥、撒种、磙地等的分工协作。在商品经济不发达,不能用货币购得服务或被认为是不合算的情况下,利用亲戚关系为主体的社会互助来实现协作生产,便成了合乎理性的选择。宗亲自然成了可动用的有效的社会资源。[①] 从表4—11的统计结果来看,江西农村还弥漫着"亲情",在被调查农民中,认为"与亲人的关系很好"的占66%,"与亲人的关系良好"的占25.9%,二者相加就占了91.9%;当问及"有经济困难的乡亲上门求助,您怎么做",54.1%的人表示"慷慨解囊",42.5%的人表示"交情好和人品好的才救助",二者相加就占96.6%(参见表4—10),说明江西农民的"亲情"合作基础仍然高度存在。

---

① 李成贵:《当代中国农村宗族问题研究》,《管理世界》1994年第5期。

表 4—10　　　　有经济困难的乡亲上门求助，您怎么做？

		频率	百分比%	有效百分比%	累计百分比%
有效	慷慨解囊	290	54.1	55.8	55.8
	交情好和人品好的才救助	228	42.5	43.8	99.6
	不理睬	2	0.4	0.4	100.0
	合计	520	97.0	100.0	
缺失	系统	16	3.0		
合计		536	100.0		

表 4—11　　　　　　　　您与亲人的关系

		频率	百分比%	有效百分比%	累计百分比%
有效	很好	354	66.0	67.2	67.2
	良好	139	25.9	26.4	93.5
	一般	31	5.8	5.9	99.4
	不太融洽	3	0.6	0.6	100.0
	合计	527	98.3	100.0	
缺失	系统	9	1.7		
合计		536	100.0		

一般而言，家庭联产承包责任制使生产资料和集体财产分散到户，乡（镇）村基层政权失去了对土地及其他资源的垄断权，加之其他原因，致使乡村基层政权组织在农村社会中的组织、指挥、行政控制功能大大减弱。一些乡村社区为数不多的邪教和封建迷信活动依然存在，表 4—12 着重考察江西农民社会融合的态度。俗话说，"家和万事兴"，村民之间发生小矛盾是正常现象，但需要"热心人"去调解。能否主动"主持公道"是考察乡村人际关系变化的一个重要指标。从表 4—12 看，主动"主持公道"的占 72.4%，这说明江西农民亲情伦理的基础仍然存在，江西农民的社会融合基础仍然存在。

表 4—12　　　　　　　　遇到村里人争吵，您会怎么做？

		频率	百分比%	有效百分比%	累计百分比%
有效	尽量避开	61	11.4	11.7	11.7
	实在避不开就假装劝说几句	74	13.8	14.1	25.8
	主持公道	388	72.4	74.2	100.0
	合计	523	97.6	100.0	
缺失	系统	13	2.4		
合计		536	100.0		

其三，强调子女教育以期光宗耀祖客观上也促进了教育事业的发展。

宗族非常重视教育。历史上宗族教育同官办教育一样，也有着较为完备的学校教育制度，也同样担负着培养人才的重任。我们可以通过宗族族谱来了解一二。

其一，光大门第、光宗耀祖、扬名显亲、出仕为官、知书识礼、忠孝双全是宗族教育的根本目的和培养目标。如德星堂义门陈氏认为：重读书。光宗耀祖，显扬父母，全在记书。若家有读书之人，则礼有人讲究，纲纪有人扶持，忠孝节义从此而生，公卿将相由此而出。读书关系如此。田地钱财有来有去，书中受用无尽无穷。吾族之内有隽秀子弟专心向学者，无论富足之家，毋吝束脩，延师课读；即为贫乏之家，必当竭力培植，毋令可造者无成。我族众均以此为重。[①] 岭南保昌平林孔氏宗族认为：从古显亲扬名，裕后光前，未有不由诗书者。不论才不才，皆宜择师督课，约于义方。……若夫聪颖可羡，必须解脱家务，警枕囊萤，则帖括功成。上可采芹释褐题塔，绩承先绪，次亦谙通文艺，以舌代耕。谁谓经史误人耶？[②] 这两个宗族的回答是十分清楚的。在这种教育方针的指导下，子弟读书自然就不单是个人的事了，而必然是属于宗

---

① 德星堂义门陈氏宗谱·家规。转引自欧阳宗书《中国古代宗族教育管窥》，《江西大学学报》（社会科学版）1992 年第 1 期。

② 续修岭南保昌平林孔氏家谱·家规。转引自欧阳宗书《中国古代宗族教育管窥》，《江西大学学报》（社会科学版）1992 年第 1 期。

族的大事。

其二，各地宗族对子弟科考都极力支持，并施以物质与精神奖励，对于成绩不好、行为不端的子弟，则予以批评甚至惩罚。如江西《清和堂张氏族谱·奖进士子册》规定：窃闻奖进士子，所以崇兴文教也。吾族先世游庠序者代有其人，其奖进之典世有成规，而谱未载。今谱告成矣，则奖进之典，又乌容不笔于谱也。自今而后，子姓应童试者给卷钱六百文，赴乡试者给盘费四千文，补案者钱六千文，游庠者给花红钱十千文，赴会试者钱三十千文，中乡试者花红钱六十千文，中会试者花红钱一百千文……旧后众钱有余，族务要加增，以昭激劝之义云耳。《万载田下郭氏重修族谱·条规》奖励细则更为全面、具体：游洋蓝衫一件，花红钱六千四百文，补廪花红拾四千文，恩贡花红四十千文，拔贡花红四十千文，朝考盘费与举人同。副贡花红四十千文，岁贡花红四十千文，优贡花红四十千文，朝考盘费与举人同。科生乡试盘费四千文，其武生员年六十岁者不给，文武生监有不进场考遗者追回盘费。文举人花红六十千文，会试盘费八十千文，年六十岁者不给。文武举人有不进场者追回盘费，文武解元花红倍之，盘费与散傍同。文进士花红二百千文，武进士花红三百千文，主事花红四百千文，翰林花红六百千文，榜眼、探花花红各八一百千文，状元花红一千吊，三元花红三千吊，武侍卫花红与翰林同，武进士补守备者花红与中书同，武榜眼、探花、状元、三元花红各与文榜同。《万载张氏六支族谱·家规》规定："子侄有志上进，祠中四时月课不异优赏。"广东《洪氏宗谱·祖训》规定："子弟力学，在宗族宜作兴之，每年闲暇会族之斯文考其优劣，优者奖励之，劣者勉力之。"《巧洋孔氏宗谱·族规》规定：每年要对子弟进行考核，成绩优秀者予以奖励，成绩不好、态度不端者，则处以罚款等等。①

其三，宗族要求家长善于治家以及注重从小培养子女，使其成为社会上合格的人才。湖南彭氏规定："子弟之宜教也。少成若天性，习惯成自然，当幼小时，动静语言，便当使之归于正。姑息之爱不可也，浮薄之习宜去也，毋以轻佻为文明，毋以愚鲁为浑朴，随子弟之材质，士农工商各

---

① 转引自欧阳宗书《中国古代宗族教育管窥》，《江西大学学报》（社会科学版）1992年第1期。

与本业，庶不致成为游民。若夫女儿，生长闺房，更当道以礼节，敬以孝顺，酿以和平，操以中馈，勤俭朴素，于归后，宜室宜家，斯亦父母之光也。"要家长把儿子培养成"四民"正人，把女儿培养成讲究礼节、勤俭朴素、善于持家的未来的贤妻良母。对于不负责任教育子女的家长，有的宗族规定了惩罚的内容。无锡郑氏规定："族中教子不严，习于败类者，宗祠戒谕，使严督其子改过自新，有自父兄检束而游荡无赖者，宗祠责治，公议其执一业，而专托近支长辈督率之。"[1]

在这种风气的影响下，历史上江西文风昌盛。据光绪《江西通志》卷二十一《选举表》统计，唐代江西及第进士共有 65 名。在这 65 名及第进士中，唐玄宗开元以前 8 名，约占 12%，开元以后 57 名，约占 88%[2]；若将入江西地方各府府志的综合起来计算，则唐代江西及第进士的数目远远超过光绪《江西通志》的记载，共有 104 名，唐代中后期江西地区及第进士的数量与唐前期相比增长了将近九倍。宜春的卢肇、易重先后名列全国考试第一名，荣获状元桂冠。[3] 以江西吉安为例，吉安自古人杰地灵，素有"江南望郡"、"金庐陵"的美称。自秦朝建制以来，这里人才辈出，名士荟萃，文化发达，民风淳朴。从唐宋至明清，吉安科举进士近 3000 名，状元、榜眼、探花 52 位（状元 20 位）。吉安有"一门九进士，父子探花状元，叔侄榜眼探花，隔河两宰相，五里三状元，九子十知州，十里九布政，百步两尚书"的美誉。"唐宋八大家"之一的欧阳修、民族英雄文天祥、《永乐大典》主纂解缙、宋代大文豪杨万里等一批历史文化名人先后诞生在这里，形成了中国文学史上底蕴浓厚的庐陵文化。这一切与宗族教育有密切关系。改革开放以来，随着宗族的复兴，人们头脑里的"学而优则仕"想法以及传统宗族重教育这一风气得以凸显，对农村教育的发展起到一定作用。

---

[1] 参见白寿彝主编《中国通史》第十卷，《中古时代·清时期》（上册），《宗法制度》章节，上海人民出版社 1996 年版。
[2] 刘坤一：《江西通志》（卷二十一），光绪七年刊本。
[3] 魏佐国：《李唐时期江西文风昌盛及其成因探寻》，《江西科技师范学院学报》2007 年第 5 期。

表 4—13　您希望您的孩子通过教育达到什么教育水平？

		频率	百分比%	有效百分比%	累计百分比%
有效	本科及以上	452	84.3	85.8	85.8
	职业技术学校及大专	58	10.8	11.0	96.8
	中专	4	0.7	0.8	97.5
	高中	12	2.2	2.3	99.8
	初中	1	0.2	0.2	100.0
	合计	527	98.3	100.0	
缺失	系统	9	1.7		
	合计	536	100.0		

表 4—13 考察的是，在日益市场化的农村，农民对知识的期望值。从表 4—13 的统计结果看，江西农民期望自己的孩子受教育水平达到本科及以上的占 84.3%，达到职业技术学校及大专的占 10.8%，二者相加就等于 95.1%，说明江西农民已经完全认识到知识在未来农村发展中的作用。从表 4—14 来看，江西农民骨子里的"学而优则仕"想法根深蒂固，61.4% 的人表示希望自己的小孩"多读书找份体面工作"，仅有 1.5% 的人表示希望自己的子女"尽早回家族企业帮忙"。后者一方面说明江西总体来说商业氛围不浓，家族企业不多。另一方面也表明，农民骨子里还存在"士农工商"的等级排列的思想，对从商还是不太支持的。

表 4—14　您对自己小孩的期盼是什么？

		频率	百分比%	有效百分比%	累计百分比%
有效	多读书找份体面的工作	329	61.4	63.3	63.3
	尽早回家族企业帮忙	8	1.5	1.5	64.8
	随他们自己的喜好	176	32.8	33.8	98.7
	其他	7	1.3	1.3	100.0
	合计	520	97.0	100.0	
缺失	系统	16	3.0		
	合计	536	100.0		

3. 农民宗族意识的极端性

(1) 宗族极端行为的表现及特征

从 20 世纪 80 年代初开始，中国农村的宗族活动便逐渐恢复。并且，越是经济发展水平较落后的地区，其宗族活动的重现往往越早。至 20 世纪 90 年代初，全国各地的宗族活动已经非常普遍，有些地区甚至出现了高潮。宗族活动主要有修宗谱、建祠堂，定期举行联宗性活动，如祭祖、游神（或祖宗）等，开展族内文娱活动，舞龙灯、狮灯，演戏，划龙船，介入族人婚丧喜庆活动以及加强对族际关系的协调与处理。从前述调研考察我们可知，宗族活动一般情况下是较温和的甚至还在不断消解之中。但在某些地域、某些特殊情况下，为了保护族人利益，如对外协调不果，宗族间则往往诉诸武力，这就产生了宗族械斗等宗族极端行为，或称宗族群体性事件。

仅从湖南来看，1989 年 8 月，湖南省嘉禾县普满乡发生了一场震惊全县的曾、雷两姓宗族械斗，有 4 个自然村，3000 余村民卷入了这场械斗。在械斗中，两姓村民手持土枪、土炮、土雷、炸药包、钢筋、木棒等武器展开恶战，烧房子、抢牲口、砸农具、摔用品，使 179 户人家的房屋遭受不同程度的损毁，价值 50 多万元的财物被烧、抢、砸，200 亩稻田的禾苗被践踏，曾家、干贝塘两村联办的小学校舍成了废墟，数百名儿童失学。更令人痛心的是，有 35 人受伤、4 人丧命，直接经济损失达 89 万余元。在此之前，该乡还先后发生了 5 起纠纷冲突，伤 15 人，死亡 3 人。[1] 在我国东南沿海及南中国地区，浙江苍南县的宗族械斗极具代表性。自 1967—1991 年间，共发生大小宗族械斗 1000 多起（其中，发生于 1979 年底以前的，约 700—800 起，发生于 1980—1983 年间的 65 起），死亡 20 人，伤 39 人（其中重伤 8 人），烧毁房屋 218 间，拆毁 64 间，直接经济损失在 300 万元以上。1984—1986 年间，宗族械斗曾有所收敛，旋即又重新抬头。1990 年，江南地区共发生各类宗族械斗案件 22 起，打伤 10 人，直接经济损失近 2 万元。1991 年，发生"地方性、宗族性械斗事件及苗头"多起，其中形成大规模宗族械斗的有 2 起，共计死 1 人，伤数十人。1992 年，全年的统计数字不详，但仅在 8 月 16 日的一次大规模宗

---

[1] 李光球：《从宗族械斗到民安村兴》，《乡镇论坛》1992 年第 2 期。

族械斗中，望里镇和新安乡的林陈两姓，就有23个村共计2000多人卷入其中，致使5人死亡，18人受伤（其中6人重伤），为近十几年间县内伤亡最惨重的一次宗族械斗。①

从江西来看，自80年代初家庭联产承包经营责任制实施以后，江西农村的群体性械斗出现较大幅度的增长，至90年代初达到高峰。根据肖唐镖的分类，我们可以把宗族极端行为分为以下几类：

一是与农村选举有关的宗族极端行为。这种公然对抗事件近年已呈增多之势，有的地方甚至连年发生。1995年万年县在调处珠田王姓与韩姓宗族械斗事件中，县委副书记、副县长、公安局副局长及乡干部等多人被宗族势力围攻殴打，小车被砸，几百名韩姓族人还冲击了乡政府。②

二是与农村法制有关的宗族极端行为。据统计，自1992年以来全省70余个县中这类案件每年都要发生1200起左右。余江县1996年初在不满3个月的时间内，发生了4起围攻殴打公安执法人员事件。1996年4月19日，崇仁县公检法60余人至游坊抓捕犯罪分子，两名干警被宗族势力打成重伤，6名干警被绑架。③ 处理一些非正常死亡的案件中还有"8·13事件"就是典型的例子。2010年8月13日，天坡村于姓为赔偿问题，在案件审理过程中，纠集同宗40余人，以到县委县政府上访为名，在县委政府大楼一层设灵堂，放鞭炮，造成了极为恶劣的影响。最终司法机关依法采取强制措施，刑事拘留3人，治安拘留8人。④

三是与农村政策有关的宗族极端行为。为了"不绝烟火"，有的农民就对基层干部说："你要我绝后，我就要你的命"。为此，金溪县琉璃乡下采村宋志坚在"一气之下"杀死两名村干部。为了本族"人丁兴旺"，万载县有部分宗族的族谱竟规定了本族人口发展的规划，提出了鼓励、保护多生男孩的措施：1995年万年县苏桥乡某村一"纯女户"妇女"结扎"，村主任带领族内80余人将该妇女从手术台上抢走。瑞昌市夏坂镇上王自然村在对待计划生育方面，全村庄异常地"团结"，"外人"对其

---

① 刘小京：《略析当代浙南宗族械斗》，《社会学研究》1993年第5期。
② 肖唐镖、幸珍宁：《江西农村宗族情况考察》，《社会学研究》1997年第4期。
③ 同上。
④ 韦强：《浅谈农村宗族势力非法活动的特点及对策》，法制网，2010—11—10。

人口无法摸清底细。更为严重的是，一些农户为求生男孩，竟将女婴引产、遗弃甚至加以摧残。①

四是与农村资源有关的宗族极端行为。如1990年2月15日，江西吉安县永阳镇某村（王姓）与邻村（黄姓）的宗族械斗，事前，该村成立了由王某（27岁）、王某某（29岁）等七人组成的"整顿秩序筹备领导小组"，派人到相邻几乡串联，召来王姓家族几百人，并于十五日凌晨召开战前动员会，决定分四路进攻邻村。为显示士气和便于辨认，还规定每人左臂扎一块红布为标志，部署完毕，全体参斗人员到王姓祠堂内祭祖宣誓喝白酒，然后连鸣三铳，四路人马一齐杀向邻村。② 自1994年起，江西每年农村械斗的数量一直维持在20起左右。③ 仅从江西省吉安县的实际情况看，1989年以来，共发生由各类纠纷而激化成宗族械斗的事件就达73起，其中致死5人，重伤37人。④ 据有关部门统计，1990年至1996年江西全省农村共发生1392起械斗，其中相当部分系由宗族排外和坟地纠纷等纯宗族性因素引起；其他大多数虽由资源等纠纷而起，但大都离不开宗族势力的组织、煽动和策划。⑤ 2006年4月26日，江西万载株潭龙姓宗族与潭埠丁姓宗族因扫墓引起的600人宗族派性聚众闹事事件，差一点演变成一触即发的宗族恶性械斗。这些械斗的共同之处是，械斗的主体均为农民，起因大多是对山林、土地、水面等资源的争夺，由地方宗族势力组织和参与，属于农村宗族械斗事件。

当前农村出现的这些宗族极端行为表现出如下几个特征：

一是利益性。宗族群体性问题很容易发生在丧葬、村委会选举、强揽工程、欺行霸市等几个方面。宗族中少数不法分子将这些个别人的利益与宗族群体捆绑，利用宗族情感，煽动本宗族以群体对抗形式，与其他群众发生冲突。通常是族长、房头等骨干挑头，宗族各房派人参与，有的还每

---

① 肖唐镖、幸珍宁：《江西农村宗族情况考察》，《社会学研究》1997年第4期。
② 吴晓敏、潘泽林：《农村宗族械斗与建设和谐农村问题研究——以江西农村为个案》，《中南民族大学学报》（人文社会科学版）2008年第2期。
③ 肖唐镖：《二十余年来大陆农村的政治稳定状况》，《转型中的中国政治与政治学发展国际学术研讨会》，2001。
④ 谭庚炳：《农村械斗何时了》，《理论导报》1992年第1期。
⑤ 肖唐镖、幸珍宁：《江西农村宗族情况考察》，《社会学研究》1997年第4期。

户集资若干，用于上访、伤者救治等支出。其中参与的群众有的是不懂法，认为"法不责众"而盲从，有的则是受宗族要挟，惧怕报复，或考虑到今后自己家庭遇到困难需要宗族帮助而参与。宗族组织往往以狭隘利益观，引导宗族成员将宗族利益而不是正义和公理作为决定个人态度与行为的首要因素，因此对和谐农村建设构成潜在危险。[①] 因为涉及的人员多，宗族内部意见难统一，利益难协调，给宗族纠纷调解工作增加了难度，使宗族活动长期持续或经常出现反复。

二是组织性。严密的组织性是宗族势力活动最明显的特征。每一个宗族都有各自的理事会，大多数宗族都有一定的组织机构和族规，有的宗族以下分堂分甲，甲（堂）以下分公分房，如株潭龙姓下分九甲。宗族理事会成员由长老和在当地说话管用的人担任，族长或理事会由各理事自上而下逐级贯彻，若本族碰到什么问题，则由理事会成员负责传达到户。一些不法分子往往利用这一点，为达到个人目的，以宗族整体的名义为幌子，煽动在宗族中有威望的人挑头，拉拢其他乡、镇乃至其他县区的同姓参与宗族械斗，而且在续谱活动中也容易引发矛盾和纠纷。由于这种组织性的原因，因此，所有宗族势力活动都存在一定的规模性，其参与人员少则几十人，多则成百上千，一些群众在"法不责众"和"大闹大解决，小闹小解决，不闹不解决"的错误思想驱使下，企图抛开政府依赖本族的力量解决问题，有时甚至不惜走上违法犯罪的道路。

三是双重性。很多宗族群体性问题的发生都是因为群众的一些诉求中，有合理的部分，当这部分诉求得不到满足时，因不懂法，或不会用法，没有选择合法渠道寻求解决，而是转向同族，通过农村宗族械斗、冲击党政机关等方式来寻求事件的处理。最终是因合法的目的，非法手段，酿成群体性问题。从处理程序看，相对于一般事件，宗族势力非法活动造成的影响较大，矛盾纠纷更为复杂，打击处理时必须考虑的因素较多，导致很难在短时间内处理完毕。从司法角度上看，宗族非法活动由于参与人数众多、分属同宗，也很难界定参与人员，难以向他们取证，人为设置了案件处理障碍，使司法处理的难度加大。

[①] 吴晓敏、潘泽林：《农村宗族械斗与建设和谐农村问题研究——以江西农村为个案》，《中南民族大学学报》（人文社会科学版）2008年第2期。

四是破坏性。农村宗族械斗不仅给人民群众的生命和财产造成严重危害，而且造成农村社会局部动荡，给农村社会和谐稳定带来严重隐患，原有的农村社会秩序和生活格局被完全破坏。一是宗族械斗引发农村社会局部的不稳定，严重破坏社会秩序，扰乱群众的正常生产生活；二是当国家要动员社会资源来实现与宗族利益不一致的目标时，将变得困难重重。

（2）产生宗族极端行为的主要原因

其一，在现阶段，宗族之间的矛盾冲突是构成农村民事纠纷和各种暴力事件（如械斗）的一个重要起因，已成为一个不可轻视的社会问题。这种宗族间的冲突，可以"看作是有关价值、对稀有地位的要求、权力和资源的斗争，在这种斗争中，对立双方的目的是要破坏以至伤害对方"（科塞，1956）。冲突中主要是体现着一种具有表现性的意义，而不局限于纯粹的经济合理性，即主要是为了维护一个家族的尊严的不可侵犯性。在紧密联系的家族内部，个别成员受到侵犯而产生的敌视和复仇的情感体验，很容易在整个家族间传递、沟通，植根于个人基础上的冲突也就转变为宗族之间的冲突，进而引起更大的社会震荡。[①]

其二，少数基层组织软弱涣散，缺乏足够的内部凝聚力。一是无能，使基层组织丧失威信。新形势的发展既给农村带来前所未有的希望，也给农村基层组织带来压力和挑战，农村要发展，农民要奔小康，就必须要有一个坚强有力的基层班子。而少数基层班子在领导能力、服务水平等方面却未能做到与时俱进，群众要求解决的困难解决不了，群众反映的问题处理不了，群众因此认为村组班子不再是组织依靠，转而把希望寄托在宗族力量上，于是他们不信政府信宗族，不找村长找族长。二是软弱助长了宗族歪风。一些基层组织贯彻政策、推进工作受阻于宗族势力时，不是采取政治思想转化或法律措施，而是一味妥协、纵容，甚至放任这种势力的发展。我们在调查中甚至发现个别乡镇多次以政府名义邀请各族族长吃饭，请各宗族权威给予工作支持。三是农村思想教育疲软，缺乏足够的政治影响力。随着经济的不断发展，农村修祠堂、续家谱之风盛行，由于缺乏细心的引导，宗族势力借机大做文章。

---

① 李成贵：《当代中国农村宗族问题研究》，《管理世界》1994年第5期。

农村思想教育相对于经济发展的严重滞后,给封建残余宗族思想以可乘之机,使党在思想政治领域逐渐丢失了部分农村这一重要阵地,农民思想和意识形态中逐渐被封建宗族思想占据了主导。四是部分农村干部作风漂浮,缺乏足够的干群亲和力。少数基层干部工作方法简单粗暴,不愿深入到群众中去了解问题、解决问题,碰到问题敷衍了事,不抓落实,影响了党和政府在群众中的形象,使群众对政府和政府干部不信任,宗族势力借此挑拨离间占领了农村部分市场。

其三,对宗族违法犯罪活动打击惩处不到位,缺乏足够的法律威慑力。近年来,维护社会稳定被各级党委、政府提到日益重要的位置上来,但一些地方却不能正确理解维护稳定的真正含义,错误地把暴露问题、揭露矛盾当成是破坏稳定,对宗族不法活动不敢大力打击,对非法宗族组织不敢坚决取缔,一味姑息迁就,捂着盖着。为回避矛盾,维持表面的稳定,对一些明显触犯法律的宗族行为,也只给予具体行为人以打击,而幕后操纵的指挥者却没有得到应有的惩罚,正是由于多年对宗族非法活动的姑息纵容,才使农村宗族歪风有所上涨,并使宗族势力非法活动迅速蔓延,愈演愈烈。

(二) 江西农村存在宗族意识的消解因素

在传统的宗族制度中,宗族主要是依靠累世相承的系谱关系来界定的,族内有严格的社会规范和权利与义务的差序规定,长幼尊卑各司其职,皆不得僭越本分,如族长拥有至高的权威,而"诸卑幼者"则"事无大小,毋得专行,必咨禀于家长"(《朱文公文集》)。改革开放以来的宗族重建中,由于受到各种社会关系的冲击和异质文化的熏染,宗族内部规范和相互关系表现出很强的变通性。其内部关系明显地发生了一升一降的变化,即长者丧失了传统宗法伦理所赋予的神圣权威,甚至是一落千丈,受到族内其他成员公开的侵犯;同时,青年人特别是媳妇的地位急速提高,这些在以前的传统制度下俯首帖耳、言听计从的角色,现在权力膨胀得很快,甚至完全凌驾于长者之上。宗族不再有像过去那样固定的集会时间和地点,以及严格的程序和仪式,现在取而代之的是,一些临时性的事件成为他们集会、联络感情的主要方式。因此,伦理规范及其内生凝聚力对扭结宗族成员在固定的模式下形成彼此间紧密的相互关系的作用已越来越小。①

1. 社会性别平等观念减弱了农民的宗族意识

社会性别平等指的是：不论男女所有的人都可以在不受各种成见、严格的社会性别角色分工观念，以及各种歧视的限制下，自由地发展个人能力和自由地作出选择。也就是说社会性别平等意味着男性和女性的权利、责任和机遇，男女的不同行为、期望和需求均能得到同等考虑、评价和照顾。② 男女性别平等是涉及人类发展的全局性议题，其实早在19世纪，傅立叶、恩格斯等就提出"妇女解放的程度是衡量普遍解放的天然尺度"。2005年世界首脑会议成果中重申，"妇女的进步就是全人类的进步"。确实，正如科菲·安南所说的那样，"赋予妇女及女孩权力，这是推动进步的最有效政策。一个又一个的调查研究结果告诉我们，没有其他政策可能如这一政策那样提高经济生产力或降低母婴死亡率。没有其他政策可能如这一政策那样确保改善营养和促进健康，包括预防艾滋病毒/艾滋病。没有其他政策可能如这一政策那样大幅增加下一代的受教育机会。而且我敢说，这也是在预防冲突或冲突结束后达成和解方面最重要的政策。"③

男女平等作为中国的基本国策，是政府决策层高屋建瓴做出的战略性选择，它一直灌输在全民教育的各个阶段。它对男女两性协调发展观念形成，促进性别和谐乃至社会整体和谐发展具有十分重要的作用。首先，"男女平等基本国策"明确了两性的人格平等是建构"社会主义和谐性别关系"的起点。社会主义的性别和谐意味着要将社会中的男女两性作为平等的人予以尊重，反对任何基于性别的偏见和歧视，体现公平、公正、平等的社会价值观。与建立在"男尊女卑"价值观上的既往社会中的和谐性别关系不同，社会主义的和谐性别关系反对以性别为标准区别人的尊贵和卑贱，反对任何僵化地、单向度地规范妇女权利和责任的社会制度和思想；其次，"男女平等基本国策"指明了两性的独立、自主是"社会主义和谐性别关系"的基础。社会

---

① 李成贵：《当代中国农村宗族问题研究》，《管理世界》1994年第5期。

② 谢文：《社会性别平等意识教育是中国公民教育的重要内容》，载《21世纪中国公民教育的机遇与挑战》，2006。

③ 安南：《联合国秘书长安南在国际妇女节的讲话》，《妇女研究论丛》2006年第2期。

主义的性别和谐首先要求将男女两性看作独立、自主的人,认为传统的"夫荣妻贵"观念强调了妻子对于丈夫的依附性,虽然能够呈现某种和谐的表象,但却与社会主义性别和谐的本质相抵触;第三,"男女平等"基本国策强调了男女权利和机会的平等是"社会主义和谐性别关系"的核心内涵。社会主义和谐性别关系并非追求两性间简单的数字或比例均等,其内涵并不包括所谓的"结果平等"或"结果均等"。将男女两性置于社会主义社会、经济、政治以及文化大系统中考察,性别和谐的核心内涵就是男女的权利和机会平等,妇女是否充分享有与男子同等的权利与机会是性别关系能否和谐的核心因素;第四,"男女平等基本国策"主张打破传统性别角色分工模式是"构建社会主义和谐性别关系"的应有内容。在社会资源有限的情况下,"男主外、女主内"等传统性别角色分工模式蕴含着某种经济合理性和可行性,由此也带来过一定意义上的性别和谐,但这种和谐与社会主义的性别和谐在本质上截然不同。因为这些传统的性别角色分工模式不仅限制了女性参与社会各领域(即公共领域)的权利,同时也限制了男性充分参与家庭生活(即私人领域)的权利,不利于两性的全面自由发展与两性和谐关系的建立;第五,"男女平等"基本国策指明了妇女与社会的同步发展是社会主义性别和谐的衡量标准。相对于社会的普遍发展,妇女发展具有相对独立性,在形态上可以表现为妇女发展滞后、同步或者先行于社会普遍发展。男女平等在江西农民中的表现可以从以下五点看出:

其一,男女结婚不再受传统的父母之命媒妁之言压力,从而弱化了原有的宗族联姻关系。姻亲关系属于亲属关系的一种。目前对于亲属关系的界定,存在法律和习俗的明显不同。从法律上来说,亲属关系的具体发生途径有三种:婚姻、血缘和法律拟制。这三种途径分别形成了配偶、血亲与姻亲。顾名思义,"姻亲"是以婚姻为中介而产生的亲属关系,具体来说又分为三种情形:配偶的血亲;血亲的配偶;配偶血亲的配偶。从这三种情形来看,不仅公婆与儿媳互为姻亲,叔嫂之间、妯娌之间也是如此。根据法律来划分人们的亲属关系,可能会和人们的地方观念、习俗发生严重的冲突。一些研究者对姻亲关系的界定和法律类似。华若璧(Rubie S. Watson)则认为一个女人和她的妯娌彼此就互为姻亲，看来她并未考虑到女人的最终归宿的意义，实际上是忽略了社会文化对亲属含义的框定和影响①。不过弗里德曼以及葛伯纳（Bernard Gallin and Rita S. Gallin）相对来说考虑到了社会文化基础，只是他们把母系姻亲和妻系姻亲②区分开来，而妻系姻亲被他们称为"姻亲"。③ 我们这里主要讨论宗族之间通过男女结婚来达到某种目的的联姻，探讨的是广义的姻亲关系，即由于婚姻而发生的亲属关系。在传统社会里，联姻的原因在很大程度上正是为了取得一定的实力或支持，加入某个家族势力，一些村中的小户、大户人家也想彼此联姻，扩展势力。④ 结婚成为达成宗族之间社会人文资源互通的重要渠道，男女婚配基本上沦为宗族联姻的工具。沈昕和陈瑞分析了祁门善和程氏宗族联姻圈的基本特征，一是婚配对象体现了门当户对的特点，二是由于地理环境的影响，宗族联姻范围以县境特别是邻近村落为主；三是择偶标准：品德出众是首要标准，具体包含：贞淑、静庄、俭勤、贤惠、深明大义、孝顺父母公婆、相夫教子、和睦妯娌、勤俭持家、恪守妇道等；具备一定的技能，包括女红、烹饪等。⑤ 上述特征在江西尤其是吉安地区较早时期是一种普遍现象。

---

① 参见 Rubie S, Watson, Class Differences and Affinal Relations in South China, Man, New Series, Vol, 16, 1981, No, 4: 593—615，转引自刁统菊等《宗族村落中姻亲关系的建立、维护与重组——以鲁东小姚格庄为个案》，《民俗研究》2008 年第 3 期。

② 母系姻亲和妻系姻亲实际上只是代际不同而已，通过父亲的婚姻和儿子的婚姻联系起来的姻亲实际上都是姻亲。参见刁统菊等《宗族村落中姻亲关系的建立、维护与重组——以鲁东小姚格庄为个案》，《民俗研究》2008 年第 3 期。

③ ［英］莫里斯·弗里德曼，中国东南的宗族组织，刘晓春译，上海人民出版社，2000；Bernard Gallin and Rita S, Gallin, Matrilateral and Ritual Relationships in Change Chinese Society, Hsieh Jih— chang and Chuang Ying— chang , editor, The Chinese Family and Its Ritual Behavior, 台北南港：Institute of Ethnology, Academia Sinica, 1992: 101—106；参见刁统菊等《宗族村落中姻亲关系的建立、维护与重组——以鲁东小姚格庄为个案》，《民俗研究》2008 年第 3 期。

④ 宋举诚等：《家族势力的变化及其对农村社会生活的影响》，《社会学与社会调查》1988 年第 3 期。

⑤ 沈昕：《宗族联姻与明清徽州地方社会——以祁门善和程氏为中心》，《安徽大学学报》（哲学社会科学版）2009 年第 6 期以及陈瑞《以歙县虹源王氏为中心看明清徽州宗族的婚姻圈》，《安徽史学》2004 年第 6 期。

表4—15　　　　　您和您的爱人（恋人）是如何相识的？

		频率	百分比%	有效百分比%	累计百分比%
有效	自由恋爱	189	35.3	35.8	35.8
	经亲人或友人介绍	322	60.1	61.0	96.8
	经婚介所	4	0.7	0.8	97.5
	通过网络	5	0.9	0.9	98.5
	其他	8	1.5	1.5	100.0
	合计	528	98.5	100.0	
缺失	系统	8	1.5		
	合计	536	100.0		

表4—16　　　　　您选择配偶最看重的是

		频率	百分比%	有效百分比%	累计百分比%
有效	外形身材	31	5.8	5.9	5.9
	志同道合	144	26.9	27.4	33.3
	良好的物质条件	26	4.9	4.9	38.2
	能力、智慧、才干等	309	57.6	58.7	97.0
	其他	16	3.0	3.0	100.0
	合计	526	98.1	100.0	
缺失	系统	10	1.9		
	合计	536	100.0		

新时期尤其是改革开放以来，我国社会进入了相对稳定的时期，经济不断发展。农村家庭联产承包责任制的推行、农村改革的开展以及乡镇企业的蓬勃发展为农村带来了全新的发展机遇。农民生活水平日渐提高，生活条件得到极大改善。农村的工业迅速发展引起农村剩余劳动力向第二、三产业大规模流动，从根本上打破了乡村封闭的生活传统。外出务工改变了过去青年男女婚前几乎没有机会交往甚至从来就没有见过面的情况，为青年男女自主选择婚姻对象提供了条件。业缘关系的变化，婚姻圈已经突

破了传统社会地缘和血缘关系的狭隘限制,历史性地打破了自然村和市镇区域的范围。农民择偶空间不断扩大,正从以家庭为中心的第一生活领域向以学校、职业为中心的第三生活领域伸展。择偶网络正在由亲缘、地缘向业缘关系扩展。择偶网络的拓展和延伸,为农村青年自由择偶提供了便利和可能,农村自由婚姻的比例在不断提高,自由恋爱已成为普遍现象,谈情说爱已经没有人在背地里说三道四了,当事人多数能够得到父母的支持和社会的理解,建国初期的男女从相识、相亲到相爱结婚已不局限于传统社会的"父母之命媒妁之言"的压力,传统社会的"父母意见为主"转变为"子女自己做主",父母提供的意见仅供参考,子女意见是决定因素。

从婚配对象来看,不完全局限于门当户对的特点,更注重"能力、智慧、才干等"以及"志同道合"等标准,当调查男女选择配偶最看重对方什么时,选择"能力、智慧、才干等"的占57.6%,选择"志同道合"的占26.9%,总共占到84.5%(参见表4—16)。从相爱途径来看,已不局限于传统社会的媒人制度,男女"自由恋爱"的占35.3%,"经亲人或友人介绍"的占60.1%,其中亲人或友人的范围非常广,甚至有部分男女认识通过网络或者通过婚介所这种传统社会所不存在的新形式(参见表4—15),笔者所在的村庄,男女恋爱相识者很大部分都是在外出务工过程中认识的。从地理环境来看,男女相爱范围已不局限于传统社会的县境特别是邻近村落,更多的扩散到周边更广阔的地区,有的涉及到全国各个省市自治区。可以说,外出务工方式深刻地影响和支配着男女双方的婚姻观,弱化了传统社会原有的宗族联姻关系,宗族之间想要联姻,也是心有余而力不足。

其二,家庭男女收入平等在江西农民中表现出正态性。家庭是社会的细胞;欲建和谐社会就要建设和谐家庭,因为和谐家庭乃是和谐社会最为广泛而又最为深层的基础。随着社会主义市场经济的发展和妇女解放运动的驱动,具有强烈自我意识的现代女性尤其是现代知识女性要求与男性有同等的机遇和对等性的家庭奉献,而这也就恰恰是在与社会转型期家庭结构、功能、关系发生一系列巨大变化的同时开始萌发的推动家庭现代转变的巨大动力。

表 4—17　在您的家庭中，谁是主要的经济来源贡献者？

		频率	百分比%	有效百分比%	累计百分比%
有效	男性家庭成员	275	51.3	51.7	51.7
	女性家庭成员	17	3.2	3.2	54.9
	贡献差不多	231	43.1	43.4	98.3
	其他	9	1.7	1.7	100.0
	合计	532	99.3	100.0	
缺失	系统	4	0.7		
	合计	536	100.0		

从江西农民家庭经济收入的主要获得者调查来看，男性占据主要地位，占调查比为51.3%，但同时认为男女贡献差不多的也占43.1%。表4—17已经表明，这次调查男性占73.5%，女性25.20%，也就是说，很多男性是认同女性的收入地位的，这说明这个调查结果是有效的。

一般而言，个人经济收入是家庭经济贡献的主要来源，由于经济贡献显性和可量化的特点以及经济对家庭生产和生活的物质基础作用，家庭经济贡献被看作家庭贡献最重要的组成部分。因此，个人经济收入高，往往意味着对家庭贡献大，经济权力就越大。个人经济收入还在一定程度上影响女性对个人价值的评价。这种评价包括女性对个人的社会价值评价和个人对自己在家庭中的作用价值评价。经济收入高的女性被认为是"了不起"的女性，"有能耐"的女性，能够"顾里顾外"的女性。传统社会中女性个人的社会价值主要通过其在家庭中的价值体现，在现代社会中，女性个人的社会价值通过其参与社会化大生产和农村经济建设体现，而家庭价值除了"养儿育女"、"操持家务"外还包括对家庭经济的贡献。

其三，家中重大事件决策平等在江西农民中又表现出一定程度的绝对性。家庭是以婚姻、血缘关系为主要纽带的人类社会基本生活单位，它的基础是男女两性依从一定的法律、伦理和风俗的规定而建立起来的、为社会制度所认可的两性关系。在传统父权制条件下，由于婚姻具有不可离异性（只是对女性而言），家庭生活以亲子关系为中心，而在现代民主社会，由于婚姻已从昔日的"生育合作社"和"经济共同体"转变为今天"心灵的栖园"，夫妻关系已成为家庭生活的中心，换句话说，夫妻关系的健全与否直接关系到家庭的维系与发展。与传统文化语境下以"男主女从、夫唱妇随"为基础的对于夫妻关系和睦的要求不同,现代社会对于夫妻关系和睦的要求建立在性别平等的基础之上。此种新型的家庭文明属于一种"两性同体"的文明,需要两性在平等、和谐发展基础上的共同作业。表4—18的调查数据表明,家中重大事件决策权在江西农民中有明显的平等性。这个调查结果出乎我们课题设计时所料。从理论上说,男女在传统文化的影响下和现实的状况中是不平等的,这种不平等也应该影响着男女在家庭重大事件中的决策权。但调查结果显示的是,江西农民在家庭重大事件的决策权上是平等的,也就是说理论和实践在这个问题上脱节了。何以解释这个事实,除去上文所谈到的男女收入平等的因素外,受教育水平以及生育理念的平等也是一个重要的变量。

表4—18　　　　　家中有重大事件需要决策时,一般情况是

		频率	百分比%	有效百分比%	累计百分比%
有效	夫妻二人共同决定	489	91.2	92.6	92.6
	直接由丈夫一人决定	31	5.8	5.9	98.5
	其他	8	1.5	1.5	100.0
	合计	528	98.5	100.0	
缺失	系统	8	1.5		
	合计	536	100.0		

其四,江西农民家庭中夫妻受教育水平基本相同。受教育水平所带来的智力支持是指个体在家庭互动中为其他成员遇到问题或决策时提供的知识、信息和判断依据、有效意见等等。社会交换理论认为,互动是一种给予和获得有价值资源的过程,个体付出某种资源是为了获得更多有价值的资源。个体能够提供的有价值的资源越丰富,在交换或互动关系中越能够占据有利的地位。家庭成员的互动关系同样存在相互交换。这种交换不仅包括物质性资源,也含有非物质性资源,如精神鼓励、智力和情感支持等。资源提供者从接受者那里获取尊敬、依赖、情感等资源。同样,个人在家庭中能够提供的有价值的资源越多,其在家庭中的作用就越大,享有的个人权威也越大。因此,个体文化资本越丰富,文化资本所能够转换的智力支持也会越强大,为

其他家庭成员提供这种支持的能力就越强,享有的权力和威望也越大。表4—19的数据显示,妻子的文化水平低于丈夫的占50.4%,妻子的文化水平与丈夫相同的占41.8%,妻子的文化水平高于丈夫的占4.7%,说明夫妻受教育水平基本相同。相同的受教育水平导致夫妻有共同的决策权。

表 4—19　　　　　您家中受教育程度的关系是

		频率	百分比%	有效百分比%	累计百分比%
有效	妻子的文化水平低于丈夫	270	50.4	52.0	52.0
	妻子的文化水平与丈夫相同	224	41.8	43.2	95.2
	妻子的文化水平高于丈夫	25	4.7	4.8	100.0
	合计	519	96.8	100.0	
缺失	系统	17	3.2		
	合计	536	100.0		

其五,江西农民家庭中夫妻生育观念平等。生育作为影响人口问题的最重要因素之一,广泛地被各界学者关注。生育观念是影响生育行为的重要方面,关注个别的或群体的生育观念对解决协调好我国的人口问题有重大的意义。男娶女嫁、女到男家落户是几千年封建社会留下的旧习俗,是中国社会旧的家庭模式。在广大农村地区,男尊女卑、重男轻女观念和生育男孩偏好还相当严重。它在子女上学、青年男女结婚后居住地选择、生育孩子性别选择、婚后对父辈承担赡养义务、继承家庭财产等一系列问题上都会表现出来。长期以来,农民的生育观念自然而然崇尚"多子多福",如果谁家没有孩子或只有一个孩子,常常会被人笑话甚至鄙视。而如今,许多符合条件的农村育龄夫妇自愿放弃二胎生育指标,生育观念已大多转变为"生儿生女不重要,关键在培养"上来。可以说,农民的生育观念发生了根本的转变,这种转变带动了妇女地位的根本性变化。

(1) 在生育观念上绝大多数农民表示,生男生女都一样

表 4—20　　　　　您对生男生女的态度如何?

		频率	百分比%	有效百分比%	累计百分比%
有效	只要是自己的孩子,生男生女都一样	401	74.8	75.5	75.5

续表

		频率	百分比%	有效百分比%	累计百分比%
	还是有点差别的,更喜欢男孩子	114	21.3	21.5	97.0
	喜欢女孩子,因为更贴心更懂事	16	3.0	3.0	100.0
	合计	531	99.1	100.0	
缺失	系统	5	0.9		
合计		536	100.0		

（2）在生育数量上绝大多数认同生育两个孩子

表4—21　　　　　如果可以，您愿意生育几个孩子？

		频率	百分比%	有效百分比%	累计百分比%
有效	不愿意生	16	3.0	3.0	3.0
	一个	54	10.1	10.1	13.1
	两个	409	76.3	76.7	89.9
	三个	39	7.3	7.3	97.2
	更多	15	2.8	2.8	100.0
	合计	533	99.4	100.0	
缺失	系统	3	0.6		
合计		536	100.0		

（3）在教育层面上大多数农民认同女孩与男孩享有同等接受教育的权利

表4—22　　　如果您的家庭条件不好，您有一个男孩和女孩同时都在上学，您会做出怎样的选择？

		频率	百分比%	有效百分比%	累计百分比%
有效	坚持两人都上学	477	89.0	90.5	90.5
	两人都不上学	8	1.5	1.5	92.0
	男孩上学，女孩不上学	13	2.4	2.5	94.5

续表

		频率	百分比%	有效百分比%	累计百分比%
	女孩上学,男孩不上学	6	1.1	1.1	95.6
	根据学习成绩决定或根据上学的时间长短来决定谁继续上学	23	4.3	4.4	100.0
	合计	527	98.3	100.0	
缺失	系统	9	1.7		
	合计	536	100.0		

表4—20的数据显示,认同生男生女都一样的高达74.8%,说明夫妻生育观念基本相同,由此而来,76.3%的人愿意生育两个(表4—21),而认同女孩与男孩享有同等接受教育的权利的人高达89.0%(表4—22),生育观念的重大转变是男女平等的重要标志。

而据1989年初黄志刚(1991)在对江西省寻乌县进行社会经济全面调查的过程中,当问及"您认为一对夫妇生几个孩子为好"时,回答生"一个"的人数占总人数的0.6%,生"二个"的占43.9%,生"三个"的占47.4%,生"三个以上"的占8.1%。当问及"其中有几个男孩子最好?"时,回答"一个"的人占总人数的31.8%,回答"二个"的占93.7%,回答"三个"的占3.9%,回答"三个以上"的占0.6%。以上结果表明:91%的农民要求有2—3个孩子,95.5%的农民要求有1—2个男孩。另外对余干县部分农村的实地考察中也发现90%以上的青年夫妇都有三个子女,绝大多数夫妇在没有生育男孩之前,会一直生至五胎,甚至许多夫妇一方是国家工作人员的家庭,哪怕连降三级工资,也要生一个男孩。①

为什么在江西这样一个欠发达地区而且有着强烈宗族观念的地区农民的生育观念会发生如此大的转变呢?首先,农村的经济发展水平对当地人民现在的生育观念形成了重大影响。改革开放以前,农村人民的生活都是以种植农作物为生,这对一个家庭中男性劳动力的数量、身体素质及体力劳动都有很高的要求,男性劳动力对家庭经济的贡献程度很大,基本上一

---

① 参见黄志刚《当代农民的生育模式与人口控制》,《人口学刊》1991年第3期。

个家庭男性劳动力所占比重与家庭经济收入状况呈正相关关系。因此，人们在家庭中更加重视男性，"重男轻女"思想由此产生，在生育时选择生育男性的生育观念就形成了并得到很快的发展。而今人们的收入方式更加多元化，更加多渠道化，有利于提高人们的经济收入和生活水平。这使得女性劳动力有同样的机会为其所在家庭的经济收入作出贡献，从而使人们改变了"重男轻女"的思想。其次，科技进步极大地带动了生产力的发展。信息技术、高新技术在生产中的应用，大大提高了产品的科技含量和技术含量，降低了生产的体力劳动强度，使男女在体力劳动间的差别大为缩小并得以逐步消除。第三，农民外出打工吸收外界新观念，逐步适应现代化生产方式和生活方式的影响。传统的"早栽秧，早打谷，早养儿子早享福"的早婚早育和多子多福的观念在慢慢转变，不少的青年不想多生，并认为生男生女都一样，尤其是有的家族在修族谱、上家谱时，都将女儿和女婿写上。第四，国家政策方面的影响。一方面是国家计划生育与人口政策方面的影响。虽然早期的生育观念转变的动力是国家强力推行计划生育政策，但随着经济的发展，人们受教育的程度不断提高，认识水平也不断提高，后来的人们能够自觉地实现生育观念的转变。政策因素对生育观念的影响，还表现在国家对部分计划生育家庭实行的家庭奖励扶助政策，包括对自愿放弃二胎生育指标的家庭、双女户家庭和独生子女户家庭的奖励。另一方面，我国推行九年义务教育制度，保证了女孩与男孩享有同等接受教育的权利，为女孩的自立、自尊、自强、努力学习成才创造了基本条件。而且，国家保证女性拥有同等的选举权和被选举权等基本的公民权利，而且女性还可以更多地参与到政治事务和社会管理中。同时，国家法律法规保证女儿与儿子享有平等继承家产的权利、子女有权依法按照自己的意愿选择、决定、变更自己姓名的权利，而且夫妇负有共同赡养双方父母的义务，这些政策导向进一步促进了人们对"生男生女一样好"、"男女平等"观念的接受。①

---

① 参见余冲、李立文《农民生育观念现状分析——以江西为例》，《农业考古》2009年第3期；杨发祥、黄文：《农村生育制度的流变及反思》，《学习与实践》2010年第10期；孙慧：《农村生育文化建设与农民生育观念转变的探讨》，《人口与计划生育》2010年第10期；魏佩：《关于我国农村生育观念的现状及问题的研究》，www.worlduc.com/blog.aspx?bid=630407，2011年7月19日。

2. 城镇化、人口流动以及经济收入的变化也消解了农民的宗族意识

（1）城镇化的发展使大量人口迁出农村冲击着农民的宗族意识

农民对城市有一种向往意愿，在条件许可时，愿意搬入城市，同时，由于收入高低、工作需要以及子女受教育的考虑，部分农民迁入城市。决定农民是否迁入城市的因素主要有：

一是城乡差距，特别是城乡之间收入差距是城市吸引农民工的主要动力。美国著名的发展经济学家哈里斯和托达罗认为，农村劳动力向城市的迁移主要是受到城乡预期收入的影响。也就是说，当一个农民预期自己在城里打工赚取的收入减去继续务农的所得大于某一数值时，他就会流向城市寻找工作。流入城市的高就业机会也是吸引农民工的主要动力之一，另外私人关系网络对农村向城市流动具有正相关作用。

当问及"您在从事农业之外，还从事什么别的工作"时，被调查人员回答基本排序依次是务工＞个体＞经商＞其他。收入来源与其从事的工作是有密切联系的。把两个问题结合起来表明，革命老区农民所从事的工作和收入的主要来源仍然以农业为主，外出务工位居第二，居于不可忽视的地位，经商仍不是主业自然也没成为家庭收入的主要来源。

表 4—23　　您在从事农业之外，还从事什么别的工作？

		频率	百分比%	有效百分比%	累计百分比%
有效	务工	247	46.1	47.2	47.2
	个体	114	21.3	21.8	69.0
	经商	93	17.4	17.8	86.8
	其他	69	12.9	13.2	100.0
	合计	523	97.6	100.0	
缺失	系统	13	2.4		
合计		536	100.0		

二是城市生活对农民特别是农村青年的吸引力。已有研究表明，年龄、性别、婚姻对农民迁入城市具有一定影响，而受教育程度则对农民是否外迁没有显著的影响，通常认为，男性、年轻人、未婚者、冒险者外出劳动的可能性更大。农村青年到城里打工不仅是为了赚钱，农村青年中相

当一批人涌进城里，是为了学技术、长见识开阔眼界、寻找机遇、以求能有所作为，这部分农民大多文化程度比较高，以高中文化程度为主，年轻力壮，具有一定的理想，自身素质相对较高。在市场经济大潮的影响下，新生的农村青年都有一种想从农村生活方式中摆脱出来的愿望。

调查表明，当问及"您认为农村青年进城打工最大的收获是"：其基本排序为：开阔眼界，更新观念＞学习技术＞能多挣钱＞结识有用的人。

表4—24　您认为农村青年进城打工最大的收获是（限选2项）

收获	开阔眼界，更新观念	学习技术	能多挣钱	结识有用的人
人数	367	290	243	36
比例（%）	68.5	54.1	45.3	6.7

三是子女教育也是促使农村劳动力向城市转移的推动力。由于农村居民普遍认为在农村从事农业经营是没有前途的事情，一心希望自己的孩子不再像自己一样一辈子呆在农村，而是从小就鼓励自己的子女要到城市中去生活，因此很多农民在孩子很小的时候就有计划地安排自己的子女在城市学校读书、生活，让他们能较早地交一些城市里的同学朋友，能更好地适应城市的环境，为将来立足城市打下基础。有很多农民是"随子女"而移转到城市从事其他产业的，这部分农民有一定的经济基础，自身素质也比较高，一般以中青年为主。当问及已经搬出农村的人员其主要原因时，除"工作需要"这个重要原因外，"子女教育"就是排在第二位的主要原因。

表4—25　　　　　　　您家搬出农村的原因是什么？

		频率	百分比%	有效百分比%	累计百分比%
有效	工作需要	226	42.2	51.0	51.0
	城里比较方便	66	12.3	14.9	65.9
	子女教育原因	137	25.6	30.9	96.8
	喜欢城市的氛围	14	2.6	3.2	100.0

续表

		频率	百分比%	有效百分比%	累计百分比%
	合计	443	82.6	100.0	
缺失	系统	93	17.4		
合计		536	100.0		

表4—26　　　　您家有多少人搬出农村？

		频率	百分比%	有效百分比%	累计百分比%
有效	0	19	3.5	15.7	15.7
	1	51	9.5	42.1	57.9
	2	24	4.5	19.8	77.7
	3	14	2.6	11.6	89.3
	4	5	0.9	4.1	93.4
	5	3	0.6	2.5	95.9
	6	1	0.2	0.8	96.7
	9	1	0.2	0.8	97.5
	20	2	0.4	1.7	99.2
	30	1	0.2	0.8	100.0
	合计	121	22.6	100.0	
缺失	系统	415	77.4		
合计		536	100.0		

　　自党的十七大提出走中国特色城镇化道路以来，城镇化成为我国每年中央经济工作会议的主要内容之一。2010年中央一号文件将城镇化上升至"战略着眼点"，把推进城镇化作为保持经济平稳较快发展的"持久动力"。大力推进新型城镇化是加快江西崛起，实现富民兴赣的重大战略问题，是江西科学发展、绿色崛起的重大战略，是扩大内需、调整结构的重要抓手，是保持经济平稳较快发展的重要引擎；更为重要的是，推进城镇化是打破城乡二元结构、促进城乡一体化发展的必由之路。实现人才、资

源的合理流动,改变城乡二元结构,缩小城乡差别,在充分保障农民权益的前提下实现农民身份与农地分离,是推进江西城镇化建设的重要一环。

(2) 大量青壮年农民长期外出务工消解了农民的宗族意识

据国家统计局统计,2009年末农村外出劳动力达1.49亿人。目前,数以亿计的进城农民基本上可以分为三类人,一是进城打工的,他们主要从事脏差苦累的工作,与市民很少存在就业的竞争,而且是很重要的就业空白的填补,在民工返乡的节假日,市民会明显地感到这种填补的不可缺少;二是进城的自我雇佣者,他们也基本上是从事城市青年不屑于干的服务业;三是带资本进城的农民业主,他们的创业增加了城市的服务供给和就业机会。更为重要的是,他们的进城使城市的就业市场更加具有活力,也更具有竞争性,在民工较多进入的建筑业、装修业、商品零售业、餐饮业和一般服务业,竞争性的就业市场得到更快的发育。

表4—27　　　改革开放以来主要年份外出务工的农民工数量　　　单位:万人

年份	国家统计局调查数据①	农业部调查数据②	其他估算结果	其他估算结果来源
1983			200	中国农民工调研报告
1989			3000	中国农民工调研报告
1993			6200	中国农民工调研报告
1996		7223③		
1997			3890.3	劳动和社会保障部调查④
1998			4935.5	劳动和社会保障部调查
1999			5203.6	劳动和社会保障部调查①
2000	7849⑤		6133.4	劳动和社会保障部调查①
2001	8399⑤	8961		
2002	10470⑤	9430		
2003	11390	9820		
2004	11823	10260		
2005	12578	10824		
2006	13181⑥	11490		

续表

年份	国家统计局调查数据①	农业部调查数据②	其他估算结果	其他估算结果来源
2007				
2008	14041			
2009	14900			

注：①国家统计局每年都对全国31个省（区、市）6.8万个农村住户和近7100个行政村进行抽样调查，调查口径为本年度内在本乡以外的地域就业一个月以上的农村劳动力。

②农业部全国农村固定观察点系统每年两次对全国30个省（区、市）的20084个农户进行调查，调查口径为本年度内在乡镇之外从业3个月以上的农村劳动力。

③第一次全国农业普查数据。

④劳动和社会保障部调查口径为本年度内在乡镇之外就业的农村劳动力，时间未限定。

⑤劳动和社会保障部培训就业司和国家统计局农村社会经济调查总队"中国农村劳动力就业与流动"合作项目。

⑥本表为第二次农业普查数据，与当年抽样调查数据13212万人有一定差异，误差率为0.2%。

资料来源：韩俊：《调查中国》（上），中国发展出版社2009年版，第452页（百县调查）。

江西农民外出务工，足迹遍及全国各地，远达海外，参与各地经济建设。2006年江西从事农业生产的劳动力资源数为907.4万人，比2005年减少约44万人，组织农村劳动力转移培训56.8万人，跨省劳务输出达到562.9万人。农民主要流向广东、福建、上海等沿海地区，多数年龄在18—35岁之间，通过亲戚、朋友、乡亲介绍或凭个人求职等途径实现就业，主要从事制造业、建造业、服务业和餐饮业。许多农民工随着自己技术、经验的积累增加，不断转向大型企业就业，务工的长期性和稳定性增强；从品牌劳务发展看，目前江西已形成了一批在全省甚至全国有影响、有实力的品牌劳务。如"吉水保安"、"新建厨师"、"宜春建筑工"、"资溪面包"，品牌劳务正引领着全省农民务工从临时性、兼业性向长期性、专职性方向发展。越来越多的农村外出务工人员能够根据自身条件、意愿，主动地选择更好的行业，获得更高的工资收入。外出打工的兴起，村庄的凋零，这些都使传统农民为"孝"，为"齐家"，为"传宗接代"，为生活而"活着"的意义逐渐消失，也使得血缘和亲属之间在经济、生活、感情上的往来和互助变得有名无实。年轻的一代已经或多或少缺少了基于道德层面上的孝敬、尊老观念，而更多地关注自己的现实生活，孝道由此衰落。由于"农民工"社会交往面的扩大，他们的游离性大为增加，原来紧密内聚的村庄开始日益松散，血缘、地缘关系受到冲击，乡亲邻里功能削弱，业缘关系开始发展。① 姻缘关系、地缘关系和业缘关系正在不断融入原先由血缘关系所支配的传统农村"差序格局"体系，对血缘关系构成了新的挑战。有学者认为，在一个既定的社会中，血缘关系、地缘关系与业缘关系的数量和强度的结合比例在一定程度上基本是一定的，前者的增加便是后者的减少，业缘关系的发展，必然导致血缘关系、地缘关系降低。今天，利益原则已经成为日常生活中人们之间交往的一个重要砝码。因此，家族中心主义正在被自我中心主义所取代，农村关系网络中除了家族之外，还有姻亲、朋友、熟人和半熟人，甚至陌生人等。在这样的社会变迁的背景下，乡土社会的"差序格局"亦发生了变化，这就是姻缘关系与拟似血缘关系、地缘关系和业缘关系、利益关系渗入"差序格局"，如"农民工"在城市里再建构的初级关系以老乡为主，接下来亲属之间关系的亲疏越来越取决于他们在生产经营中相互之间合作的有效和互惠的维持。② 修家谱、修祠堂、清明扫墓等较为隆重的活动变得少有人参与，"在家陪陪家人，在亲朋家打打麻将"成为打工者返乡的最真实写照。

（3）代际关系逐渐疏离化弱化了父辈对其家族的控制权

传统的中国农村是聚族而居，一大家子，互依互助，生活在一个具有共同价值体系、共同文化传统积淀和维系的社会网络之中。实行计划生育政策后，家庭规模日益小型化，导致核心亲属和外围亲属减少，一般意义上的亲戚圈（核心和外围亲属统称）的规模也日益缩小，血缘凝聚力减弱，人们对亲属关系网的依赖程度大大降低。加之改革开放后村落人口的

---

① 谢建社、郑百灵、谢蓬勃：《"民工潮"对农村宗族的影响——以江西姚圩镇为例》，《南昌大学学报》（人文社会科学版）2005年第3期。

② 谢建社等：《中国乡土社会"差序格局"新趋势》，《江西师范大学学报》2004年第1期。

流动性增加，村落群体的边界愈加模糊，农民从原来农业生产的劳动生活方式中脱离，外出务工成了主要的生活来源与途径。尤其是年轻人长期在外地打工，原来在生活中最为重要的农耕经验对于子女来说变得不屑一顾，子辈与父辈或孙辈与爷爷辈的关系逐渐淡化。农村传统的"养儿防老"的家庭观念在现代化进程中逐渐弱化，孝道的沦落让许多农村老人的生活状况变得令人担忧。这种亲情上的疏离让很多农村老人情感上得不到满足，感觉被子女边缘化了。代际感情在减退，有的甚至产生激烈冲突，弱化了家庭这个社会最基本细胞的内在亲和力。传统的中国父慈子孝，尊老爱幼，关系和睦，而代际关系的疏离，分离了亲子之间的亲密关系，淡化了家庭成员之间的情感，使老人在空巢或独居中不但失去传统大家庭的中心地位，并且因成为子女的负担而处于家庭的边缘地位。等级礼仪中最为明显的要数对人的称谓，如今的宗族除非十分亲近的血缘关系，否则，一般都不论资排辈，更不会按族中辈分称呼。老人昔日的权威与荣耀逐渐消失，人们更加崇拜社会精英人物如经济能人或者干部，年轻人对老年人的尊敬不再是出于权威的需要，而仅仅是出于道德规范的要求。

3. 农村社会保障制度的建立与完善替代了宗族的互助功能，使农民的求助方式多样化，从而消解了农民的宗族意识

随着现代化进程的加速，家庭规模的缩小，家庭所承担的功能不断减弱，而家庭成员的需求在增加，这就要求农村基层组织要为农村居民提供更多的服务，以满足社会成员子女教育、养老发展等多种需要，逐渐通过社会的能力去减轻家族的负担，降低社会成员解决问题的成本，提高村民解决家族及家族成员自身问题的能力。江西社会保障的功能替代了宗族的互助功能，使农民的求助方式多样化，并且在农民中产生了更大的影响力。从江西农村社会保障状况来看，江西各地初步建立了适应本地经济发展水平的农村社会救助制度。一是初步建立了科学规范的农村救灾、救济、救助制度。省政府颁布了有关法规文件，在全国率先实施了农村特困群众社会救助制度，使千万灾民和100万农村特困群众得到了及时救助。2003年全省18万"五保"对象得到供养，供养率达到84.2%。2004年，省财政加大资金投入，将全省农村"五保户"供养标准和农村特困群众生活补助标准一次性提高了50%，有效地改善了"五保"对象和特困群众的基本生活水平。二是积极建立农村新型合作医疗制度。2003年，江

西省在南昌、吉安等7县实施试点，2005年扩大到11个县市。参加合作医疗的农民318万人，参合率80.7%，近180万农民获得就医补助。同时对特困、低保人群、70岁以上老年人等自费患者及参加合作医疗的农民实行"三免四减半"政策。江西的新型农村合作医疗，在农民获得基本卫生服务、缓解农民因病致贫和因病返贫方面发挥了重要作用，大大减轻了农民的医疗费用负担。三是全面实施农村计划生育奖励扶助制度。从2005年起，率先在全省各地实施农村部分计划生育家庭奖励扶助制度，主要针对农村只有一个子女和两个女孩的计划生育家庭，夫妇年满60岁后，由中央和地方财政安排专项资金进行奖励扶持，奖励扶持均按不低于600元的标准发放。奖励制度逐渐改变了人们"养儿防老"的观念，使得计划生育工作也得到了更好的贯彻执行。四是积极探索农村社会养老保险制度。江西农保从1992年试点，次年全面推开，经历了5年的蓬勃发展期，随后根据国家规定停止了接受新业务。但全省基金管理、档案管理、养老金兑付一直没有中断。到2004年底，全省94个具有农业人口的县（市、区）全部开展了农村养老社会保险工作，积累农保基金5.37亿元，有7万余人领取农保养老金。目前全省农保基金每年仍以千万元的数额递增。新型农村社会养老保险的试行，减轻了农村老人对家庭养老的依赖，从而减少了因为赡养问题向宗族求助的可能。以前主要是靠族人的救济和自己赚钱过活的五保户，现在可以较好地享受民政部门定期、定额的帮助和救济，生活得到了保障。

三 江西农民宗族意识的综合治理策略

一般而言，有宗族存在，就会有宗族势力问题发生，农民潜意识里就会寻求宗族的帮助。在现阶段，农民宗族意识的存在还是有一定的合理性的。江西农民的宗族意识在新时期虽然有所复苏，在有些地区，由于各种因素的存在，宗族势力甚至频频引发群体性事件，给社会稳定带来了不良的影响。但是从长远来看，江西农民的宗族意识正走向消解趋势。因此，基于历史和现实的分析，我们应该高度重视农民宗族意识的变迁，正确引导农民思想健康转型，需要综合治理，标本兼治，重在治本。

（一）正确引导教育农民，促进农民宗族意识的现代转型

宗族是建立在血缘和地缘的基础之上，血缘永远不会消亡，宗族也不会消亡。如前所述，宗族活动包括宗族文化对化解民间纠纷，维护农村社会稳定；开展互助帮扶，保障农民生活；弘扬传统文化，活跃农民的精神生活等方面能起到一些积极的作用。如果将宗族活动引向理性化、规范化、法制化的发展轨道，不仅可以有效地预防农村宗族械斗的发生，还将对农村经济发展和农村治理，构建和谐农村起着巨大的促进作用。[①] 因此，正确引导和规范农村宗族组织活动，对农村宗族实行依法管理，保护其合法行为，限制和打击其非法行为。正确引导农民宗族意识的现代转型，发挥其积极因素，摒弃其消极因素，为农村社会稳定提供支撑。

（二）辩证对待宗族与村治的互动关系

1928年，毛泽东调查井冈山根据地的湘东赣西几县后说，农村"社会组织是普遍地以一姓为单位的宗族组织"，"无论哪一县，封建的宗族组织十分普遍，多是一姓一个村子，或一姓几个村子"；"社会组织是普遍地以一姓为单位的宗族组织。党在村落中的组织，因居住关系，许多是一姓的党员为一个支部，支部会议简直同时就是宗族会议"。[②] 宗族与村治的互动关系是合一的、从属的还是平行的关系呢？肖唐镖研究指出，宗族与村政的关系可能呈现四种类型：（1）两者合一型，即宗族与村级组织是合一的。在这样的村，宗族头人同时又是村级组织的负责人，他们既行使村级组织的管理权力，又行使着对宗族事务的管理权力。如，湖南省某村赵氏宗族以多数票推选本族族长为主任，同时用武力驱赶彭姓族长出村，并打伤多人（毛少君，1991）。广东博罗县阳镇黎村管理区，自1992年后被地方宗族势力把持，酿成震动南粤的"黎村事件"，管理区党支部和村级基层组织长达两年多处于瘫痪状态，一度成为"独立王国"（肖唐镖，2000）。（2）宗族主导型。在这种村，宗族头人并未直接跻身村级组

[①] 吴晓敏、潘泽林：《农村宗族械斗与建设和谐农村问题研究——以江西农村为个案》，《中南民族大学学报》（人文社会科学版）2008年第2期。

[②] 《毛泽东选集》第1卷，人民出版社1991年版，第68、73页。

织,而是向村级组织安插自己的"代理人"。宗族头人凭着自身在辈分、权威、年龄及能力等方面的优势,在幕后操纵和指挥其"代理人"。如,湖南武冈县某村李氏宗族规定,村党支部和村委会的任务是抓生产,而家族内部事务和对外打官司则由该家族委员会负责(毛少君,1991)。在江西三江村,族长由辈分最高的长者担任,堂正则在众多卸任的党支书或村主任中择年长者担任,房宗也要求有过村组长的经历。宗族头人们对村级事务既顾又问,每年正月初一,总要同三个党支部、村委会召集全庄知名人士及村民代表举行盛大的团拜会。会议由族长主持,先由他向全庄人士慰问一番,继而由村主任们轮流作工作报告,经大家讨论后,汇总到族长那里,由他向村支书和主任提出批评与要求,并制定下年的计划(王沪宁,1991:571—572)。(3)村政主导型,宗族从属于村组织或被村组织利用。(4)相互平行型,宗族与村政互不相属,互不干涉。从肖唐镖多年调查的情况看,常见的是第三种、第四种,而第一、第二种则少见,特别是村组织从属于宗族("宗族主导型")这种案例尚未见过。[①] 也就是说,宗族对村治不可能控制。因此,在每种情况下,江西传统农村治理中不可能完全撇开宗族的影响。但是,要把农村封建宗族势力与农村黑恶势力区别开来。近年来,农村封建宗族势力死灰复燃,大兴族谱之风,充当农村部分利益集团代表,把持、对抗当地基层政权组织。农村封建宗族势力的存在有其一定的社会危害性,但却不是我国刑法要求的打击对象,而主要是由人民政府采取教育的、行政的、经济的手段予以解决。农村封建宗族势力与农村黑恶势力是有本质上的区别的,但涉及犯罪特别是黑恶势力犯罪的,则应坚决依法予以打击。[②]

(三) 加强社会保障,构建农村安全网,从根本上解决农民的后顾之忧

扩大养老保障范围。要积极培育面向老年人的生活照料、家政医疗、文化娱乐等消费市场,大力推广社区居家养老模式,构建社会养老服务网络——以居家养老为基础,社区服务为依托,机构养老为补充,打造

[①] 肖唐镖:《农村基层治理与民主实践中的宗族问题》,《中共宁波市委党校学报》2003年第5期。

[②] 康树华:《农村封建宗族势力与黑恶势力的区别及防治对策》,《公安学刊》2006年第2期。

"温暖型"、"幸福型"和"健康型"养老设施品牌,提高老年人晚年生活质量。要把养老机构由国家独家兴办转变为社会力量的共同参与,积极鼓励民营资本投资,加快养老机构的建设和发展,实现养老服务的市场化、产业化。目前农村养老仍应以家庭保障为主,在政府引导和农民自愿的基础上,坚持"个人交费为主、集体补助为辅、国家予以政策扶持"的原则,发展农村社会养老保险。同时积极发展商业保险和社会互助保险作为对养老保险的补充。要建设覆盖城乡居民的基本卫生保健制度,为老年群体提供安全、有效、方便、价廉的公共卫生和基本医疗服务。要着力解决老年人看病难看病贵问题,努力缩小城乡之间、地区之间、不同收入老年人之间医疗卫生服务差距,加快完善有利于老年人口及时就医、安全用药、合理负担的医疗卫生制度体系,不断提高医疗卫生服务的水平和质量。

要提高社会保障的水平和保障水平的均衡度。切实增强社会救助能力,重点解决好五保户、特困户、贫困家庭学生的生活困难,实现城乡居民最低生活保障的全覆盖。要在法定基本保障和个人养老保障账户的基础上,通过加大财政转移支付和商业性保险等多种渠道,提高农村养老保障水平,缩小职工养老保险与城乡居民社会养老保险的差距。要完善补贴制度,健全最低生活保障、失业保障标准与物价联动机制,妥善安排好低收入群众的生活。

推进农村社会保障制度建设。农村社会保障资金不足,是困扰农村社会保障制度建立的重要原因之一。从权利和义务对等的原则看,农民应当缴纳一定的社会保障资金,但确有不少农民缴不起这笔钱,建议借鉴国外做法,在高收入行业、垄断行业对高收入者开征社会保障税,用以弥补这部分缺口。同时调整财政支出,支持农村社会保障制度的建立。建议省财政在安排财政预算时,拿出一部分钱来支持农村社会保障制度的建立。疾病是农村产生贫困人口的最主要原因,要尽快建立和推广农村合作医疗制度,提高覆盖面,把现有低收入家庭纳入到合作医疗保障体系中,通过减免、补贴等方式,使其享受基本的医疗保障,从根本上解决广大低收入农民因病致贫的问题。要积极推进城乡一体化的社会保障体系建设。要积极研究社会保障如何向广大农村扩展,积极探索城乡有机衔接的社会保障制度。为了确保社会保障制度的连续性,要积极探索农村社会保障与城镇职工社会保障衔接的途径,从时间、条件、给付标准等多方面进行考虑,把较高标准的保障折算为一定量的较低标准的保障,使城乡社会保障能够换算,这样才有利于整个社会保障制度的建立。应根据社会保障制度的内在规律性,尽快探索出一条农村社会保障与城镇职工社会保障相衔接的新途径。

(四) 加强农民的合作,维护农民利益

在农业和农村经济由计划经济向市场经济转变过程中,农村经济中千家万户分散的小生产与千变万化的大市场的矛盾日益凸显,农民的个体化已经不能适应江西日益发展的形势的要求,因此在稳定家庭承包经营这一基本国策不变的情况下,通过社会合作的组织形式把分散经营的千家万户农民联合起来,增强抗御市场风险和社会风险的能力已成为当前江西农业和农村社会发展和社会秩序建构中亟待解决的一个最为迫切的问题。因此,要大力发展农民专业合作组织。认真贯彻农民专业合作社法,支持农民专业合作组织加快发展。要采取有利于农民专业合作组织发展的税收和金融政策,增大农民专业合作社建设示范项目资金规模,着力支持农民专业合作组织开展市场营销、信息服务、技术培训、农产品加工储藏和农资采购经营。大力支持发展农业生产经营服务组织,为农民提供代耕代种、用水管理和仓储运输等服务。鼓励发展农村综合服务组织,建立便民利民的农村社区服务中心和公益服务站。充分发挥党支部在农村的领头羊作用。只有大力发展农村中介组织,通过农村社会合作组织引导和帮助农户走上专业化、社会化、一体化、集约化经营之路,把农户和市场有效联结起来,形成较大的区域规模和产业规模,产生聚合规模效应,才能依靠农村社会合作组织防范农民面临的各种风险,从而引导农民致富。

(五) 构建健康向上的农民精神文化生活,逐步充实农民的心灵空间

农民的精神文化生活不仅是一个需求和供给问题,更是一个国家公民道德素质和科学文化素质建设的问题,是民族团结和凝聚力的问题,同时还是一个农村稳定和基础秩序建设的问题,是事关国家稳定、发展和繁荣的大事情。鉴于此,构建健康向上的农民精神文化生活,为国家基础秩序建设和社会稳定提供文化治理路径,是一项重大而又紧迫的课题。一是坚持政府主导,按照公益性、基本性、均等性、便利性的要求,加强文化基础设施建设,加强文化馆和图书馆、乡镇综合文化站、村文化室建设,加大对落后地区文化服务网络建设支持和帮扶的力度,完善公共文化服务网络,让农民广泛享有免费或优惠的基本公共文化服务。二要丰富农民文化生活。开展文化惠民工程,继续办好各种文化节等重大节庆活动以及广场文化、社区文化活动。开展文化送温暖活动,每年为山区群众免费送戏、送电影。三要增强新闻媒体服务居民的能力。组织实施好广播电视"村村通"工程,实施好国家、省、市三级广播电视节目在农村无线覆盖。各类新闻媒体要继续办好民生类节目,设立百姓求助热线,在社区和街道两侧新建电子阅报栏。四要进一步开放现有公共体育设施,依托社区、乡村公共体育设施、场地,组织开展全民健身、体育竞赛等群众性体育活动,增强农民体质。通过构建健康向上的农民精神文化生活,逐步充实农民的心灵空间。

第五章　江西农民精神文化生活意识的现状调查及其对策[①]

精神生活是人们社会生活的重要组成部分。所谓精神生活，是指在一定的社会历史条件下，在一定的物质生活基础上，现实的个人以其所拥有、选择、追求、创造的精神资源满足和超越自身精神需要的精神活动及其状态，它是人的发展的本质存在方式。[②] 全面建设小康社会重点在农村，难点也在农村。自改革开放以来，我国农村基本上解决了绝对贫困问题，农民的生活基本上越过了温饱线，现在正向小康生活迈进。但不可否认的是，物质上的饥饿解决了，农民精神上的"饥饿"还远远没有解决。对于造成这种情况的原因，理论界进行了积极探讨。贺雪峰、仝志辉（2002）认为乡风出现变化的力量是市场化的经济体制改革和村民自治的政治体制改革。中国两千多年的自由小农经济留下了沉重的历史包袱——农村落后地区普遍存在自私自利甚至损公肥私的现象，公共意识、合作精神等"社会资本"极为缺乏。近年来自由主义思潮盛行，更削弱了农民组织起来进行"自助"的传统和能力（潘维，2006）。市场经济造成了小农的无法自信，基层政权又没有尽到自己的义务，农民素质需要提高。不过刘湘波（2005）认为根本的原因在于农村的非组织化，基层的整合能力基本丧失，靠基层政府和现有的农村组织力量根本没有办法再把农民凝聚起来，更没有办法从内部产生出推动农村向前走的推动力，处于松散状态的农户依靠个人的力量肯定没有能力克服重重困

[①] 本部分已成文发表，参见龚上华《我国农民精神文化生活需求的现状与对策——基于江西省吉安市的调查》，《广西社会科学》2012年第9期。

[②] 吴增基等：《现代社会学》，上海人民出版社1997年版，第290—291页。

难,最后的结果必然是自信心的丧失。农村的精神贫困还源于农村自身缺少外来信息的有效流入,由于贫困导致的各种信息载体如广播电视、报纸、书籍的缺乏,同时由于农村信息流入很少,最后导致农民缺少外来的激励,甚至与外界隔绝。从信息流动来看,缺乏正常的向上的信息流动机制。向下的信息主要通过电视等大众传媒,比较而言,中央、省的信息更容易到达社区,县乡的信息则反而不容易到达,这里既有技术原因(卫星电视),也有利益冲突,县乡与村社更容易产生冲突(左停,2004)。没有任何公共财产、没有任何群体活动的媒介,也没有什么公共事务,没有任何公共权威。农村也就没有合作的基础,没有有价值的村庄娱乐,农民大量的闲暇时间就会变成负担(刘湘茂2005;贺雪峰、杜晓,2004)。宋婧、杨善华(2005)结合苏南地区的文化和制度背景指出,曾经作为基层生产共同体和市场共同体的村庄,形成了一种"道义型共同体",因此当权威基础转变为基于利益的交换时,如果没有一种"社会责任"维系,社区权力结构将是十分不稳定的。[1] 农民精神文化生活问题对农村社会融合起到重要的作用。为了更清楚地了解农民的精神文化生活需求现状,帮助农民更好地提高自己的精神文化生活品质,促进我国农村基础秩序建设和农村社会稳定。本课题组选择江西作为调查地点,专门开展了一次较为深入的问卷调查工作,以期反映出当前农民精神需求的现状,并对农民精神文化生活的影响因素和如何更好地推进农村基础秩序建设作进一步探讨。

一 农民精神文化生活意识呈现多重性

农民是推动社会发展的主要人力资本,农民精神文化是维系农村社会稳定的基本精神力量,提升农民文化生活水平,不断满足农民精神文化生活需求,是维护农民自身权益的迫切需要,也是提高中国共产党执政能力的重要内容,更是我国文化建设的必然趋势。本课题组主要从精神文化生活的内容、渠道、服务以及设想等四个方面来考察当前农民精神文化生活

---

[1] 白南生:《农民的需求与新农村建设:凤阳调查》,社会科学文献出版社2009年版,第184—185页。

的需求现状。

（一）精神文化生活的品质化需求

1. 绝大多数农民均认为"看电视"是最主要的消遣方式和休闲娱乐方式

调查显示，绝大多数农民均认为"看电视"是其最主要的消遣方式和休闲娱乐方式。其次是看书看报、上网以及赌博打麻将、听广播。

表 5—1　　　　　您喜欢的休闲娱乐方式是　　　　（单位：次,%）

方式	看电视	看书看报	上网	赌博打麻将	听广播	其他方式
频率	379	116	73	41	13	17
百分比	70.7	21.6	13.6	7.6	2.4	3.2

资料来源：江西实地调查数据。

当问及"平时，您的文化体育娱乐生活主要有哪些？"（可多项选择）时。调查结果显示，有88.4%的农民选择了看电视；有48.1%的农民选择读书/看报作为自己空闲时的娱乐消遣方式，再次是打牌、打麻将、下棋和看电影，分别有27.8%和15.7%的农户选择了这两种消遣方式。

表 5—2　平时，您的文化体育娱乐生活主要有哪些？（可多项选择）

（单位：次,%）

类别	看电视	读书报	打牌等	看电影	上网	跳舞等	看戏	听广播	唱歌	其他
频率	474	258	149	84	84	48	43	39	16	14
百分比	88.4	48.1	27.8	15.7	15.7	9.0	8.0	7.3	3.0	2.6

资料来源：江西实地调查数据。

当问及"改革开放后至今，您所在村的村里人从事的文化娱乐活动最主要是什么"时，回答"看电视电影、电脑上网"的有401人，占74.8%。可见，改革开放以来，看电视是农户重要的休闲娱乐方式，聊天和打牌也是其主要的娱乐方式。

表 5—3　　　　　　改革开放后至今，您所在村的村里人
从事的文化娱乐活动最主要是：

		频率	百分比%	有效百分比%	累计百分比%
有效	看电视电影、电脑上网	401	74.8	77.9	77.9
	去 KTV 唱歌	12	2.2	2.3	80.2
	去舞厅跳舞	12	2.2	2.3	82.5
	其他	90	16.8	17.5	100.0
	合计	515	96.1	100.0	
缺失	系统	21	3.9		
	合计	536	100.0		

资料来源：江西实地调查数据。

2. 农民对文化培训班有较强的需求

当问及"您最喜欢参加哪种文化培训班"，选择"电脑培训班"的有 306 人，占 57.1%；选择"麻将棋牌培训班"的有 27 人，占 5.0%，选择"金融证券培训班"的有 63 人，占 11.8%，选择"其它"的有 123 人，占 22.9%。

表 5—4　　　　　　您最喜欢参加哪种文化培训班？

		频率	百分比%	有效百分比%	累计百分比%
有效	电脑培训班	306	57.1	59.0	59.0
	麻将棋牌培训班	27	5.0	5.2	64.2
	金融证券培训班	63	11.8	12.1	76.3
	其他	123	22.9	23.7	100.0
	合计	519	96.8	100.0	
缺失	系统	17	3.2		
	合计	536	100.0		

资料来源：江西实地调查数据。

从上述调查分析可知：看电视是改革开放以来农民最喜欢的娱乐方式；打牌打麻将成为其次的娱乐方式；传统的娱乐方式，或已束之高阁，或已难觅踪迹；随着村村通工程的开展，留在农村或者务工返乡的人士已

看中了上网这种新型娱乐方式,他们对开办电脑培训班有新的需求。

(二) 信息渠道多元化

1. 看电视仍然是农民获取信息最重要的途径

农民获得信息的渠道具有多元化的特点,但是看电视不但是村民们最主要的消遣娱乐方式,也是最重要的信息获取途径。调查显示,86%的农民获得文化娱乐信息的主要渠道来自电视和收音机,其次来自网络,占41.6%,再次是报纸杂志,占39.2%;同样,获得生产决策与管理信息的主渠道分别是看电视,占74.4%,上网占47.9%,"看报"以及"听别人说"分别占33.4%和28.7%。

表5—5　您的文化娱乐信息主要是通过哪种渠道获得?(可多选)

(单位:次,%)

渠道	电视、收音机	网络	报纸杂志	其他
频率	461	223	210	44
百分比	86.0	41.6	39.2	8.2

资料来源:江西实地调查数据。

表5—6　对关于生产决策与管理的信息您如何获取呢?(可多选)

(单位:次,%)

途径	看电视	上网	看报	听别人说	其他
频率	399	257	179	154	33
百分比	74.4	47.9	33.4	28.7	6.2

资料来源:江西实地调查数据。

2. 上网是农民目前获得市场信息的新渠道

我们专门设计了关于"上网目的"的问卷调查。此题为多项选择题。排在前四位的依次是"获得市场信息"占55.8%,"学习新技术"占51.7%,"休闲娱乐"占33%以及"获得产品信息"占25%。"找工作"、"节省通讯费用"、"做网络经纪人"、"赶时髦"、"上网参政"等选项也多有选择。可见,上网作为一种新的媒介手段,它不仅仅是一种休闲娱乐的方式,更是一种获得各种信息的重要渠道。

表5—7　　　　　您上网的目的（前五位）（多选）　　　（单位：次,%）

目的	获得市场信息	学习新技术	休闲娱乐	获得产品信息	找工作
频率	299	277	177	134	48
百分比	55.8	51.7	33.0	25.0	9.0

资料来源：江西实地调查数据。

表5—8　　　　　您上网的目的（后五位）（多选）　　　（单位：次,%）

目的	其他	节省通讯费用	做网络经纪人	赶时髦	上网参政
频率	43	34	25	24	20
百分比	8.0	6.3	4.7	4.5	3.7

资料来源：江西实地调查数据。

（三）精神文化公共服务期许化

1. 绝大多数农民对集体文化建设有强烈需求和参与热情

在调查中，我们不断感受到农民对集体文化建设的强烈需求，大多数农民反映，希望有集体性的文化活动；而且认为有必要在自己村里组建文艺队、戏班子或放映电影。调查的数据也反映了农民对集体性文化生活有很高的参与热情。如果村里组建文艺队或戏班子，绝大多数的农民表示自己将会参加，这一切均表明，农民对集体性文化活动的强烈需求，对农村文化建设具有极大的热情。

2. 农民对目前政府网络信息服务的看法

农民对目前网络信息服务运营有什么看法和需求呢？

一是农民对目前网络信息服务较为满意。调查显示，有49.8%的人对通过网络查找信息表示"满意"，外加表示非常满意的1.3%，对网络查找信息表示满意以上的超过半数。不满意的占11.8%，表示"不知道"的占30.6%。

表5—9　　　　您对通过网络查找信息的满意程度如何？

		频率	百分比%	有效百分比%	累计百分比%
有效	不知道	164	30.6	31.9	31.9
	不满意	63	11.8	12.3	44.2

续表

	频率	百分比%	有效百分比%	累计百分比%
满意	267	49.8	51.9	96.1
非常不满意	13	2.4	2.5	98.6
非常满意	7	1.3	1.4	100.0
合计	514	95.9	100.0	
缺失 系统	22	4.1		
合计	536	100.0		

资料来源：江西实地调查数据。

二是农民认为网络信息服务最大的问题在于售后及信用。调查显示，农民认为"目前网络信息服务最大的问题"是"农资产品质量、售后服务及厂商信用得不到保障"，有178人回答此项，占33.2%；其次认为"市场信息时效性差"，占23.1%；然后依次为"技术培训内容不切实际或接受困难"、"查找到的信息虚假"以及"发布信息渠道不畅"等问题。

表5—10　　您认为目前网络信息服务最大的问题是：

		频率	百分比%	有效百分比%	累计百分比%
有效	市场信息时效性差	124	23.1	25.0	25.0
	农资产品质量、售后服务及厂商信用得不到保障	178	33.2	35.9	60.9
	技术培训内容不切实际或接受困难	65	12.1	13.1	74.0
	发布信息渠道不畅	29	5.4	5.8	79.8
	查找到的信息虚假	62	11.6	12.5	92.3
	其他	38	7.1	7.7	100.0
	合计	496	92.5	100.0	
缺失	系统	40	7.5		
	合计	536	100.0		

资料来源：江西实地调查数据。

三是农民对未来的农村信息服务模式寄予了很大期望。当问及"您认为将来最有希望的农村信息服务模式是什么"时，认为应该是"龙头企业引导"的占30.2%，其次是"服务组织带动"，占25.2%；再次是"成立专门机构提供有偿信息服务"，占19%。此外，也有人认为是"与中介或经纪人保持联系"、"网络教室培训"、"自家上网"等模式。

表5—11　您认为将来最有希望的农村信息服务模式是：

		频率	百分比%	有效百分比%	累计百分比%
有效	龙头企业引导	162	30.2	32.3	32.3
	服务组织带动	135	25.2	26.9	59.3
	与中介或经纪人保持联系	21	3.9	4.2	63.5
	成立专门机构提供有偿信息服务	102	19.0	20.4	83.8
	网络教室培训	19	3.5	3.8	87.6
	自家上网	52	9.7	10.4	98.0
	其他	10	1.9	2.0	100.0
	合计	501	93.5	100.0	
缺失	系统	35	6.5		
合计		536	100.0		

资料来源：江西实地调查数据。

（四）农民对丰富精神文化生活的途径和未来走向的设想

1. 农民对目前文化生活的总体看法

当问及"您认为现在的文化生活与以前相比有什么变化"时，有265人表示"相当丰富"，占49.4%；有221人表示"和以前差不多，没有太大变化"，占41.2%。有41人认为"不如以前丰富"，占7.6%。从上面的调查可知，应该说，农民认为现在的文化生活与以前相比总体上来说还是有发展。

表5—12　您认为现在的文化生活与以前相比：

		频率	百分比%	有效百分比%	累计百分比%
有效	相当丰富	265	49.4	50.3	50.3

第五章 江西农民精神文化生活意识的现状调查及其对策

续表

		频率	百分比%	有效百分比%	累计百分比%
	和以前差不多，没有太大变化	221	41.2	41.9	92.2
	不如以前丰富	41	7.6	7.8	100.0
	合计	527	98.3	100.0	
缺失	系统	9	1.7		
合计		536	100.0		

资料来源：江西实地调查数据。

2. 农民对农村文化建设存在问题的看法

当问及"您认为农村文化建设亟待解决的问题是哪些"时，农民认为农村文化建设亟待解决的问题根据比例依次为"加大文化设施建设"，占68.1%；"发展农村特色文化"占52.2%；"增加政府经费投入"占38.4%；"加强文化骨干队伍建设"占31.5%；"指导开展各类文体活动"占31%。可见，加大投入，重点是加大文化设施建设的投入，这是未来农村文化建设亟待解决的主要问题。

表5—13 您认为农村文化建设亟待解决的问题是哪些？（可多项选择）

（单位：次,%）

	加大文化设施建设	发展农村特色文化	增加政府经费投入	加强文化骨干队伍建设	指导开展各类文体活动
频率	365	280	206	169	166
百分比	68.1	52.2	38.4	31.5	31.0

资料来源：江西实地调查数据。

3. 农民对精神文化生活的途径设想

当问及"您最赞同通过哪种途径来丰富农民的文化生活"时，超过半数以上的人表示要通过"组织农业科技知识讲座"来丰富农民的文化生活，也有146人表示要"组织村里人参加传统的文化活动"来丰富农民的文化生活，占27.2%，有7.6%的人表示要通过"设立更多的棋牌室"来丰富农民的文化生活，回答其他的占5.8%。

表 5—14　您最赞同通过哪种途径来丰富农民的文化生活？

		频率	百分比%	有效百分比%	累积百分比%
有效	设立更多的棋牌室	41	7.6	8.1	8.1
	组织农业科技知识讲座	286	53.4	56.7	64.9
	组织村里人参加传统的文化活动	146	27.2	29.0	93.8
	其他	31	5.8	6.2	100.0
	合计	504	94.0	100.0	
缺失	系统	32	6.0		
合计		536	100.0		

资料来源：江西实地调查数据。

4. 农民对精神文化生活未来走向的设想

农民作为农村文化建设的受益人和主体，有自己的看法和思路。当问及"您认为今后的文化娱乐生活将朝着哪个方向发展"时，选择"健康化"方向的有 284 人，占 53%；选择"多元化"发展方向的有 183 人，占 34.1%；选择"休闲化"的有 8.6%，选择"其他"的占 1.5%。

表 5—15　您认为今后的文化娱乐生活将朝着哪个方向发展？

		频率	百分比%	有效百分比%	累计百分比%
有效	健康化	284	53.0	54.5	54.5
	多元化	183	34.1	35.1	89.6
	休闲化	46	8.6	8.8	98.5
	其它	8	1.5	1.5	100.0
	合计	521	97.2	100.0	
缺失	系统	15	2.8		
合计		536	100.0		

资料来源：江西实地调查数据。

二 影响农民精神文化生活意识的因素

党中央的报告指出，全面建成惠及十几亿人口的更高水平的小康社会，既要让人民过上殷实富足的物质生活，又要让人民享有健康丰富的文化生活。中国是一个农业大国，农民占整个人口的绝大多数。因而，农民问题历来是中国社会发展进步的基本问题。因此，不断满足农民精神文化生活需求是我国社会主义文化大发展大繁荣的必然趋势。然而在中国二元社会结构导致的城乡居民长期隔阂的背景下，由于优秀传统文化式微、公共服务职能缺位和农民自身素质限制等多种因素的综合作用，使得农民的精神文化生活长期陷入边缘化的困境。

（一）优秀传统文化式微

改革开放以来我国农村发生了翻天覆地的变化，与此同时，植根于农村社会的各类传统娱乐活动随着社会的变迁、市场经济的发展，农民生活场域的个体化、农民社会交往的功利化等因素的影响逐渐式微，甚至绝迹。调查显示，当问及"传统文化娱乐活动在您所在的村里的情况"时，认为"有保留并有所发展"的占39.0%，认为"几乎没有保留"的占22.9%，认为"和以前差不多"的占28%，认为"不太清楚"的占7.5%。此选项因没有明确界定和告知调查对象哪些是"传统文化娱乐活动"，故选项答案可能回答方向不是很明确。根据笔者多年农村生活的经历以及多年来返乡的调研，江西农民老家传统的娱乐活动比如舞狮子、舞龙，打拳基本上消失，其中坚力量因为长年在外打工，已无兴趣，另外就算有兴趣，也根本组织不起来。我印象中江西吉安青原值夏永乐龚家村的舞狮队仅在1992年文天祥纪念馆开馆时正式亮相过，之后多年来已无兴起的迹象。还有社戏也基本难觅踪迹。所以有些传统的娱乐活动几乎没有保留。而比如说打牌、打麻将、下棋等一些经年活动是和以前差不多，甚至有些过度，比如赌博行为，由于农村大量青壮年外出务工，所以留下的也多是一些上了年纪的。

表 5—16　　　　　传统文化娱乐活动在您所在的村里：

		频率	百分比%	有效百分比%	累计百分比%
有效	有保留并有所发展	209	39.0	40.0	40.0
	几乎没有保留	123	22.9	23.6	63.6
	和以前差不多	150	28.0	28.7	92.3
	不太清楚	40	7.5	7.7	100.0
	合计	522	97.4	100.0	
缺失	系统	14	2.6		
	合计	536	100.0		

资料来源：江西实地调查数据。

(二) 公共服务职能缺位

公共文化服务体系不健全，城乡、区域文化发展不平衡。基层政权又没有完全尽到自己的义务，农民素质需要提高。从公共设施来看，全国尚有7200多个乡镇没有文化站，在现有的51900个乡镇文化站中，近2万个文化站只是挂着牌子而有名无实。此外，全国还有400多个县未建图书馆，200多个县没有文化馆。在商品经济大潮的冲击下，农村精神文明建设的重要阵地——乡镇文化站萧条冷落，十分不尽如人意，主要表现是文化站房舍被挤占，各类活动阵地改作商店或办公场所，图书大量散失，影剧院或改作小工厂，或改作超市商场，甚至干脆拆了改建商住楼，文化站工作人员有的被辞退，有的改行，文化专业人员所剩无几。至于村级文化活动机构，更是寥若晨星。[①] 江西调查显示，目前农村娱乐设施并不乐观。当问及"你们村有哪些娱乐设施"时，选择"村文化室"的有270人，占50.4%，选择"娱乐室"的占17.4%，选择"图书馆"的仅占11.0%，选择"文化馆"的占5.6%。（表5—17）这种局面如果不能有效扭转，全面建设小康社会就会成为空话。从文化娱乐设施的建设来看，还有很多路要走。此外，农村自身缺少外来信息的有效流入，由于贫困导

---

① 白南生：《农民的需求与新农村建设：凤阳调查》，社会科学文献出版社2009年版，第184—185页。

致的各种信息载体如广播电视报纸书籍的缺乏，同时由于农村信息流入很少，最后导致农民缺少外来的激励，甚至与外界隔绝。从信息流动来看，缺乏正常的向上的信息流动机制。向下的信息主要通过电视等大众传媒，比较而言，中央，省的信息更容易到达社区，县乡的信息则反而不容易到达，这里既有技术原因，也有利益冲突，县乡与村社更容易产生冲突。因此，没有有价值的村庄娱乐，农民大量的闲暇时间就会变成负担。这一切，均有待政府公共服务的支持和供给。

表5—17　　　　　你们村有哪些娱乐设施？　　　（单位：次,%）

设施	村文化室	娱乐室	图书馆	文化馆	其他设施
频率	270	93	59	30	106
百分比	50.4	17.4	11.0	5.6	19.8

资料来源：江西实地调查数据。

（三）农民自身素质限制

目前，许多农村的公共休闲文化产品比较少，但众多农民也缺乏对文化的主动追求意识。调查显示，江西农民除家中有小孩上学需要买一些学习和课外书籍之外，一半以上的农民家庭近5年没有买书订报的开支。有农民反映，闲来无事时，偶尔也会拿孩子的书翻翻，但因为看不懂而从没有主动学习的愿望。可见，很多农民在自身的文化支出方面十分抠门。然而，这种"抠门"并非由于收入少，牌桌上的慷慨与书桌上的吝啬形成鲜明的对比。茶余饭后摸一把麻将是不少农民每天的必修课，参与者之多让人咋舌。笔者在江西调查中发现，农村有不少类似于"茶吧"、"网吧"的娱乐室，这些娱乐室一般设在农民家中，不挂经营牌照，但服务全面周到。其实，以麻（将）设赌、玩物丧志只是农民精神文化生活的一个缩影，一些不健康的思想和文化在广大乡村也有死灰复燃之势。这些都与农村文化建设的发展要求格格不入。

三　不断满足农民精神文化生活需求的对策选择

十七届六中全会指出，推动社会主义文化大发展大繁荣，以满足人民精神文化需求为出发点和落脚点。农民的精神文化生活不仅是一个需求和供给的问题,更是一个国家公民道德素质和科学文化素质建设的问题,是民族团结和凝聚力的问题,还是一个农村稳定和基础秩序建设的问题,是事关国家稳定、发展和繁荣的大事情。鉴于此,构建健康向上的农民精神文化生活,为国家基础秩序建设和社会稳定提供文化治理路径,是一项重大而又紧迫的课题。

(一) 纠正社会偏见,挖掘整理传承优秀传统文化

优秀传统文化凝聚着中华民族自强不息的精神追求和历久弥新的精神财富,是发展社会主义先进文化的深厚基础,是建设中华民族共有精神家园的重要支撑。因此,要积极挖掘民族传统文化中的优秀遗产,加以综合创新。一是深入挖掘民族传统节日文化内涵,广泛开展优秀传统文化教育普及活动。二是要充分利用各地的传统文化、民俗文化、民间艺术资源,积极开发具有传统特色和地域特色的民间工艺项目、民间艺术、民俗表演项目以及民俗旅游项目,开展生动活泼的文化活动。三是充分利用农闲、集市和传统节日如春节、元宵节、端午节、中秋节等开展民间文艺汇演等活动,丰富农民业余文化生活。全面认识农村的传统文化,取其精华、去其糟粕,古为今用、推陈出新,注重加强对优秀传统文化思想价值的挖掘和阐发,维护民族文化基本元素,使优秀传统文化成为新时期鼓舞农民、提升农民文化自信、自觉的精神力量。

(二) 清除制度障碍,构建农村公共文化服务体系

加强公共文化服务是实现人民基本文化权益的主要途径。要以公共财政为支撑,以保障人民群众看电视、听广播、读书看报、进行公共文化鉴赏、参与公共文化活动等基本文化权益为主要内容,完善覆盖城乡、结构合理、功能健全、实用高效的公共文化服务体系。

一是大力加强文化设施建设,着力解决现有公共文化设施分散、使用效率不高的问题,发挥不同部门文化资源相互补充、相互促进的作用,实现基层文化资源的综合利用,共建共享。乡镇、街道文化站是我国公共文化服务体系的重要组成部分,是党和政府开展农村文化工作的基本力量,在活跃农村文化生活中发挥着重要作用。要高度重视村文化活动室的建设

和管理，将村文化活动室建设纳入县乡经济社会发展总体规划和公共文化服务体系建设规划，基本实现每个行政村都有文化活动室的目标。江西省于2005年开展了"农村文化三项活动"，其专项资金用于开展的活动是：乡镇、农场（含华侨农场）、林场、垦殖场和开发区等购买各类专业文艺演出团体的演出；购买电影到每个行政村和农村义务教育学校免费放映影片；组织群众开展具有地方特色、内容健康的文艺演出、展览和比赛等文体活动，此类活动有效地缓解了目前文化站等文化娱乐场所的"空壳"现象和农民精神文化活动匮乏现象的发生。

二是为社会力量参与村级文化建设搭建平台，推动公共文化资源配置向村倾斜。加强县乡公共文化机构对村文化建设的指导和服务；结合当前农村文化建设的新特点、新趋势，面向乡村大力推进数字文化信息服务；组织优秀文艺资源进乡村，提升农村文化活动水平。建立城市对农村的援助机制、采取社会捐建等办法，支持村级文化建设。增强社会主义先进文化的辐射力和影响力，加快构建技术先进、传输快捷、覆盖广泛的现代传播体系，为农民提供优质的文化资源。

三是开展农村信息服务，推广政府购买、服务外包、集中配送、联网服务等新做法。农村信息化工作要聚合资源、合理推进，农业兴则基础牢，农民富则国家强，农业稳则社会安。实现经济又好又快平稳发展，基础支撑在农业，保障和改善民生重点难点在农民。农村的信息服务为引导农民进行生产经营活动、丰富基层文化生活、促进社会主义新农村建设发挥了积极的作用。因此，进一步加大对农业信息服务的投资、组织、规划和管理力度，吸引涉农机构、企业和电信运营商等社会力量关注"三农"问题，积极投身于农村信息化工作。充分发挥新农商网的作用，大力培育农村电子商务市场，引导农民利用信息进行生产经营，提高农民对信息的认识和利用信息进行生产经营的能力。

四是加强农村思想文化阵地建设，提高公众的参与意识和文明程度，丰富群众精神生活，推进社会风气、公共秩序和生活环境全面改善。重点是实施"十个一工程"，即创建一批达标文化站，新建一批农村文化设施，培养一支文化工作队伍，扶持一批农民业余剧团，建设一批文化信息资源共享工程网点，建立一支村级电影放映队，培育一批特色文化村，打造一批文化产业，申报一批文化名村，树立一批圩镇社区文化示范点，大力加强农村精神文明活动建设。

(三) 提高农民素质,提升农民精神文化参与意识

农民的知识水平较低、主动追求精神文化生活的热情逐渐淡化是阻碍其参与的主观因素。因此,除了政府和社会创造的一系列制度和环境等客观条件外,还要通过多种方式引导和教育农民积极主动地参与精神文化生活,以提高整体素质。一是政府应该采取积极措施,提高农民的受教育程度。政府职能部门、农业院校、培训机构、农民组织要充分协调、配合,对农民进行有计划、分层次、多方面的教育培训,抓好面向农民的各类教育,提高农民的文化水平。二是组织起来,进一步强化农民的精神文化活动参与意识。鼓励农民自办文化,让农民自编自演自娱自乐。培育出一批农村文化带头人,组建扶持农村业余文化队伍,使他们不仅仅只是文化的欣赏者,而且能成为文化的参与者、创造者、享受者。三是组织农民开展"除陋习、树新风"活动,反对封建迷信和宗族宗派势力,倡导健康、文明、科学的生活方式。大力破除当前农村存在的不良习俗和社会风气,抵制低俗的演出进入农村文化市场,让健康向上的现代文明深入农村千家万户,传播现代文明信息和思想观念,大力发展群众文化事业,丰富农民文化娱乐活动。

综上所述,农民应该深刻认识到精神文化生活对于他们生存和发展的积极意义,要通过自身努力,切实提高和强化自身的知识素养和参与能力;各级政府、社会组织和农村基层自治机构要通过多种途径和办法培养和增强农民对精神文化建设参与的兴趣,引导农村文化建设向多元化、健康化和休闲化方向发展,为提升农民精神文化生活的品质创造更多的主观和客观条件。

第六章 江西农民社会生活品质意识现状调查及对策建议

一 农民人居环境认知

改革开放以来，江西城市面貌发生了巨大变化，但大部分地区农村的面貌变化相对较小，一些地方的农民子女上不起学、农村还不通公路、群众看不起病、喝不上干净水。大部分农村存在"脏、乱、差"现象。人畜粪便、生活垃圾没有得到应有的保存和利用，污染了环境；新房子建了很多，但"有新房，无新貌"，村容、村貌给人的感觉是"乱"；生活环境、生活质量差，尤其是炎热的夏天，苍蝇、蚊子满村都是、满天乱飞，极易传播疾病，特别是传播一些传染病，严重影响了人居环境的改善和农民生活质量的提高。2005年10月，中国共产党十六届五中全会通过《十一五规划纲要建议》，提出要按照"生产发展、生活富裕、乡风文明、村容整洁、管理民主"的要求，扎实推进社会主义新农村建设。为此，新一轮农村建设在全国铺开。

关于农村与新农村的概念，学者们有不同的界定。王贵宸（1988）从地域的角度解释，认为农村是一个与城市相对的概念，是城市以外的地域（不包括海洋），是由农村生态环境系统和经济社会系统组成的复合体。[1] 刘飞翔、黄建新（2008）从现代生态学理论角度解读，认为农村是一种特殊的区域生态系统，其人口规模大，空间距离大，产业结构单一，是具有强

---

[1] 王贵宸：《中国农村经济学》，中国人民大学出版社1988年版，第2—3页。

烈异质性的典型生态敏感地区。① 基于此，我们界定农村的概念是：独立于城市之外的，以行政村为载体，由农村生态系统和经济社会系统组成的复合体。新农村是相对于传统农村、计划经济时代农村以及改革开放后新时期的农村而言的，是在新的时代背景下具有新内涵、新风貌的农村，是生产发展、生活富裕、乡风文明、村容整洁、管理民主的新型农村。

中国经济增长和发展的发动机在城市，而中国发展的稳定器与蓄水池在农村。通过建设社会主义新农村，让农民可以在农村安居乐业，每当城市经济发展很快，就业吸纳能力强，而且劳动报酬相对较高时，就会有更多农民工进城务工经商。而当城市经济发展较慢且收入较低，特别是出现大规模经济下滑时，进城务工经商的农民就可以回到农村生活。农民在农村的生活费用较为便宜；人均一亩三分地，基本可以保证温饱有余的生活；在农村，农民劳动力可以与土地相结合，养花种草，种经济作物及粮食作物；在村庄中，农民拥有良好的熟人关系；农民世世代代生活在自己的村庄，也容易形成对未来生活的稳定预期。因此，只要让农民有一个可以固守的"后方"—村庄，那末，农村就可能成为一个农民出得去、回得来的中国现代化的稳定器，蓄水池。那么，江西革命老区农民对新农村建设有何体会，对农村现有人居环境有何看法呢？下面我们依据调查资料进行简单的分析：

（一）新农村建设满意度差异明显

社会主义新农村建设，是改革开放以来我国在农村问题上的第三次重大变革，是推进城乡关系、工农关系的第三次调整。它的推行是与全国农村社会建设严重滞后的局面相关的。建设社会主义新农村，必须树立和落实科学发展观，把解决好"三农"问题作为全党工作的重中之重，坚持"多予、少取、放活"和"工业反哺农业、城市支持农村"的方针，努力改善农村生产生活条件，提高农民生活质量，促使农村整体面貌出现较大改观，逐步把农村建设成为"生产发展、生活富裕、乡风文明、村容整洁、管理民主"的社会主义新农村。重点是加强村镇建设规划和环境整

---

① 刘飞翔、黄建新：《和谐社会视阈下福建农村生态文明的建设》，《台湾农业探索》2008年第1期。

治,建设新村镇;发展农村各项社会事业,培育新农民;加强农村民主法制建设和精神文明建设,倡导新风尚。那么,江西革命老区在实行新农村建设五大标准中的情况如何呢?调查显示,对"村容整洁、乡风文明、生活富裕"三个标准,农民选择均接近半数,其排列顺序为"乡风文明>村容整洁>生活宽裕",可见,农民还是总体认同新农村建设取得的成绩,认为生产发展做得较好的农民仅有195人,占36.4%。认为"管理民主"做得好的农民仅有116人,仅占21.6%,可见,农民对基层民主管理意见较大或者说不太满意。(参见下列六个表格)

表6—1 新农村标准:"生产发展、生活富裕、乡风文明、村容整洁、管理民主",从你们村的发展看,哪几个方面做得较好?(多选)(%)

新农村标准	乡风文明	村容整洁	生活富裕	生产发展	管理民主
频率	267	261	242	195	116
百分比	49.8	48.7	45.1	36.4	21.6

表6—2 新农村标准:"生产发展、生活富裕、乡风文明、村容整洁、管理民主"从你们村的发展看,哪几个方面做得较好?

		频率	百分比%	有效百分比%	累计百分比%
有效	生产发展做得不好	318	59.3	62.0	62.0
	生产发展做得较好	195	36.4	38.0	100.0
	合计	513	95.7	100.0	
缺失	系统	23	4.3		
	合计	536	100.0		

农村经济的发展与否直接影响到村民们社会意识形态的高低,人们只有在解决了温饱的前提下才会有精力去寻求更多的民主权利。江西"三农"工作取得了重大进展,农业持续发展,粮食连年丰收,农民收入持续快速增长,农村面貌得到较大改善,农村经济社会发展出现少有的好势头。但是,必须清醒地看到,农业依然是国民经济发展的薄弱环节,投入不足,基础脆弱。集中表现在粮食增产、农民增收的长效机制并没有建立;制约农业和农村发展的深层次矛盾并没有消除;农村经济社会发展明显滞后的局面并没有根本改观。农村改革和发展仍然处于艰难的爬坡和攻

坚阶段，社会主义新农村建设的任务还非常艰巨。这种状况势必影响农民生活品质的提高以及农民参与农村社会建设的积极性。因此，对江西农村而言，发展生产是第一要务。从下表可以看出，江西农民对生产发展满意度不是很高，仅有不到36.4%，说明江西农民对社会主义新农村建设中的生产发展要素充满期待，但是对现状并不是很满意。

表6—3 新农村标准："生产发展、生活富裕、乡风文明、村容整洁、管理民主"，从你们村的发展看，哪几个方面做得较好？

		频率	百分比	有效百分比	累积百分比
有效	生活富裕做得不好	272	50.7	52.9	52.9
	生活富裕做得较好	242	45.1	47.1	100.0
	合计	514	95.9	100.0	
缺失	系统	22	4.1		
	合计	536	100.0		

根据国家统计局江西调查总队在江西的调查，江西农民收入的持续增加，为满足农民日益增长的物质文化生活需求提供了有力的保证，农民彻底摆脱了自给自足的小农经济生产及消费模式；农民的生活消费水平在达到温饱以后，开始由生存型向享受型和发展型过渡，出现了吃讲营养、穿讲样式、住讲宽敞、用讲高档、行讲便利的消费趋向，农民的文化素质、思想观念、经营能力也得到了明显提高。但与其他发达地区相比，江西农民的实际收入的差距进一步拉大。

表6—4　　　1978—2010年江西与全国城乡居民收入比较

年度	全国			江西		
	城镇居民人均可支配收入	农民人均纯收入	城乡之比	城镇居民人均可支配收入	农民人均纯收入	城乡之比
1978	343.4	133.6	2.570	305.4	140.7	2.170
1980	477.6	191.3	2.497	385.5	181.2	2.127
1985	739.1	397.6	1.859	583.4	377.3	1.546
1990	1510.2	686.3	2.200	1187.9	669.9	1.773
1995	4283.0	1577.7	2.715	3376.6	1537.4	2.196

续表

年度	全国			江西		
	城镇居民人均可支配收入	农民人均纯收入	城乡之比	城镇居民人均可支配收入	农民人均纯收入	城乡之比
2000	6280.0	2253.4	2.787	5103.6	2135.3	2.390
2002	7702.8	2475.6	3.111	6335.6	2334.2	2.714
2003	8470.4	2622.4	3.230	6901.4	2457.5	2.808
2004	9422.0	2936.0	3.209	7560.0	2952.6	2.560
2005	10493.0	3255.0	3.224	8620.0	3266.0	2.639
2006	11759.0	3587.0	3.278	9551.0	3585.0	2.664
2007	13786.0	4140.0	3.330	11222.0	4098.0	2.738
2008	15781.0	4761.0	3.315	12866.0	4697.2	2.739
2009	17175.0	5153.0	3.333	14020.0	5075.0	2.763
2010	19109.0	5919.0	3.228	15481.0	5788.6	2.674

资料来源：中国国家统计局历年数据

还有就是江西农村社会保障事业发展滞后，农民的"安全网"还很不安全。一是"五保"对象保障有待加强。据统计，江西五保对象供养率只有84%，集中供养5.4万人，集中供养率只有30.4%，远低于浙江省集中供养率81.8%的水平；在五保对象供养标准上，国务院明确要求不得低于当地农民上一年的生活水平。据此测算，江西五保对象集中供养保障标准和分散供养标准实际保障水平只相当于应保标准的75.4%和72%；特困群众救助标准也偏低，常年救助标准每人每年为300元，临时救助标准为60元，对特困群众可谓杯水车薪。二是新型农村合作医疗制度有待完善。到2005年，全省试点县占县（区）总数的12%左右，2006年要达到40%，2007年达到60%，2008年全面推行。截至2005年，试点县参合率不高，少数地方群众积极参加意愿还不强，主要是农村医药市场比较混乱，药价虚高问题突出。由于药品的差价，农民得到的实际补偿可能等于零，甚至是负数。此外，各级财政对参合农民每人每年补助提高到40元，但经费筹集总量仍然太少，参合农民的受益程度不高，难以切实解决因病致贫的问题。[①]

在这种状况下，江西农民事实上在生活方面不是很宽裕。虽然我们调查的地方是鱼米之乡的吉泰盆地所在地区，但农民的满意度还是不高，认为生活富裕做得较好的也只有 45.1%。

表6—5　新农村标准："生产发展、生活富裕、乡风文明、村容整洁、管理民主"，从你们村的发展看，哪几个方面做得较好？

		频率	百分比	有效百分比	累积百分比
有效	乡风文明做得不好	246	45.9	48.0	48.0
	乡风文明做得好	267	49.8	52.0	100.0
	合计	513	95.7	100.0	
缺失	系统	23	4.3		
合计		536	100.0		

乡风文明是中华民族的优良传统，根据我们的观察，在经济比较发达、儒家文化深厚的内地，一般而言，乡风比较文明。从表6—5可以看出，农民对乡风文明满意度达到半数。其原因主要在于：一是江西持续加大农村义务教育投入的力度，推动农村教育事业发展，为乡风文明持续发展奠定了坚实的基础。一方面，建立和完善了农村中小学教师工资保障机制和公用经费保障机制，积极实施国家"二期义教工程"、农村寄宿制学校建设工程、危房改造工程等，近两年各级财政安排10多亿元资金，改造和新建校舍面积达400万平方米，基本消灭了D类危房；另一方面，大幅度提高了农村中小学公用经费标准，仅2005年就新增农村义务教育公用经费1.2亿元，使全省农村中小学公用经费比上年翻了一番，有效地改善了农村的教育办学条件；同时大力实施农村中小学远程教育工程，仅2005年就安排资金1.22亿元，集中连片对5581所中小学实施"远程教育工程"；此外，仅2005年，中央和地方财政就拨出2.5亿元专款，对全省农村义务教育阶段家庭贫困学生和城市低保户家庭学生实施"两免一

[①] 参见冷淑莲、冷崇总《江西新农村建设的成效、问题与对策》，《价格月刊》2006年第7期以及江西省统计局《社会主义新农村建设的成效、难点与对策》，http://www.stats.gov.cn/was40/gjtjj_detail.jsp?channelid=33728&record=127。

补"政策（即免费提供教科书、免收杂费、补助寄宿生生活费），使江西省 21 个国家扶贫开发重点县的贫困家庭和农村特困家庭以及城市低保户家庭共计 120 万名义务教育学生享受到"两免一补"政策的好处。二是在促进农村文化建设过程中，江西创造性地提出了"政府出资、市场运作、乡镇搭台、农民看戏"的思路，2005 年由省财政安排专项资金 6000 万元进行试点，根据乡镇人口数量，对全省 1400 多个乡镇按 3—5 万的标准，由省财政逐级下达资金控制额度到乡镇，专项用于乡村文化事业。各乡镇政府根据财政安排的额度，在文化部门的指导下，按照市场经济规律要求和竞争的原则，向文艺团体和电影公司购买演出和电影，免费让农民群众观看。同时，因地制宜地组织农民群众开展具有地方特色、健康向上的文体活动。据统计，在农村"三项活动"开展的短短 3 个月内，全省农村受益群众就达 3360 万人。这项活动不仅让农民享受到丰盛的文化大餐，又为基层文艺团体各项事业的发展注入了活力，激活了农村文化市场，形成了多元化的农村文化建设和发展格局，有效地推动了农村精神文明建设的进展。① 但也有近半数的人并未选择此项。这有很多原因，具体表现在：一是农村文化基础设施落后。县文化馆、图书馆大多破烂不堪，大部分乡镇没有综合文化站，行政村更鲜有文化活动室；农村文化建设硬件设施不够，多数乡村没有合适的演出场地、没有放映电影的条件、没有开展活动的场所，给农村三项文化活动的开展造成困难。文化事业资金投入不足，2004 年全省文化事业费占地方财政总支出的 0.53%，离国务院和省政府要求的 1% 的目标还有较大差距。二是全省还有大约 15 万多名农村义务教育阶段的学生因家庭经济困难而辍学。

表 6—6 新农村标准："生产发展、生活富裕、乡风文明、村容整洁、管理民主"，从你们村的发展看，哪几个方面做得较好？

		频率	百分比%	有效百分比%	累计百分比%
有效	村容整洁做得不好	253	47.2	49.2	49.2
	村容整洁做得很好	261	48.7	50.8	100.0

---

① 参见江西省统计局《江西社会主义新农村建设的成效、难点与对策》，http：//www. stats. gov. cn/was40/gjtjj_ detail. jsp？channelid=33728&record=127。

续表

		频率	百分比%	有效百分比%	累计百分比%
	合计	514	95.9	100.0	
缺失	系统	22	4.1		
合计		536	100.0		

随着社会主义新农村建设和农村全面小康社会进程的推进，江西充分贯彻落实党对农村的各项优惠政策，大力加强农村基础设施建设，使农民群众的生活、生存环境有了较大的改善。我们在调查中看见，农村基本实现了乡乡通公路、村村可通机动车，交通的改善不仅为发展农村经济创造了条件，而且为广大农民群众探亲访友、外出旅游提供了便捷；通电话的农户逐年增加，移动电话等先进的通讯手段迅速进入了农民家庭，为农民的信息交流、扩大视野创造了便利条件；加强了农村改水改厕，村容面貌得到很大改善。但由于江西仍有大量农村人口没有饮用自来水，绝大多数农户没有使用无害化厕所，有数百万农村人口还生活在血吸虫病区。在村容村貌方面，农村建房缺乏规划，分布无序、杂乱无章现象普遍存在；村道狭窄，房屋前后紧咬，采光不畅，气流阻塞，更没有植树余地，无法合理绿化；厕所简陋，室内无抽水马桶，粪桶露天；生活用水自然排放，绝大多数村根本没有生活垃圾和污水处理设施。少数地方环境脏、乱、差、散，农民人居环境还不尽如人意。这可能是农民认为村容整洁做得不好的原因。

表6—7 新农村标准："生产发展、生活富裕、乡风文明、村容整洁、管理民主"，从你们村的发展看，哪几个方面做得较好？

		频率	百分比%	有效百分比%	累计百分比%
有效	管理民主做得不好	397	74.1	77.4	77.4
	管理民主做得较好	116	21.6	22.6	100.0
	合计	513	95.7	100.0	
缺失	系统	23	4.3		
合计		536	100.0		

从表6—7看到，江西农民认为管理民主做得不好的占74.1%，这是村民最反感的地方。这里面有诸多原因。从农民自身来看：一是农民本身

缺乏作为民主政治主体的意识,平等意识和权利意识以及政治的责任感均比较弱。体现在实际生活中,即农民的政治民主能力弱化。这在前文的调查中有很多数据可以说明。而正是由于农民对政治生活信息的认知程度低,主体意识淡化和政治参与能力不强,必然使农村基层民主的发展失去了内源动力,影响其政治参与效果,也使新农村政治基础的巩固受到一定程度的制约。我们知道,在市场经济的推动下,加快了人口流动的速度,特别是从农村到城市,这样就出现了大量青壮年农民转向城市,出现了城市本位,导致农村出现劳动力空虚,遗留在农村的老人、小孩、妇女只能勉强维持农村的现状。农村劳动力的丧失使得农村发展缺乏足够的后续推动力,根本无法使农村的建设正常化。二是从农民与政府的关系上看。在计划经济时代,农民的生活资料都是计划分配的,农民自我认同为被治理者,对于农村的发展,不需要农民出谋划策,这样就形成了对政府的依赖,久而久之,在农民的头脑中就是一种政府主导下的被治理的客体意识。在使政府与农民发生关系的农业税等取消后,没有了政府的主导,农民由于依赖的客体意识存在,缺乏强有力的主体意识,这样在农村的发展中就出现了农民对自己的发展和自己村的发展不知所措。从农村基层运行来看:一是基层机构运行经费比较紧张。农村税费改革后,随着乡统筹、村提留和农业税及其附加的取消,村级公益事业管理的资金来源减少。为了确保农村组织的正常运转,各级财政按照以前农业税及附加实际征收数为基数,给予村镇农业税减免补助。但补助资金数额有限,尤其是困难地区,很难满足基层机构正常运转的需要。村级机构更是难以为继,全省财政转移支付资金每个行政村平均大约为4.5万元,低于先进省市村级机构平均8—15万元的水平。二是农村财务存在许多问题。农村财务长期以来受计划经济的束缚,实行家庭联产承包责任制后又一度放松了管理,村级财务管理混乱问题比较突出:少数地方农村财务收支无计划,操作无章程,财务管理不民主、不透明、不公开,或财务公开流于形式,监督缺乏活力;少数村干部以权谋私,违背民主决策程序,擅自处置集体财产等,严重败坏了党风和社会风气。此外,村镇历史债务负担沉重,严重影响了村镇机构正常的办公秩序,村镇债务沉重也是可能引发农民负担反弹的隐患之一。从这个意义上看,一方面要发挥农民的主体作用。农民作为建设社会主义新农村的主体,就必须要强化农民的主体意识,使农民从旁观者转变为新农村建设的参与者。另一方面,要规范农村财务,确保资金安全,从源头上杜绝管理不民主的发生。

(二) 村庄环境治理满意度明显上升

在社会主义新农村建设中,江西省坚持把基础设施建设作为重点之一,把农民最迫切需要解决而政府又能做到的事情作为新农村基础设施建设的切入点,重点抓了路、水、厕三件事,农村的交通、通讯、水电等公共事业的发展,改善了农村生产生活条件,方便了城乡文化经济的交流。为了进一步了解江西农民对所在村庄或社区的环境的真实看法以及对新农村基础设施建设的满意度,笔者设计了以下几个问题来考察。

当问及"您所在村庄或社区的环境给您的感觉如何"时,超过半数的人认为"和以前的村容、公共设施相比,对现今环境觉得很满意",约占26.3%的人认为"还行尚且过得去,没大感觉",也有13.6%的人认为"更喜欢以前的乡村环境"。总体上来讲,还是比较满意。

表6—8　您所在村庄或社区的环境给您的感觉如何?

		频率	百分比%	有效百分比%	累计百分比%
有效	和以前的村容、公共设施相比,对现今环境觉得很满意	284	53.0	54.3	54.3
	更喜欢以前的乡村环境	73	13.6	14.0	68.3
	还行尚且过得去,没大感觉	141	26.3	27.0	95.2
	其他	25	4.7	4.8	100.0
	合计	523	97.6	100.0	
缺失	系统	13	2.4		
	合计	536	100.0		

但当问及"您对本村基础设施建设的满意度如何"时,满意的和不满意的均未超过半数,有261人约占48.7%的人表示满意,219人约占40.9%的人表示不满意,这说明目前农村的基础设施建设前景堪忧,有必

要大力加强基础设施建设。约占40.9%表示不满意的人其主要原因在于,虽然农村基础设施建设取得了骄人成绩,但是其建设力度严重滞后于经济社会发展的速度,底子薄且投入不足,农村基础设施整体水平落后;相当一部分地方基础设施特别是交通、电力、通讯和农田水利基础设施总量和规模较小、水平较低,基础设施及配套功能陈旧、老化、落后甚至失效的问题比较明显,等级化、现代化、综合化、系统化程度较低,抗御大灾大害的能力和对经济发展的承载力较弱。

表6—9　　　　　　　　您对本村基础设施建设的满意度如何?

		频率	百分比%	有效百分比%	累计百分比%
有效	满意	261	48.7	49.6	49.6
	无所谓	46	8.6	8.7	58.4
	不满意	219	40.9	41.6	100.0
	合计	526	98.1	100.0	
缺失	系统	10	1.9		
	合计	536	100.0		

当问及"您对现居住地的交通是否满意"时,表示"非常满意,比以前方便得多"的有215人,约占40.1%,加上回答"基本满意"的39.7%,农民对目前农村交通状况较为满意的达到79.8%。仅有6.7%共36人表示不满意,约8人占1.5%的人表示"极不满意"。

表6—10　　　　　　　　您对现居住地的交通是否满意?

		频率	百分比%	有效百分比%	累计百分比%
有效	非常满意,比以前方便得多	215	40.1	40.5	40.5
	基本满意	213	39.7	40.1	80.6
	一般	59	11.0	11.1	91.7
	不满意	36	6.7	6.8	98.5
	极不满意	8	1.5	1.5	100.0
	合计	531	99.1	100.0	
缺失	系统	5	0.9		
	合计	536	100.0		

当问及"您跟远方亲戚朋友联系的方式首选什么"时，回答首选"打电话"的有498人，约占92.9%，回答"网聊或电子邮件"的居然有20人，占3.7%。

表6—11　您跟远方的亲戚朋友联系方式首选什么？

		频率	百分比%	有效百分比%	累计百分比%
有效	写信	9	1.7	1.7	1.7
	打电话	498	92.9	94.5	96.2
	网聊或电子邮件	20	3.7	3.8	100.0
	合计	527	98.3	100.0	
缺失	系统	9	1.7		
合计		536	100.0		

当问及"您外出到附近的城镇首选的交通工具是什么"时，回答首选"摩托车"的有257人，占47.9%，回答"公交车"的达到170人，占31.7%。

表6—12　您外出到附近的城镇首选的交通工具是什么？

		频率	百分比%	有效百分比%	累计百分比%
有效	自行车	53	9.9	10.0	10.0
	摩托车	257	47.9	48.5	58.5
	私家车	39	7.3	7.4	65.8
	公交车	170	31.7	32.1	97.9
	其他	11	2.1	2.1	100.0
	合计	530	98.9	100.0	
缺失	系统	6	1.1		
合计		536	100.0		

上述比如公交车、网络这些在以往只在城市里才有的东西现在农村也有，而且不仅存在，并有逐渐普及之势，这得益于国家实行的"村村通"工程实施的结果。据资料显示，江西省始终把农村公路建设作为加大"三农"工作力度、改善农村基础设施建设、促进农业经济发展、造福广

大农民群众的一项重要举措来抓。自2003年以来，江西省启动了新中国成立以来规模最大的农村公路建设项目，当年硬化农村公路6895公里，一年就超过"十五"计划6000公里的目标。至2010年底，全省农村公路总里程达12.5万公里，硬化里程达8.8万公里，乡镇通油（水泥）路率达100%，建制村通油（水泥）路率达100%。12.5万公里农村公路的建设，不仅极大地改善了农民群众的出行条件，而且使农副产品运输更快捷、成本更低，大大促进了农村经济的发展。"十二五"期间，江西省将继续加快农村公路建设速度，进一步完善农村公路路网，真正实现"货畅其流，人畅其行"。[①] 2006年5月，江西被列为全国自然村村村通电话工程两个试点省份之一，自然村村村通电话工程正式启动。几年来，江西通信业围绕"百个乡镇信息化试点、千个行政村通宽带、万个自然村通电话"的"百千万"任务，推进村村通电话工程向自然村延伸，宽带网向行政村覆盖。至2009年8月底，全省已全面实现了自然村村村通电话，提前1年多完成了"十一五"规划任务。在为期3年多的自然村村村通电话工程中，全省通信行业累计投资54.25亿元，敷设传输光缆13.19万公里，新建移动基站1.25万个，新增自然村通电话37908个，实现全省155998个5户以上自然村村村通电话，农村电话网络实现全省覆盖。[②] 同时，到2010年年底，江西已经实现了全部行政村通宽带的目标。

基于上述分析，改革开放以来，江西老区农民对现状总体上还是较为满意的。

（三）参与生态文明建设的积极性增加

随着经济发展、社会进步、工业化以及城市化的推进，政府和民众对农村生态环境越来越重视。为改善农村生态环境，政府投入了大量的资金，出台了一系列的措施，加大了环境保护和治理的力度。但是江西的农村地区，生态环境虽有一定改善，现状却不容乐观。广大农民对为了经济发展而滥用资源，农业方面由于大量使用化肥农药，导致面源污染加剧，

---

① 参见胡萍《江西村村通油（水泥）路农村公路里程达12.5万公里》，《江西日报》2010年12月31日。

② 参见王东《江西"村村通"电话工程下乡》，江西文明网2009年9月15日。

生态失衡。乡镇企业污染治理措施缺位，加上城镇污染物的排放，使农村地区无法全面摆脱"脏、乱、差"的现状表示担忧。

党的十七届三中全会把"农村人居和生态环境明显改善"作为农村改革发展的目标之一。作为一个农业省，江西坚持按照生态文明的要求建设社会主义新农村，促进了经济社会又好又快发展和人与自然和谐相处。在新农村建设中坚持高起点确定工作目标：提出建设"人居生态化、生产现代化、生活城市化"的现代新村。大力发展绿色产业特别是生态农业，同时根据不同情况进行规划，着力形成一村一品[①]、一村一景、一村一业、一村一韵的建设格局。开展以"三清六改四普及"[②] 和"三绿一处

---

① "一村一品"，是指根据一定区域的资源禀赋和特点，以市场为导向，变资源优势为产业和品牌优势，使其逐步形成具有区域特色的产业链或产业集群。"一村一品"强调的是一个村至少要开发一种具有本地特色、打上本地烙印的产品，并围绕主导产品的开发生产，形成特色突出的主导产业。

② 三清六改四普及：

三清：清垃圾、清污泥、清路障。

六改：1. 改水：通过改水保证农村居民全部用上清洁卫生的饮用水。对含氟地区和饮用水受污染的村，要进行饮用水改造；对缺水地区要解决水源问题。改造方式根据不同条件选择不同方式，包括引山泉水，打深水井、建小型自来水等。2. 改厕：每个村庄要建立一处以上带粪便净化处理池的公厕。鼓励农民建沼气式厕所、无公害厕所和水冲式厕所。消除露天粪坑，拆除影响村容村貌的坑式老厕。3. 改路：试点村规划区主干道、次干道硬化、巷道平整畅通，有条件的村尽量保持恢复小巷原有的青石板路，落实好道路养护措施。规模较大的村庄力求形成网络格局，主干道按主行道标准规划设计建设。4. 改房：做到外观整洁，保持徽派建筑特色风貌。坚持"一户一宅"，拆除或改造土坯房和危房、"空心房"。引导有建房需求的农民在规划区内拆旧建新，引导独立户和分散户集中建房。对新建和改造的农户，必须按规划部门或乡镇、村提供的房型进行建造。5. 改栏：做到人畜分离。有条件的地方提倡发展畜牧小区。6. 改环境：村庄按美化、亮化、绿化标准进行环境改良，在保护好原有古树名木的基础上，村头、村尾、主干道两旁、庭院原则上要求种树、种花。

四普及：1. 普及农村有线电视：实行全县所有乡（镇）所在地和公路沿线大自然村广播电视光缆联网。用三年时间完成全县所有乡镇所在地及公路沿线大自然村的光缆联网工程，新农村试点自然村要优先联网。2. 普及通讯（含电话、无线通讯、宽带网络）：试点村有线电话入村率达到80%，农户电话普及率应达到20%以上，80%可以接收无线通讯信号。3. 普及沼气：有条件的试点村应普及沼气。进行"一池三改"即建一个沼气池，改厨、改厕、改猪圈。开展沼气的综合利用，推广猪—沼—果、猪—沼—鱼、猪—沼—茶、猪—沼—菜等种养模式。4. 普及太阳能：积极推广适合农村特点的清洁能源的利用，在有条件的村庄和农户逐步推广使用太阳能热水器。

理"① 为主要内容的村庄清洁绿化工作,让农民走平坦路、喝干净水、上卫生厕、住整洁房、用洁净能源的同时,推进村点庭院绿化、道路绿化、村旁绿化和垃圾无害化处理建设,打造出一批房前屋后果园、村里道路林荫化、村庄周围风景林的生态文明村。以江西省永丰县沙溪镇为例,该镇积极开展生态文明家园创建活动,大力提倡农民使用绿色环保节能产品,把推广建筑节能作为缓解资源要素制约的重要举措来抓,加大新材料、新技术的宣传推广使用力度,让新民居与新能源相互结合,大力推广使用太阳能热水器、照明设备、沼气池、节能灶、电动车等一系列节能产品。同时,提高土地资源的综合利用率,避免了随处乱搭乱建烧柴厨房、杂物间、厕所和划地圈养家畜。统一采用"畜禽污染治理—生物有机肥—绿色农业"的可持续发展模式。目前,全镇已累计节约土地370多亩,节约能源1600多吨标准煤。"如今生活真是好,俺们洗澡也靠太阳了,只要晒上半天儿,龙头一拧,热水就来了。"该镇沙溪村村民李柳英一边介绍,一边算着一笔账:"用沼液沼渣施肥种上的蔬菜青翠欲滴,一上市就成为抢手货,每年猪粪肥田还可省化肥1.5到2吨,直接降低种植成本4000多元呢。"② 江西泰和县2009年6月以来按照"一年试点、二年铺开、三年完成"的工作思路,围绕推进生态文明建设,坚持"以人为本,保护环境"的理念,按照"清洁卫生、无害处理、简便实用、群众欢迎"的要求,重点治理好农村非有机垃圾对环境的污染,提出城乡环境卫生一体化管理,建立了县乡村三级专业管理机构,配置了清扫、清运专业设施。截至目前,该县已投入农村垃圾处理资金400多万元,新建垃圾焚烧炉120多座,垃圾池290多座,有机垃圾肥窖8000多个,添置垃圾桶、果壳箱7300个,添置垃圾清运车370多辆,聘请农村特困户或五保户398人为保洁员,选择碧溪、禾市、马市等8个圩镇和392个省批新农村建设点、229个非农村建设村点开展农村垃圾处理工作试点。泰和县塘洲镇塘洲村村支书严春山指着前面的池塘说:"瞧瞧,这池塘原来水面上漂满了农药瓶、塑料袋、死了的家禽家畜,臭气熏天,现在好多了,清澈多了,

---

① "三绿一处理"指的是:农户庭院绿化;村内道路绿化;村庄四旁绿化;逐步实现"路边有绿树、庭院有绿荫、活动有绿地、视野有绿廊"以及垃圾处理的工作目标。

② 朱龙华、黄聪:《永丰县沙溪镇开展生态文明家园创建活动》,江西文明网 http://wmjs.jxwmw.cn/system/2010/08/16/010215831.shtml。

村民们还可以在这儿洗衣洗菜了。下一步,我村准备把池塘边上这块原来堆垃圾的空地改造成文化娱乐广场,安上健身器材,建半个篮球场,这样不但美化了环境,村民还有了休闲娱乐的好去处。"泰和县澄江镇西门石狮梁家村村支部书记说:"几年前搞新农村建设,尽管村里脏乱差的大环境有所改善,但生活垃圾到处乱倒、村民卫生意识淡薄等问题却没有得到根本转变。自县里开展农村清洁工程以来,我村组建了保洁队伍,并根据实际情况划分卫生责任区,保洁员按所包责任区,实行定时保洁、定点清扫,并要求村民自觉打扫房前屋后卫生,清理房屋周边沟渠道路的杂草,要求各家柴草摆放整齐、农具要专间堆放有序,农家院落要求清爽、整洁。你看,现在好多了,哪里都干净了,随便到哪家都好像过年一样干净。"[①]

专栏二 确保五个到位 创建清洁家园

吉安县创新举措,积极探索,扎实推进农村清洁工程,取得了较好成效,受到了广大群众好评。

一、加强领导,明确责任,确保领导力量到位

为加大全县农村垃圾处理工作推进的力度,吉安县成立了由县政府主要领导任组长,县委、县政府分管城镇建设、农业农村工作的领导分别任副组长,县城管局、规划建设局、环保局、教育局、卫生局有关领导为成员的全县农村清洁工程领导小组,领导小组下设办公室于县新村办内,由新村办常务副主任任办公室主任,并从成员单位抽调一名副科级干部任办公室副主任,重点做好农村垃圾处理的日常工作。同时,县财政已安排清洁办工作经费15万元,保障清洁办工作正常运行。乡镇圩镇所在地的垃圾处理工作由分管城管、规划建设的县领导牵头负责;乡镇政府和县城管局、规划建设局、环保局等单位具体组织实施;新农村建设点垃圾处理工作由分管农村工作的县领导牵头负责;县新村办、乡镇政府和村点具体组织实施,技术处理方面由县城管局、规划建设局负责指导。

二、明确目标,选定模式,确保任务完成到位

在总结往年垃圾处理试点工作经验并充分征求县直有关部门、乡镇、

[①] 车周群、刘国卫:《泰和县农村"清洁工程"惠及万家农户》,江西文明网 http://wmjs.jxwmw.cn/system/2010/08/12/010215457.shtml。

村组意见的基础上，吉安县出台《进一步推进农村垃圾处理的实施意见》，确定农村垃圾处理工作的总体目标：一年试点启动，两年面上推开，三至五年大见成效，到2013年底，农村村（居）民的环保意识得到全面提高，建立起比较完善的农村生活垃圾收集处理体系，力争全县农村生活垃圾收集率达到90%以上，垃圾处理率达到80%以上，达到"六个基本没有"：即农户房前屋后基本没有零星垃圾，农户庭院基本没有随地流淌的污水，村间、集镇基本没有散放的垃圾，江河、库塘水面基本没有漂浮的垃圾，村间道路基本没有裸露的人畜粪便，通村（村边）公路、铁路沿线基本没有散落的垃圾。

在垃圾处理模式上，吉安县推行垃圾处理123模式，即：一回收：即农户（学生）把废塑料制品、破衣烂鞋、各类软包装瓶、废纸屑等能回收的无机垃圾分拣出来后，由保洁员回收并出售给废品收购站。二分散：即农户（学校）日常生活中产生的剩菜、剩饭、烂菜、瓜果皮以及人粪便、禽畜粪便、生活污水等有机垃圾由分散的农户（学校）倒入沤肥窖或沼气池转化为有机肥入田。农民（学校）建房产生的废砖、废陶瓷、废瓦、余土等建筑垃圾，一律由业主或责任人负责清运，就近分散回填废塘、洼地或机耕路面。三集中：即不可回收无机垃圾采取三种方式集中处理：一是依托县城设施集中处理。对位于县城垃圾填埋场、压缩站10公里范围内的敦厚、永和、横江、凤凰、梅塘等乡镇圩镇、中小学校和村庄，采取"户（学生）分类、村（学校）收集、乡镇运输、县处理"方式进行无害化集中处置，实现垃圾处理设施资源共享。二是依托乡镇设施集中处理。离乡镇垃圾中转站或垃圾填埋场5公里范围的村庄、中小学校，依托乡镇垃圾填埋场，采取"户（学生）分类、村（学校）收集、乡镇运输处理"方式进行生活垃圾集中处置。三是依托中心村设施集中处理。离县城、圩镇较远（5公里以外）的行政村，在其中心村建设一个垃圾焚烧炉或填埋场，离中心村2公里范围内的自然村、小学的垃圾采取"户（学生）分类、村收集处理"方式进行集中焚烧、填埋；其它边远自然村的垃圾就地集中处理。

三、完善设施，落实人员，确保硬件保障到位

配备垃圾处理设施是做好垃圾整治工作的基本条件。我县要求农户垃圾处理做到"四个有"：即有垃圾存放桶（袋），有有机垃圾堆沤窖

（池），有三格式化粪池（沼气池），农户垃圾分类处理、日产日清，门前房后有一个干净整洁的院舍环境。村庄垃圾处理做到"五个有"：即有供垃圾集中堆放的垃圾池，有托运垃圾的专用车（板车、三轮车等），有焚烧池、填埋场等处理垃圾的专用设施场所，有垃圾清运处理保洁员，有定期打扫环境卫生、处理垃圾的运行管理制度。确保村庄环境干净整洁，垃圾无害化处理达90%。圩镇垃圾处理做到"六个有"：即有垃圾集中堆放的垃圾池，有清运垃圾的专用车（板车、机动车），有填埋场、焚烧炉、中转站等处理垃圾的专用设施场所，有清运垃圾的保洁员，有监督管理卫生打扫、环境整治的城管中队，有整套卫生清扫、环境整治的运行管理制度，确保圩镇市场街巷、中小学校干净整洁，垃圾无害化处理达90%。

组建保洁队伍是落实垃圾处理的关键，吉安县为此进一步加强了环卫保洁队伍建设：一是充实乡镇城管中队。各乡镇明确由一名副科级领导分管，至少安排1名全额拨款的正式干部专管，其工作经费由县、乡财政予以补助，乡镇城管中队承担乡镇辖区范围内的垃圾处理工作。二是建立保洁员队伍。村庄按每50户左右配1名，集镇按常住人口每500人配1名的标准建立充实保洁队伍。对村庄保洁员重点选择有积极性、有一定劳动能力的低保户、困难户，由村委会推荐、乡镇审核、县民政局审批、县新村办备案，上岗前由乡镇统一进行培训，其工资报酬依照工作量大小来确定。已落实村庄保洁员388名，圩镇保洁员92名。

四、加强考核，完善机制，确保工作落实到位

为使全县农村垃圾处理工作制度化、长效化和规范化，在去年垃圾处理的基础上，吉安县制定了《农村垃圾处理操作办法及流程》、《农村保洁员工作职责》等规章制度。同时，进一步完善了农村垃圾处理工作督查考核机制，县农村"卫生清洁"工程领导小组对各乡镇开展工作的情况实行不定期督查，查找问题，发现典型，提出建议。对已经开展工作的查成效、对工作正在进行的查进度、对没有开展工作的查原因、对影响工作落实的查责任。领导小组对各乡镇村开展活动的情况做到每月一次调度，如实通报情况；每季一次评比，按序排出名次，对连续两次被评为倒数三名的乡镇进行通报批评，限期整改。把农村垃圾无害化处理纳入新农村建设、小城镇建设年度工作目标进行考核，重点考核农村垃圾处理硬件和软件建设特别是建立长效机制等情况，凡垃圾处理工作考核不过关的，

年度新农村建设、小城镇建设工作不能评先表彰，通过奖优罚劣，充分调动各乡镇工作的积极性。（文/袁利钤）

（来源：吉安县新农村建设办公室，2014—01—15，http：//www.jx-agriec.gov.cn/b_include/xncdetail.asp？fileclass=Q&ID=1739）

当问及"您对您所在村镇的绿地建设是否满意"的时候，回答"非常满意，感谢新农村建设带来的美好家园建设"的有159人，占29.7%，有173人占32.3%的表示基本满意，二者相加共有62%的人表示满意。有111人占20.7%的人表示"一般"。表示不满意和极不满意的有16.2%。这表明新农村建设在恢复农村村镇绿地方面还有很多工作要做。采访中一位村民说："现在大家都不乱倒垃圾了，而是集中倒至保洁员的清运车里或者垃圾池里。村里干净了，大家都看着舒服，干活也有劲。"说起农村"清洁工程"的好处，该村的一位老党员感受最深："我今年都69岁了，以前总觉得只有街上的人才注意家庭卫生，我现在第一次感到原来我们乡下也可以这么干净。环境好、心情好，能长寿呢！"[1]

表6—13　　您对您所在村镇的绿地建设是否满意？

		频率	百分比%	有效百分比%	累计百分比%
有效	非常满意，感谢新农村建设带来的美好家园建设	159	29.7	30.0	30.0
	基本满意	173	32.3	32.6	62.6
	一般	111	20.7	20.9	83.6
	不满意	67	12.5	12.6	96.2
	极不满意	20	3.7	3.8	100.0
	合计	530	98.9	100.0	
缺失	系统	6	1.1		
	合计	536	100.0		

---

[1] 车周群、刘国卫：《泰和县农村"清洁工程"惠及万家农户》，江西文明网 http://wmjs.jxwmw.cn/system/2010/08/12/010215457.shtml。

当问及"您对所在村镇的空气质量是否满意"的时候，回答"非常满意"的有146频次，占27.2%，有239人占44.6%的人表示基本满意，二者相加共有近72%的人表示满意。有107人占20.0%的人表示"一般"；表示不满意和极不满意的有7.1%。总体来看，接受调查地区农村村镇空气质量良好，群众满意程度较高。

表6—14　　　　　　　您对所在村镇的空气质量是否满意？

		频率	百分比%	有效百分比%	累计百分比%
有效	非常满意	146	27.2	27.5	27.5
	基本满意	239	44.6	45.1	72.6
	一般	107	20.0	20.2	92.8
	不满意	27	5.0	5.1	97.9
	极不满意	11	2.1	2.1	100.0
	合计	530	98.9	100.0	
缺失	系统	6	1.1		
合计		536	100.0		

农村生态文明建设的背后是城乡二元体制导致的一系列环境问题，农村的生态文明的发展极不平衡，国外一些国家的政策措施已经趋于成熟，对江西农村生态文明建设具有很大的借鉴作用。第一，确立农村与城市生活等值的理念。解决城乡生态发展二元结构问题的核心理念是实现"农村与城市生活不同但是等值"。所谓等值，指的是不通过耕地变厂房、农村变城市的方式使农村在生产、生活质量实质上与城市逐渐消除差异，包括劳动强度、工作条件、就业机会、收入水平、居住环境等都与城市一样。这种城乡生活等值的理念是现代化的理念，有助于缩小城乡之间过大的差距。第二，完善的政策法律制度是农村生态建设的保障。首先应建立一套完整的政策体系。加快农村生态文明建设，是一项艰巨的系统工程，要避免"内耗"和"空转"，必须形成一套完善的政策法规。其次，建立一套行之有效的工作方法和工作机制，比如，建立农村生态文明建设指导机构、研究机构和培训机构、督察机构等，改善各项指标政策，建立完整的法律机制，通过政策激励、投入拉动、发展引导等措施为农村生态文明

建设提供保障。最后，由于不同的地区有不同的特点，要因地制宜地根据不同地区的特点设计相关的农村生态文明建设模式。第三，公众的积极参与和广泛支持提供了群众基础。农村生态文明的建设，没有农民的参与是不可能实现的。注重对农民信念的培养，激发农民的热情与活力，启发农民、激励农民，充分调动广大农民的主观能动性。注重农民的主体意识、公民意识、民主意识、法律意识特别是生态意识的培养与形成，不断启蒙农民思想，提高农民素质，培育新型农民，真正发挥农民作为一个国家公民的主体作用，为农村生态文明建设提供群众基础。第四，重视对景观和生态的保护。要求农村在发展的同时，重视对自然景观和传统文化风貌的保存和发展，实现传统保护与现代建设的统一。第五，增进文化内涵来促进农村生态文明的建设。韩国、巴州等在农村建设中自始至终都贯穿着农村文化建设的理念。江西省的农村生态文明建设也要从提高人的素质入手，首先要加强农民职业技能的培训和文化素养的养成，充分利用农校、乡镇农民技术学校以及广播电视等经常性的培训。其次要加强农业科技的推广，提高农民的科技观念和技能，鼓励创办以科技推广为纽带的专业农民技术协会和其他农村服务性组织。再次，要加大农村基础公共文化教育事业经费的投入。采取政府投资、民间集资、社会赞助等多种方式加快农村文化教育事业的发展。第六，加大对农村生态文明建设的财力投入。农村生态文明的建设需要巨大的资金支持，应不断增加财政支农的比重，引导企业和个人进行资金的投入，特别是要引导农业龙头企业参与新农村建设。进一步体现公共财政支持农业和农村发展的性质。对农村生态文明的建设资金投入，不搞平均主义，要奖勤罚懒、奖优罚劣，激发村民的责任感和荣辱意识。

（四）社会治安环境满意度较高

治安环境是一个衡量生活品质高低的重要评价指标。当问及"您对所居住村镇的治安环境满意吗"时，调查结果显示，有19.6%的被调查者对现居住地的治安环境非常满意，有53.7%的被调查者对现居住地的治安环境基本满意，二者相加有73.3%的被调查者对现居住地的治安环境表示满意。认为"一般"的有100人，占18.7%，表示"不满意，喜欢原始纯朴的氛围"的人仅为26人，占4.9%，当然也有11人表示"极不满意"。

表 6—16　　　　您对所居住村镇的治安环境满意吗？

		频率	百分比%	有效百分比%	累计百分比%
有效	非常满意	105	19.6	19.8	19.8
	基本满意	288	53.7	54.3	74.2
	一般	100	18.7	18.9	93.0
	不满意，喜欢原始纯朴的氛围	26	4.9	4.9	97.9
	极不满意	11	2.1	2.1	100.0
	合计	530	98.9	100.0	
缺失	系统	6	1.1		
	合计	536	100.0		

因此，当问及"您对您居住的村子喜欢吗？"时，有25.6%的人表示"非常喜欢"，有32.3%的人表示"很喜欢"；表示"一般"的有34.1%；真正不喜欢的仅占6.2%。这也恰好印证了目前江西老区农民的一些真实想法。

表 6—17　　　　您对您居住的村子喜欢吗？

		频率	百分比%	有效百分比%	累计百分比%
有效	非常喜欢	137	25.6	26.0	26.0
	很喜欢	173	32.3	32.9	58.9
	一般	183	34.1	34.8	93.7
	不喜欢	33	6.2	6.3	100.0
	合计	526	98.1	100.0	
缺失	系统	10	1.9		
	合计	536	100.0		

二　农民对自身发展及未来愿景的认知

（一）农民生活求稳心理主导化

调查显示，农民感觉到生活中的风险和生存的压力总体上比较大，认为"很大"的有78人，占14.6%；回答"比较大"的有183人，占

34.1%；回答"一般"的为226人，占42.2%；回答"比较小"的仅有43人，占8.0%。

表6—18　　　　　您感觉生活的风险和生存的压力：

		频率	百分比%	有效百分比%	累计百分比%
有效	很大	78	14.6	14.7	14.7
	比较大	183	34.1	34.5	49.2
	一般	226	42.2	42.6	91.9
	比较小	43	8.0	8.1	100.0
	合计	530	98.9	100.0	
缺失	系统	6	1.1		
合计		536	100.0		

当问及"您未来三年有没有具体的想法"时，有281人表示"认真地想过，正在积极争取实现"，占52.4%；有158人回答"想是想过，能不能实现很难说"，占29.5%；仅有15.7%的人回答"以后的事多想也没有用，只能走一步看一步"。可见，绝大多数被调查者对未来三年是有一定规划的，并不是盲目地生活，这也恰好印证了我们在前面调查的，绝大多数农民挣钱和花钱都是有计划的。

表6—19　　　　　您未来三年有没有具体的想法？

		频率	百分比%	有效百分比%	累计百分比%
有效	以后的事多想也没用，只能走一步看一步	84	15.7	16.1	16.1
	想是想过，能不能实现很难说	158	29.5	30.2	46.3
	认真地想过，正在积极争取实现	281	52.4	53.7	100.0
	合计	523	97.6	100.0	
缺失	系统	13	2.4		
合计		536	100.0		

在问及自己的实际打算和未来发展的目标是什么时,有34人希望成为"收入高而且随时可以辞工的私营企业合同工",占6.3%;有196人希望自己成为"虽然冒险可能赔钱,但赚钱机会也多的个体工商业经营者",占36.6%;有213人希望自己成为"种好地,再搞些副业,收入比一般农民高的有技术的农民",占39.7%;另外,有58人希望做"种好地,日子过得安稳就行了的一般农民"就可以。从上述数据可以看出,半数以上农民还是"求稳"心态起作用,只要老老实实种好地,有个好收成,日子过得安稳即可。这种状况与江西三面环山的地理地形条件和长期的小农耕经济所形成封闭的小农耕文化有密切的关联,这种文化的特征是思想上的封闭保守、夜郎自大、自以为是、墨守成规、不思进取、不求上进和行动上的自给自足、安于现状、固步自封、按部就班、裹足不前、小富即安。有专家认为这也是造成江西长期落后的主要原因之一。[①] 将近半数的农民不甘心一辈子做传统农民,希望能够闯一闯,冒一冒,能够多挣钱。这种状况表明,多年来,随着改革开放的深入,江西农民的思想解放教育活动取得了很大成效,党和政府要进一步加强思想解放的力度,创建开放型的先进文化,为江西加快发展、实现中部崛起提供思想动力。

表6—20　　您希望自己成为:

		频率	百分比%	有效百分比%	累计百分比%
有效	收入高而且随时可以辞工的私营企业合同工	34	6.3	6.5	6.5
	虽然冒险可能赔钱,但赚钱机会也多的个体工商业经营者	196	36.6	37.6	44.1
	种好地,再搞些副业,收入比一般农民高的有技术的农民	213	39.7	40.9	85.0
	种好地,日子过得安稳就行了的一般农民	58	10.8	11.1	96.2

[①] 王明美:《从历史的跨度看江西崛起》,《求实》2005年第10期。

续表

		频率	百分比%	有效百分比%	累计百分比%
	其他	20	3.7	3.8	100.0
	合计	521	97.2	100.0	
缺失	系统	15	2.8		
	合计	536	100.0		

(二) 农民城市抉择心态矛盾化

新中国成立以后，随着社会主义建设事业的发展，农村之间、城镇之间、城乡之间的人口迁移相应增多。特别是经济体制改革和商品经济的发展，进一步导致了农村人口向城镇的迁移和流动。尤其是近几年来，农村人口数量急剧下降。原来五六百人的大村，现在常住人口大约也只有二百多人，有的村常住人口甚至只有几户、几十户。在经济现代化的过程中，正常情况下，人口迁移与人口城镇化总是同步进行的。但是，这里有必要区分人口流动和人口迁移这两个概念。人口流动是一种低水平的劳动力转移方式，劳动力的户籍仍在原户口所在地不动，只是居住地随工作地点而变化。人口迁移是劳动力转移的另一方式，劳动力的户口随居住地的变化而迁移。那么农村居民的迁移意愿如何呢？有哪些因素导致人口迁移的呢？如何促进人口迁移尤其是如何促进农村剩余劳动力的转移呢？

人口迁移的经典理论中有许多影响农村人口迁移的主要因素的论述。

在中国之外的国家或地区学者们的研究成果十分丰硕，具体体现为以下几个观点。

在刘易斯经济发展模型中，农村劳动力转移是伴随经济发展过程，通过两种在时空上并存的形式而最终实现。一种形式是产业转移，即社会劳动力从传统的自给自足的农业部门流向现代资本主义工业部门，另一种形式是地域转移，即劳动力由农村向城市转移。刘易斯的就业理论强调以工业化、城市化来实现农村劳动力向城市工业的转移，利用农业部门的隐形性失业提高劳动部门的资本积累。刘易斯提出的二元经济发展模型为发展中国家指出了一条工业化的道路，加速了农村劳动力要素从农村向城市的单向流动，但是，当与转移来的农村劳动力要素相结合的城市资本供给出现告急，或者说，城市资本聚集的速度小于劳动力要素向城市转移的速度时，就会产生像我国的"农民工边缘化"的现象。

拉尼斯、费景汉等人对刘易斯的二元结构模型作了重要的补充和修正。重视人口增长因素，提出了部门间平衡发展的思想。并把农业剩余劳动力转移过程的实现，由一种无阻碍过程变为一种有可能受阻的三阶段发展过程，丰富了农业剩余劳动力理论的内容。费景汉、拉尼斯等人把经济发展分为三个阶段。第一阶段，传统农业部门存在大量的隐性失业，其中有相当一部分劳动者的边际生产率接近于零。当这部分劳动力向现代工业转移时，农业总产量维持不变。第二阶段，随着工业的扩张，逐步吸收边际劳动生产率低于平均产量的隐性失业人口，直到全部吸收完毕为止。由于这部分劳动力的边际生产率是正值，他们转入工业部门后，会引起农业总产量下降，农业剩余不能满足他们转入工业后的需要，从而开始出现粮食短缺。第三阶段，经济进一步发展，要求扩大资本积累，推动技术进步和提高劳动生产率，以此解决粮食短缺问题。因而，他们强调，如果要刘易斯的二元经济体系继续发展而不中止，农业必须和工业一起增长。费景汉—拉尼斯模型在农村劳动力要素转移的过程中，虽然考虑到了这种劳动力要素从农村向城市单向流动时，会引起农业劳动力的边际产品的变化，从而促进了劳动力要素供需机制的形成，避免了刘易斯模型所带来的这种局面：劳动力要素有足够的动力流动，却不能充分地和资本结合。

托达罗（M. P. Todaro）等人的研究表明，城乡经济收入的差距是决定农村人口迁移的最主要因素。因此，他认为，按照刘易斯模型采取资本向现代工业部门倾斜的工业化战略并不能够解决发展中国家的农村剩余劳动力问题，相反应当扩大农村中的就业机会，鼓励农村的综合开发，以缩小城乡就业之间的不平衡，从而缓解农村人口向城市的流动。

拉文斯坦、库舍利和厄文特·李等人认为，引起和影响农村劳动力转移的因素一般来自四个方面，即原居住地的因素、转入地的因素、中间障碍因素、转移者个人因素。每个地区同时存在引起和促使农村劳动力转移的力量及排斥和阻碍农村劳动力转移的力量。农村劳动力转移正是这些因素综合作用的结果。他们据此提出推拉学说。他们认为，劳动力由农村向城市转移是农村内部推力如农业人口过度增长、资本技术替代作用、农业资源减少等和城市的拉力如城市较高的收入水平、较佳的就业机会、便利的生活条件两种力量共同影响、交互作用的结果。

舒尔茨认为,贫穷国家经济增长缓慢的原因,一般并不在于配置传统农业要素方式的明显低效率,农业迅速增长主要依靠向农民进行特殊投资,以使他们获得必要的新技能和新知识,从而实现农业经济的增长,以及有效的就业安置。他强调农业发展和农村劳动力转移必须提高劳动力的素质,强调开发人力资本的重要性。

乔根森以新的假定从新的角度考察了城乡人口迁移,提出了具有古典色彩的二元经济模型。他指出,农业剩余是劳动力从农业部门转移到工业部门的充分必要条件,他不承认农业有边际生产率等于零的剩余劳动力存在,也不认为农业与工业的工资水平是固定不变的。他认为农业剩余劳动力向非农产业部门转移的根本原因,在于消费结构的升级,是消费需求拉动的结果。

史翠克(Stark)和布鲁姆(Bloom)也认为个体的受教育水平对迁移有较大的影响,同时他们还认为职业和所掌握的技能也是影响其迁移的因素之一。

有学者研究表明,城乡收入的差异、城市较多的创业和就业机会及城市便利的生活设施等是吸引农村人口进入异地城镇的主要因素;而城市居住和生活成本较高、农村土地使用流转制度不完善、城市就业风险较大等则是制约农村人口进入异地城镇的主要因素[1]。周皓(2004)利用2000年第五次全国人口普查的数据,通过对我国人口家庭迁移的影响因素进行分析发现,家庭规模的大小、家庭成员的组成情况(家庭老人数、家庭小孩数)、家庭的住房面积和住房类型等因素对家庭成员的迁移有着重要的影响。[2] 徐艳(2003)基于家庭层次,探讨了湖北小范围地区农村的农民的迁移行为,通过研究发现,家庭人口特征(包括家庭的规模、家庭的类型和家庭成员的年龄)对农村家庭成员的外迁人数及迁出人员的类型存在较大的影响,同时家庭的社会特征(包括在城里拥有的网络关系、

---

[1] 参见王雅莉《劳动力转移:我国当前城市化经济运行的重要目标》,《中国城市经济》2003年第10期。

[2] 周皓:《中国人口迁移的家庭化趋势及影响因素分析》,《人口研究》2004年第6期。

迁移的信息获取等）对家庭成员的迁移也有相当大的影响。[①] 有学者通过对中国城乡人口迁移的实证研究,发现家庭中的劳动力数量以及家庭拥有的土地数量尤其是耕地面积是影响农民迁移决定的重要因素。[②] 除此之外,还有不少研究表明,个体的迁移历史对其迁移行为有很大的影响,因为有迁移经历的人再度迁移时,其迁移成本,特别是迁移的心理成本比没有迁移经历的人要小得多,因此迁移倾向也更明显。珊德弗（Sandefur）和斯科特（Soott）也认为迁移历史对迁移行为会产生很大的影响。[③]

1. 江西农民对城市还是有一种向往意愿,在条件许可范围还是愿意迁入城市的

当问及"您认为城市与农村比较,主要的特征在于什么？"时,认为城市主要特征排在前三位的是热闹繁华＞清洁卫生＞竞争激烈＞花费很大＞法规健全＞人情冷淡＞空气污染严重＞机会多＞挣钱容易＞秩序好,当然从这里还是看不出农民的选择意向,农民认为城市仅在热闹繁华、清洁卫生和法规健全等方面比农村占优势,但在空气质量、是否适合农民挣钱以及秩序方面并不一定强于农村。

表6—21　您认为城市与农村比较,主要的特征在于:（前3位）（限选3项）

单位:%

目的	热闹繁华	清洁卫生	竞争激烈
人数	304	229	176
比例	56.7	42.7	32.8

表6—22　您认为城市与农村比较,主要的特征在于:（中3位）　单位:%

目的	花费很大	法规健全	人情冷淡
人数	164	136	119
比例	30.6	25.4	22.2

---

① 徐艳:《家庭背景中的农民迁移行为——以湖北吴氏祠村为例》,《人口与经济》2003年第5期。

② 赵耀辉:《中国农村劳动力流动及教育在其中的作用——以四川省为基础的研究》,《经济研究》1997年第2期。

③ 参见钱文荣、黄祖辉《转型时期的中国农民工》,中国社会科学出版社2007年版。

表6—23　您认为城市与农村比较，主要的特征在于：（后4位）　　单位：%

目的	空气污染严重	机会多	挣钱容易	秩序好
人数	100	98	71	46
比例	18.7	18.3	13.2	8.6

当问及"如果您有机会进入城市发展，您会选择留在农村还是进入城市"时，有360人，占67.2%的表示愿意进入城市，有167人表示愿意留在农村。

表6—24　如果您有机会进入城市发展，您会选择留在农村还是进入城市？

		频率	百分比%	有效百分比%	累计百分比%
有效	农村	167	31.2	31.7	31.7
	城市	360	67.2	68.3	100.0
	合计	527	98.3	100.0	
缺失	系统	9	1.7		
合计		536	100.0		

当问及"您在从事农业之外，还从事什么别的工作"时，被调查人员回答基本排序依次是务工＞个体＞经商＞其他。收入来源与其从事的工作是有密切关系的。两个问题结合起来可以看出，革命老区农民所从事的工作和收入的主要来源仍然以农业为主，外出务工位居第二，居于不可忽视的地位，经商仍不是主业自然也没成为家庭收入的主要来源。

表6—25　您在从事农业之外，还从事什么别的工作？

		频率	百分比%	有效百分比%	累计百分比%
有效	务工	247	46.1	47.2	47.2
	个体	114	21.3	21.8	69.0
	经商	93	17.4	17.8	86.8
	其他	69	12.9	13.2	100.0
	合计	523	97.6	100.0	
缺失	系统	13	2.4		
合计		536	100.0		

调查表明，当问及"您认为农村青年进城打工最大的收获是"，其基本排序为：开阔眼界，更新观念＞学习技术＞能多挣钱＞结识有用的人。

表6—26　　您认为农村青年进城打工最大的收获是：（限选2项）　　单位：%

收获	开阔眼界，更新观念	学习技术	能多挣钱	结识有用的人
人数	367	290	243	36
比例	68.5	54.1	45.3	6.7

有很多农民是"随子女"而转到城市从事其他产业的，这部分农民有一定的经济基础，自身素质也比较高，一般以中青年为主。当问及已经搬出农村的人员其主要原因是什么时，除"工作需要"这个重要原因外，"子女教育"就是排在第二位的主要原因。

表6—27　　　　　您家搬出农村的原因是什么？

		频率	百分比%	有效百分比%	累计百分比%
有效	工作需要	226	42.2	51.0	51.0
	城里比较方便	66	12.3	14.9	65.9
	子女教育原因	137	25.6	30.9	96.8
	喜欢城市的氛围	14	2.6	3.2	100.0
	合计	443	82.6	100.0	
缺失	系统	93	17.4		
合计		536	100.0		

2. 农民安土重迁的传统观念还没有完全被打破，农民徘徊和游移在城市与农村之间

但是基于各种现状和成本考虑，农民是徘徊和游移在城市与农村之间的，尤其是中国农民工的现状，这里实际上反映了城市化进程中农民的一种矛盾心态。

表6—28　　　　　您是否愿意一直住在这里？

		频率	百分比%	有效百分比%	累计百分比%
有效	愿意	290	54.1	55.4	55.4

续表

		频率	百分比%	有效百分比%	累计百分比%
	不愿意	56	10.4	10.7	66.2
	看具体情况而定	177	33.0	33.8	100.0
	合计	523	97.6	100.0	
缺失	系统	13	2.4		
	合计	536	100.0		

表6.28的统计数据表明，江西被调查农民有过半数的还是选择"愿意"留在居住地，选择"不愿意"留的占10.4%，而选择"看具体情况而定"的有177人，占33.0%。这表明农民安土重迁的传统观念还没有完全被打破，单一的、同质的和稳定的传统农村社会关系网络没有发生明显变化。

表6—29　　您家中的住房面积，让您感觉如何？

		频率	百分比%	有效百分比%	累计百分比%
有效	非常满意，和改革开放与新中国成立前比觉得现在的住房很舒适	291	54.3	54.9	54.9
	怀念以前的大房子，不喜欢现在的居房	36	6.7	6.8	61.7
	还行，尚且过得去，没大感觉	178	33.2	33.6	95.3
	其他	25	4.7	4.7	100.0
	合计	530	98.9	100.0	
缺失	系统	6	1.1		
	合计	536	100.0		

在生活质量的调查体系中，住房面积是一个重要的指标。特别是在乡村普遍城镇化的趋势下，农民对住房的满意度可以作为考察农民安土重迁传统观念变化与否的重要依据。当问及"您家中的住房面积，让您感觉

如何"时，表示"非常满意，和改革开放与新中国成立前比觉得现在的住房很舒适"的有291人，占54.3%。表示"还行，尚且过得去，没大感觉"的有178人，占33.2%。表示"怀念以前的大房子，不喜欢现在的居房"的有36人，占6.7%。从调查情况来看，改革开放以来，农村农民的居住条件确实得到了较大程度的改善。

由于受到各方面因素的影响，农村劳动力的转移行为要复杂得多。决定农民徘徊和游移在城市与农村之间心态的因素主要有：

一是城市自身的缺陷和新农村建设的美景的吸引。如前所述，当问及"您认为城市与农村比较，主要的特征在于"，认为城市主要特征排在前三位的是热闹繁华＞清洁卫生＞竞争激烈＞花费很大＞法规健全＞人情冷淡＞空气污染严重＞机会多＞挣钱容易＞秩序好，当然从这里还是看不出农民的选择意向，农民认为城市仅在热闹繁华、清洁卫生和法规健全等方面比农村占优势，但在空气质量、是否适合农民挣钱以及秩序方面并不一定强于农村。

二是转移成本。农民工的转移主要是交通成本，欠佳的交通状况对农民外出劳动具有负面作用，越是山沟里的农民，出外劳动的可能性就越小。农民现有农业收入对农民外出劳动同样具有负面作用，另外背井离乡的心理成本也是劳动力转移中一项不可忽视的成本。[①]

三是政府政策，如户籍制度、宏观经济政策以及城镇化政策等。通常认为，户籍制度是农村劳动力向城市流动的最大阻力，但随着城乡户籍制度的解除，农民进入城市的门槛将大幅度降低，必然吸引更多的农民向城市转移。

3. 农民工社会排斥感较强

所谓农村剩余劳动力，是指农村劳动力中没有从事农业生产也没有从事其他生产或服务活动的劳动力。由于这群人没有任何实质性的工作，所以称为剩余劳动力。目前我国究竟有多少农村剩余劳动力？对此，学者们有不同估计：低位估计为1亿~1.5亿人（吴敬琏，2001）；中位估计为2亿~2.5亿人（陈剑光，2000）（张忠法等，2000）；高位估计为4亿~5

[①] 参见刘文辉、李小红《江西农村劳动力转移的经济学分析》，《价格月刊》2007年第9期。

亿人（温铁军，2001）。目前，中国农村人口占总人口的68%，剩余劳动力达到1.2亿，而且每年增加1000万，农村剩余劳动力比重大，是农民增收的潜力。

农民工是指具有农村户口身份却在城镇务工的劳动者，是中国社会"体面劳动者"中的弱势群体，是中国传统户籍制度下的一种特殊身份标识，是中国工业化进程加快和传统户籍制度严重冲突所产生的客观结果。在一般情况下，农民工就等同于农村剩余劳动力。

据国家统计局统计，2009年末农村外出劳动力达1.49亿人。目前，几千万进城的农民基本上可以分为三类人，一是进城打工的，他们主要从事脏差累苦的工作，与市民很少存在着就业的竞争，而且是很重要的就业空白的填补，在农民工返乡的节假日，市民会明显地感到这种填补的不可缺少；二是进城的自我雇佣者，他们也基本上是从事城市青年不屑于干的服务业；三是带资本进城的农民业主，他们的创业增加了城市的服务供给和就业机会。更为重要的是，他们的进城使城市的就业市场更加具有活力，也更具有竞争性，在农民工进入较多的建筑业、装修业、商品零售业、餐饮业和一般服务业，竞争性的就业市场得到更快的发育。

表6—33　　改革开放以来主要年份外出务工的农民工数量　　单位：万人

年份	国家统计局调查数据①	农业部调查数据②	其他估算结果	其他估算结果来源
1983			200	中国农民工调研报告
1989			3000	中国农民工调研报告
1993			6200	中国农民工调研报告
1996		7223③		
1997			3890.3	劳动和社会保障部调查④
1998			4935.5	劳动和社会保障部调查
1999			5203.6	劳动和社会保障部调查①
2000	7849⑤		6133.4	劳动和社会保障部调查①
2001	8399⑤	8961		
2002	10470⑤	9430		
2003	11390	9820		

续表

年份	国家统计局调查数据①	农业部调查数据②	其他估算结果	其他估算结果来源
2004	11823	10260		
2005	12578	10824		
2006	13181⑥	11490		
2007				
2008	14041			
2009	14900			

注：①国家统计局每年都对全国31个省（区、市）6.8万个农村住户和近7100个行政村进行抽样调查，调查口径为本年度内在本乡以外的地域就业1个月以上的农村劳动力。

②农业部全国农村固定观察点系统每年两次对全国30个省（区、市）的20084个农户进行调查，调查口径为本年度内在乡镇之外从业3个月以上的农村劳动力。

③第一次全国农业普查数据。

④劳动和社会保障部调查口径为本年度内在乡镇之外就业的农村劳动力，时间未限定。

⑤劳动和社会保障部培训就业司和国家统计局农村社会经济调查总队"中国农村劳动力就业与流动"合作项目。

⑥本表为第二次农业普查数据，与当年抽样调查数据13212万人有一定差异，误差率为0.2%。

资料来源：韩俊：《调查中国（上）》，中国发展出版社2009年版，第452页（百县调查）。

江西农民外出务工，遍及全国各地，远达海外，参与各地经济建设。他们为城市的发展和繁荣做出了贡献，却融入不了城市社会。调查显示，城乡分割的户籍制度使农民工很难真正融入城市生活。被调查对象认为，他们在外面打工遇到的最大的困难是没有户口，很难找到稳定、体面的工作。没有稳定的就业机会是外出打工的第二大困难，他们大多干一些脏、苦、累的活，还经常受到就业歧视和工资歧视。农民工不能与城市居民一样享受平等的社会保障和公共服务，就医贵、学费高、养老难等问题短时间内难以得到解决（见表）。

表 6—34　　　　　　　农民外出打工主要困难调查

选项	没户口	就业不稳定	很难融入当地社会	个人发展受限制	成家难、养家成本高	子女教育受限制
比例（%）	41.9	30.9	7.7	7.7	7.5	4.2

资料来源：韩俊：《调查中国（上）》，中国发展出版社 2009 年版，第 525 页（百县调查）。

此外，农民外出打工很辛苦，生活条件差、劳动强度大。外出打工的苦处按大小排序依次是太累、受到歧视、生活条件差和管理苛刻，且城市生产生活成本相对农村普遍偏高（见表）。

表 6—35　　　　　　　农民外出打工苦处调查

选项	太累	受歧视	生活条件差	管理太苛刻	其他
比例（%）	79	8.4	6.7	3.2	2.6

资料来源：韩俊：《调查中国（上）》，中国发展出版社 2009 年版，第 525 页（百县调查）。

三　基于农民社会生活认知特征的对策选择

（一）大力推进新农村建设，加强农村基础设施建设和公共服务建设

江西是全国新农村建设活动大面积开展最早的省市之一。2004 年 9 月江西赣州市就开始了新农村的试点工作，随后江西省新农村建设试点范围逐步扩大。江西新农村建设在不少制度建设和创新方面走在全国的前列，形成了新农村建设的"江西模式"，在建设思路上，努力把握"四个要点"。即把解决农民最关心、最迫切而又能做到的事情作为新农村建设的切入点，把发展生产和让农民富裕作为新农村建设的落脚点，把加快农村社会事业发展作为新农村建设的着力点，把深化农村改革、创新工作机制作为新农村建设的推进动力，从而走出了一条欠发达省份建设新农村的好路子。在建设原则上，始终遵循"五个坚持"。即坚持立足当前、着眼长远，既从群众最关心、最迫切需要解决的现实问题入手，又扎扎实实地做好各项打基础、管长远的工作；坚持统筹规划、逐步推进，既统筹谋划好基础设施建设和生产生活等各项事业发展，又循序渐进、分步实施、稳

步推进；坚持因地制宜、量力而行、从实际出发，确定建设目标、任务、措施以及需要重点解决的问题，不搞齐步走、一刀切；坚持依靠群众，惠及农民，尊重农民意愿，发挥农民的主体作用，维护好农民权益，使农民真正得实惠；坚持讲究科学、突出特色，按照农村经济社会发展规律和自然规律办事，注重体现农村特点，传承地方优秀历史文化，实现人与自然和谐相处。[①] 进一步推进新农村建设要重点做好以下几点工作：

一是创新政府主导的工作推进机制。完善政府工作指导督查考核制度。把新农村建设纳入经济社会发展总体规划，逐级安排财政预算专项资金并保持逐年递增。坚持"产业发展抓特色、基础建设抓配套、城乡一体抓统筹、村容村貌抓整治、农民素质抓提高、制度建设抓创新、强化管理抓民主"的工作思路，以生产发展和农民增收为首要任务，推进新农村建设工作由推动型向常规型转变、由无序管理向制度管理转变、由要我建向我要建转变的良好发展态势。

二是尊重农民的主体地位。社会主义新农村建设推进的如何，建设的效果如何，除了国家的政策合理，资金保障等以外，还有一个非常关键的因素就是农民的积极性。前面调查显示，农民参与新农村建设的热情较高。离开农民的参与，新农村建设不可能取得如此效果。因此，必须进一步强化农民的主体意识，使农民从旁观者的角色转变为新农村建设的参与者。一方面，加强对农民主体性的教育，不断提高农民的科学文化知识和思想道德素养，使之成为新农村建设的推动者和践行者。另一方面，在新农村建设的实际操作中，尊重农民的意愿。如农民建设点的申报必须经过村民大会通过，群众同意率低于90%的不予批准；规划编制必须经村民代表参加讨论，并提交村民代表大会表决；建设资金和建设质量必须由农民理事会进行监管，农民对造福自身的项目建设要投资投劳。通过尊重农民的主体选择，能有效地激发农民建设美好家园的热情。

三是大力加强对农民的职业培训，提高农民的综合素质。从培训机构来看，建立健全层次分明的新型农民培训体系。在县级层面建立农民学院形式的农民培训机构，指导乡、村两级培训机构开展新型农民培训工作。

[①] 王明谭：《解读新农村建设的"江西模式"——访江西省委副秘书长、农工部长吕滨》，《农村工作通讯》2011年第16期。

在乡镇层面建立农民培训中心，统筹原有乡镇党校、人口学校等培训资源，设立标准化的乡镇农民培训中心。在村级层面整合原有村级农民培训室、信息服务站和农村党员干部远程教育终端站点三方资源，开展各种类型的教育培训工作。通过这种点线面相结合、立体化、多层次、全方位的农民培训体系，全面实施"农民素质提升工程"，为新农村建设提供重要的思想教育支撑。此外，依托新农村建设，加强乡镇文化站、村级文化场所、"农家书屋"、农村阅览室、农民夜校等建设，开展送电影、送戏、送图书下乡活动，推进文化信息资源共享工程，不断提高农民的科学文化知识和思想道德修养，使他们真正成为社会主义的新型农民。

四是加强农村基础设施建设，全面提升群众的幸福指数。紧密围绕推进城乡经济社会一体化发展的要求，积极做好新农村建设规划，加强农村基础设施建设，全面提升群众的幸福指数。公共基础设施要进行科学规划，使新村功能更加完善，方便村民今后的生产生活。加强农村道路建设和管理，努力实现村村通水泥路，提升交通能力，形成结构合理、方便快捷的交通网络。结合新农村建设，严格农民建房管理，采取强有力措施，逐步撤并村庄居民点，引导农民在中心村布点规划所确定的发展型村庄和城镇居民点居住，构建既尊重村民意愿，体现地方和农村特色，又便于公共服务和公共管理的新型农村社区管理体制。推行联村联组建社区，在中心社区设置社区服务中心、文化娱乐中心等配套设施，使村民学习、活动有场所，精神文化生活得到充实。积极推进集体建设用地使用权流转，在不改变集体土地性质的前提下，鼓励农民以宅基地换房、换地方，推进集中居住，转换生活方式。全面完成村村通广播工程，为农民群众送信息、送科技、送文化，从而激发农村新活力。

（二）推进江西城镇化战略的实施，促进城乡一体化发展

最为重要也是最为关键的原因当属政府的城镇化政策。"城镇化"也称"城市化"，英文统称为"Urbanization"，是社会经济发展的必然结果。这是世界范围内重要的经济、社会现象之一，也是一个综合的概念。不同学者从各自的学科领域出发，对这种现象都有着不同的看法。目前对于"城镇化"大致有这样一些认识：城镇化是人口向城镇集中，城镇人口增多的过程；是城镇数量增多、城镇用地规模扩大的过程；是城镇景观的推

进过程；是一种社会现象，意味着城市生活方式、城市文化和价值观向农村的扩散；是经济结构的一种转化，即农业活动部分地向非农业活动转化的过程。城镇化是工业化发展的客观要求，城镇化水平是一个国家社会经济发展的重要标志。城镇化也是经济发展的必然选择，是现代文明的象征，是现代化的重要指标，它具有将人口、信息、经济活动高度集聚的特征。结合学界对江西城镇化的研究成果①，我们试图分析江西城镇建设存在的主要问题和原因。

第一，江西省城镇化进程与全国相比，特别是和周边邻省相比，还存在着较大的差距。

一是城镇化率落后于邻省及全国平均水平。2009 年我国的城镇化率为 46.6%，而江西的城镇化率仅为 43.2%，比全国平均水平落后 3.4 个百分点。江西的城市规模明显偏小，城镇个数也少，仅为全国的 4%。在华东六省中，江西的城镇化率也偏低，2009 年仅高于安徽省 1.1 个百分点。

表 6—30 1978 年、2000 年和 2009 年华东六省城镇化水平对比（%）

地区	1978 年城镇化率	2000 年城镇化率	2009 年城镇化率	2000 年比 1978 年增长	2009 年比 2000 年增长
全国	17.9	36.2	46.6	102.2	28.7
江苏	13.7	41.5	55.6	202.9	34.0

---

① 具体参阅盛宝柱、郭小群《江西城镇化进程探析》，《南昌航空工业学院学报》（社会科学版）2003 年第 3 期；胡晔、徐秋花：《江西城镇化发展问题的几点思考》，《宜春学院学报》（社会科学版）2004 年第 3 期；欧阳锋：《"三农"问题的出路在于城镇化—江西小城镇建设的思考》，《理论导报》2005 年第 8 期；洪三宝：《关于江西城镇化发展的现状、问题和对策》，《长江论坛》2001 年第 2 期；李志强：《加快江西城镇化进程的对策研究》，《江西农业大学学报》（社会科学版）2005 年第 1 期；官爱兰等：《江西城镇化与农村教育发展研究》，《农业考古》2006 年第 6 期；邱晓平：《江西城镇化的问题与对策研究》，《江西农业大学学报（社会科学版)》2006 年第 4 期；吴海、计宏伟、王龙锋：《对江西城镇化建设的思考》，《企业经济》2006 年第 12 期；冷淑莲、冷崇总：《江西小城镇发展政策与机制研究》，《价格月刊》2006 年第 6 期；周小刚、陈东有：《江西城镇化与经济增长协整关系的实证研究》，《江西社会科学》2008 年第 8 期；陈飞平、廖为明：《江西小城镇建设研究》，《科技广场》2008 年第 4 期；李秀香、黄梓桢：《加强江西小城镇建设的意义、存在的问题、建议》，《安徽农业科学》2009 年第 37 期；江西省统计局固定资产投资统计处：《江西城镇化发展轨迹及新型城镇化路径探析》，http://www.jxstj.gov.cn/News.shtml? p5 = 15515, 2010 年 10 月 19 日。

续表

地区	1978年城镇化率	2000年城镇化率	2009年城镇化率	2000年比1978年增长	2009年比2000年增长
浙江	14.5	48.7	57.9	235.9	18.9
安徽	18.0	28.0	42.1	55.6	50.4
福建	19.1	42.0	51.4	119.9	22.4
江西	16.8	27.7	43.2	64.9	56.0
山东	空缺	38.2	48.3	空缺	26.4

二是各设区市的城镇化水平差异很大。作为省会的南昌市相对其他城市而言，由于客观上既对流动人口有较大的吸引力，同时又有更好地容纳城市人口的能力，因此，城镇人口所占比重最高，为63.17%；而城镇化水平最低的上饶市，城镇人口所占比重仅为35.52%，城镇人口比重最高与最低的城市之间，竟相差了27.65个百分点。11个设区市中仅有6个城镇化率超过了全省平均水平，城镇化率超过50%的设区市只有5个。

表6—31　　　2009年全省及各设区市城镇化率情况一览表

地 区	年末总人口（万人）	其中：城镇人口（万人）	城镇化率（%）
全 省	4432.16	1913.81	43.18
南昌市	464.89	293.67	63.17
景德镇市	157.66	88.90	56.39
萍乡市	186.43	102.29	54.87
九江市	478.95	214.38	44.76
新余市	114.03	64.29	56.38
鹰潭市	111.54	56.31	50.48
赣州市	842.88	322.23	38.23
吉安市	483.02	187.60	38.84
宜春市	548.43	212.90	38.82
抚州市	390.57	155.76	39.88
上饶市	653.77	232.22	35.52

三是城镇化的发展滞后于全省经济发展水平。2009年，江西工业化率为41.8%，城镇化率为43.2%。依据钱纳里模型，当人均GDP达到1000美元时，城镇化率就会领先工业化率近30个百分点，而江西省城镇化率仅领先工业化率1.4个百分点。2009年江西人均GDP已达17123元，按现行汇率1∶6.8计算折合达2518美元，应处于工业化中期阶段，城市（镇）化率应介于30—60%之间偏向上限，显然43.2%的城镇化率还存在一定的差距。城镇是二、三产业的载体，如果城镇化的发展落后于工业化的发展，将会阻碍工业现代化和经济效益的提高。而城镇不发展，第三产业也发展不起来，科技、教育、文化、卫生、社会保障、计划生育等社会各项事业的发展将会受到限制，人口素质也难以提高，从而会阻碍整个国民经济的健康发展。

表 6—32　　　　　　　　城市化与工业化的对应阶段表

城市化率	城市化阶段	工业化阶段
10%—30%	非城市化	初期阶段
30%—60%	基本城市化	中期阶段
60%—80%	城市化	后期阶段
80%以上	高度城市化	后工业化阶段

四是城市的经济聚集和辐射功能发挥不充分。江西的大中城市数量少，城市聚集和辐射功能较弱。实施城镇化发展战略，不是为城镇化而城镇化，而是为了利用城镇对人口、资本、资源、技术和商品的集中所带来的集聚效应和城镇经济的扩散效应来促进经济发展。目前，小城镇经济功能比较弱。由于交通、通讯等条件的限制，加上小城镇经济实力弱，小城镇的功能建设倾向"小而全"的方向发展，不能形成代表本镇经济发展的鲜明特色，不能形成小城镇之间明确的分工和协作关系。这不仅分散了发展力量，造成许多结构性浪费，而且形成低水平的自我竞争局面，未能形成较强的辐射能力和较高水平的专业化分工，更难形成较先进的现代产业和较强的区域经济整体竞争能力。

第二，小城镇布局不够合理。一方面小城镇发展缺乏统一的总体规模和政策指导，形成无序发展状态。各地不是按照客观规律和市场经济发展的要求建设小城镇，而是按照行政区划和管辖区范围盲目建设小城镇，造成有些地方小城镇过于密集，土地的大量闲置和浪费，加剧了环境污染、生态受到破坏。结果既使得小城镇消费人口难以达到应有的合理规模，影响第三产业的发展，又导致基础设施的重复建设，大量占用耕地，浪费资金和资源。另一方面，小城镇内部布局也不合理。小城镇内部的工业区、商业区、住宅区等各功能区域混乱，制约着小城镇经济的发展和功能的发挥。有些地方的小城镇建设片面追求路域经济，道路两侧大搞建设，造成镇区结构狭窄、畸形发展，根本不能有效地发挥城镇的优势。第三，城镇发展缺乏产业支撑，产业结构不合理。城镇化发展必须以产业的发展为基础，没有繁荣的产业就没有城镇化。江西城镇普遍存在支柱产业和主导产品缺乏，大型企业集团缺乏；产业结构也不合理，第二第三产业比重较低。工业化是城镇化的根本动力，但江西的工业化水平低，从业人员少；777个小城镇绝大多数没有乡镇企业的聚集和第三产业的发展，上规模有特色的农产品也很少。大中小城镇之间产业缺乏互补性，未能发挥各自的优势和特色。第四，小城镇基础设施建设水平偏低，服务功能不完善。目前，多数的小城镇只是一条数百米长的主干道，近百米的交叉道，10米宽的街道两侧是机关、学校、医院、银行、邮电，夹杂着超市、理发、建材等服务行业。与人们息息相关的供水、排污、通信、电力等基础设施简陋。经济较发达的小城镇基础设施也不配套，公共绿地、雕塑、绿化岛、人行道、隔离栏等凤毛麟角，滞后的环境，削弱了小城镇对农民的吸引力，也降低了投资者的热情。此外，建设资金不足直接影响小城镇的建设速度。现行的财政体制使乡镇仅能勉强保证公教人员工资，无力再搞建设，城镇供水、排水、环保、路灯、道路、绿化等基础设施明显滞后。第五，现行制度的制约。现行的户籍制度改革不到位，城乡分离，不能随意迁移的户籍管理制度，阻碍了劳动力的自由流动，对小城镇的发展十分不利；发展较快的小城镇的行政建制与实际规模扩张不符；内部区域不合理，缺乏技术和人才；发展特色不明显，部分地方对小城镇重建设轻管理、重规划轻落实。

自党的十七大提出走中国特色城镇化道路以来，城镇化成为我国每年的中央经济工作会议的主要内容之一。2010年中央一号文件将城镇化上升至"战略着眼点"，把推进城镇化作为保持经济平稳较快发展的"持久动力"。大力推进新型城镇化是加快江西崛起，实现富民兴赣的重大战略问题，是江西科学发展、绿色崛起的重大战略，是扩大内需、调整结构的重要抓手，是保持经济平稳较快发展的重要引擎；更为重要的是，推进城镇化是打破城乡二元结构、促进城乡一体化发展的必由之路。实现人才、资源的合理流动，改变城乡二元结构，缩小城乡差别，在充分保障农民权益的前提下实现农民身份与农地分离，是推进江西城镇化建设的重要一环。为此，一是要加快户籍管理制度改革，消除农民进城的身份障碍。要实行城乡统一的户口登记管理制度。对符合在城市落户的人口应全部放开，允许其自由迁移流动，形成人人平等、公平竞争、尊重个人选择的市场运行机制。二是要加快劳动就业制度改革，消除农民进城的就业障碍。要取消严格限制农民工就业范围的歧视性政策，保证民工享受与当地居民同等的公民权利，将就业培训和就业指导推广至城乡所有劳动者。三是深化土地制度改革，消除农民进城的产权障碍。必须进一步深化土地制度改革，改革的方向是使农民获得永久的土地使用权或部分使用权，使进城农民能顺利地将土地以合理的价格转让出去，获得应有的土地收益。四是加快福利保障制度改革，消除农民进城的利益障碍。要逐步消除市民的福利保障特权，保证农民工享受与当地居民同等的福利保障待遇，如子女教育、公共卫生、医疗服务、失业保险等等。

（三）加强农民工的社会保障制度建设，促进农民工的社会融入

十六届四中全会《决定》指出：要适应我国社会的深刻变化，把和谐社会建设摆在重要位置，注重激发社会活力，促进社会公平和正义。而且要把提高构建社会主义和谐社会的能力作为党的执政能力建设的一项重大任务，这充分表明党中央对社会主义和谐社会建设的高度重视。农民工的管理与福利制度安排是当前构建和谐社会的一个主要矛盾。构建和谐社会首先要解决农民工的福利制度安排问题，这是当前社会各部门应尽快携手共同解决的主要问题。党的十七大报告特别指出，要"规范和协调劳动关系，完善和落实国家对农民工的政策，依法维护劳动者权益。"只有从根本上解决农民工的社会保障权益问题，才能实现真正的体面劳动，才能构建真正和谐的劳动关系。

农民工在我国的基础建设和经济发展中做出了巨大的贡献，国家这些

年来颁布了许多有关保障农民工权益的法律法规，为构建农民工社会保障制度提供了有力的法律依据。但他们的社会保障问题、子女教育问题、住房与社会服务问题、对城市社区生活的融入问题、打工妹的社会保护问题等等都对构建和谐社会提出了严峻的挑战。目前农民工社会保障制度的建立和完善受到多种因素的制约和影响。一方面，农民工的农村户口阻碍其真正融入城镇社会和工业劳动者群体，并为面向拥有城镇居民的相关制度（主要包括社会保障制度等）所排斥；同时亦形成了与传统的、真正的农民群体日益加深的隔阂；这种被排斥、被隔阂的状态决定了农民工作为一个整体事实上处于弱势地位。另一方面农民工自身的特点以及参保意识也制约着农民工社会保障制度的建立。农民工工作地点的随意性和保险意识不强是他们参保兴趣不大的一个原因。其次，现有政策设计存在缺陷也制约着农民工社会保障制度的建立。再次，现行管理体制是制约农民工社会保障制度建立的一个重要因素。现行的户籍管理体制严重剥夺了农村劳动力在更广阔空间的就业机会。虽然在许多地方户籍制度已经松动，但传统制度所遗留的各种弊端，再加上缺乏相应的配套措施，农民进城务工的大门并没有完全打开，城乡壁垒并没有真正被打破。最后，企业主为节约成本无视社会保险也是制约农民工社会保障制度建立的一个重要因素。

可见，着力解决农民工的社会保障问题是扩大社会保障覆盖面、适应农民工生存和发展的需要，是农民工真正实现"体面劳动"的基础和保证。建立农民工社会保障制度，将其纳入新的社会保障体系，既是推进城镇化最重要的制度保证，也是顺应城镇化发展趋势的战略举措。同时，既有助于促进农村经济发展、解决"三农问题"，也有助于缓解目前我国普遍存在的"民工荒"问题，实现经济可持续发展。从根本目标来看，可以构建真正和谐的劳动关系，从而缓解社会矛盾，有助于解决影响社会稳定的问题。

第七章 结论与展望

一 江西农民思想意识变化及其逻辑

前文通过对江西吉安所属的青原区值夏镇、天玉镇以及吉安县凤凰镇、敦厚镇、青原区的富田镇、新圩镇、文陂乡、吉安县的永和镇、泰和县的万合镇农民进行抽样调查所得的536份有效问卷及诸多个案访谈的分析，总结了江西农民经济利益意识的变化及其对策、江西农民政治意识的变化及其对策、江西农民宗族意识的现状及其趋势、江西农民精神文化生活意识的现状调查及其对策、江西农民社会生活的现状调查及对策建议等五个方面的农民思想变迁状况。

（一）江西农民思想意识变化的动态情况

1. 经济利益意识层面

江西农民经济利益意识方面有如下变化：

一是生产经营需求多元化。主要体现在：经常思考生产项目的选择以及希望进行扩大再生产；迫切希望政府金融服务部门提供资金支持；迫切希望政府能提供有效的服务。

二是农民收入结构与财富观念传统化。主要体现在：江西农民收入来源（致富途径）主要在于从事农业和外出打工，经商观念尚弱。从农民收入结构来看，收入来源不断拓宽，收入非农化趋势明显。随着国民经济发展和农村经济结构的调整，农民收入结构发生了重大变化。"十一五"时期，江西农民的收入在传统的家庭经营收入稳定增长的同时，工资性收入在农民人均纯收入中的比重不断提升，特别是农民的财产性和转移性收入有了较快的增长，农民收入来源不断拓宽。第一，家庭经营收入仍然是农民收入的最主要来源，但所占比重不断下降。第二，工资性收入所占比重持续提升，成为农民增收的主要来源。第三，财产性和转移性收入快速增长，所占比重快速提高。革命老区农民所从事的工作和收入的主要来源仍然以农业为主，外出务工位居第二，居于不可忽视的地位，经商仍不是主业，自然也没成为家庭收入的主要来源。江西农民在致富手段上更多强调正当的勤劳致富和个人的本领，对农村能人很佩服。违法经营和欺骗狡诈并不是致富的主渠道和主旋律。

三是农民消费意识日益品质化与现代化。随着经济的持续健康发展，农民的收入逐年增加。农民手中的钱多了，对自身的生活质量要求也越来越高，农民消费意识正在发生新的变化，新的消费特点的出现，预示着农村新的消费热点正在逐步形成，广大农民正在摆脱以吃、穿为主的消费观念，逐步追求更高层次的生活品质。其一，农民生活消费支出呈上升趋势，居住条件、家电产品、手机及医疗保健用品成为农民消费支出增长的主力。其二，消费结构由生存型转向发展型和享受型，在消费理念上，农民的需求已由是否拥有向追求品质方向发展。其三，老区农民消费方式是有计划的，同时也不排斥信用消费，但总体上迫于各种压力，导致消费意愿低于储蓄意愿。

四是农民土地意识存在矛盾性。在土地认知方面存在矛盾性，既认为土地以村社为单位集体所有，每个村民都是该集体中平等的一员，土地按人口、劳动力和土地质量的优劣平均承包，又认为把土地按户承包当作分田单干，视承包的集体土地为私有土地，在承包的土地上开矿、烧制砖瓦，甚至乱建房，并误认为这纯属个人的私事，与集体或他人无关，造成了严重的不良后果。在承包权和使用权方面，农民与土地的关系和情感仍比沿海地区更强。从目前来看，因土地纠纷引发的农村征地冲突在江西革命老区并没有出现特别大的事情，但是，随着城镇化的推进，此类问题还是值得关注。从对土地流转制度的认知方面来看，革命老区农民对土地经营权实行自由流转是持支持态度的。但也有部分农民对此持排斥态度。对土地的炽热情感和"土地是农民的命根子"的传统思想意识，影响并制约了他们对土地流转并从中获取经济利益的考虑。农村养老、医疗、社会救助等社会保障体系不健全，多数农民把土地作为获取收入的主要来源和生活保障，农民主要还是依靠土地收入解决看病、上学、养老等问题，普遍把土地作为最基本的生活保障,很多人宁愿粗放经营也不肯进行土地流转。对土地流转心有余悸,不愿轻易转让土地使用权,满足于守土经营的现状;有的农民对土地流转政策心存疑虑,担心土地流转会改变土地承包政策,宁可粗放经营甚至不惜撂荒弃耕,也不愿将土地流转出去。部分农村基层干部认为既然土地由农户家庭承包了,那么种与不种,种好种坏都是农民自己的事,对土地流转抱消极懈怠的态度,甚至把农村土地承包经营与推行土地流转对立起来。此外,农民对合作劳动与单干存在矛盾心理。基于家庭联产承包制的现实困境,对农民来说就更像是一种煎熬。调查显示,农民普遍存在一种矛盾心理:即一方面向往集体性生活,另一方面又追求个人利益。而要能有效协调二者的关系,则需要制度的创新。

2. 政治意识层面

江西农民的政治意识主要体现在两个方面:其中最重要的是国家意识或称政治信仰认同意识,它要求公民正确认识和处理国家利益、政党利益、民族利益、其他形式的集体利益与个人利益的关系,并视国家利益高于一切,这是不同政治体系对公民政治意识的共同要求。对农民而言,最有进步意义的首先是政治参与,它是农民政治权利得以实现的重要方式,反映了农民在政治生活中的地位、作用和选择范围。

一是江西农民具有强烈的政治信仰认同感。江西农民在宏观层面上对党的认识非常到位,显示出国家主流意识形态的权威及其影响力。江西农民对民族团结和民族矛盾的看法和认知,江西农民认为不同民族之间的矛盾存在具有普遍性;江西农民认识到了民族团结对中国发展的重要性,十分认同维护民族团结是中华民族的根本利益;江西农民认为影响民族团结的最主要因素在于经济问题,"发展经济"是加强民族团结的最主要途径。江西农民对党中央的农村政策满意度较高,其中,对"三减免、三补贴"政策以及免除农业税等新近提出的农村政策印象最深。江西农民对基层政权的支持度是值得认可的,表明江西农村基层政权组织强大的公信力和良好的群众基础。江西农民认为,只要是符合这样条件的人尤其是能带领大家致富的人如果做了村支书,是一定能够得到绝大多数村民支持的。调查显示,农民对执政党具有较高的信赖度和依存度,对党的执政充满信心。一是多数农民相信共产主义能实现。二是绝大多数农民相信党能把改革开放引向深入。三是绝大多数农民表示愿意入党。江西农民对国家具有较高的忠诚度，对国家充满信心。总之，江西农民的国家观民族观政党观总体上是健康稳定的，主流是积极向上的。

二是江西农民的政治参与意识稳步提高。江西农民对村民自治中"自治"的看法表明，认同自治的基本概念。江西农民还是能积极主动参与村民决策的最高权力机关村民大会，积极履行自己的职责。调查表明，村民大会能够较好履行组织法所规定的议程和事项。基层党员、群众对村级党组织班子成员的选择标准趋于理性。工作能力强，能带领大家致富是农民选择村两委干部的根本标准。主张积极参与的人大都强烈地意识到选举村里的带头人与自己切身利益的关系，他们能明确提出村干部在发展农村经济，减轻农民负担，增加农民收入等方面的作用。调查显示，农民认为村长（或其他职务）最难处理的关系就是与村民的关系。

3. 宗族意识层面

江西农民在宗族意识强弱程度方面存在差异：从江西农民宗族意识的现实表现来看，改革开放以来，江西农民宗族意识有复苏的迹象，在有些地区，农民宗族意识导致宗族极端行为的出现，破坏了社会的稳定，这种宗族极端行为仅是阶段性出现，从总体和长远来看，农民的宗族意识处在不断消解的过程中，在对宗族极端行为的打击中，随着城市化的不断发展，农民的宗族意识最终会走向消解和消亡。

一是江西农民宗族意识有所复苏。自20世纪初开始尤其是20世纪50年代以来，农村的宗族意识就已经被表述为一种落后、封闭甚至反动的封建糟粕，并通过国家政权在政治上、组织上给予摧枯拉朽式的彻底打击。与此同时，国家通过强大的政治舆论宣传将这一观念牢固确立，使人们对宗族形成了一种不容置疑的思维定式。农村改革兴起后，农村宗族组织及其活动在中国商品经济最为活跃的东南地区的普遍复兴，给了这一思维定式以强烈的冲击，进而引起学者们对这一问题的重新认识和反思。江西农民宗族意识复苏的表现有以下几点：召开宗亲代表大会，成立宗亲理事会等宗族组织；重修族谱；重修、重建宗祠。江西农民宗族意识有所复苏的主要原因主要可以从以下三点来分析：其一，政府对农村控制方式的变革以及农村组织调控能力减弱；其二，农村宗族精英的利益驱动；其三，农民的宗族情结。一方面是为了寻找一种心灵的归宿和精神的安慰，表达一种人所共有的人伦之情。另一方面，是为了实现一些功能性的目的，如农忙时互相帮助，生老病死过程中互相抚恤，遇到危害时共同抵御等。农村实行生产责任制后，各家各户在经济上都形成了相对独立的生产单位，而单个家庭势单力薄，需要彼此帮助；随着经济和社会的发展，人口的不断增加，资源紧缺矛盾日益凸显，对土地、山林、水利、矿产等生存和发展资源的争夺也日益激烈，宗族的关系网络就成为农民寻求资源和帮助的首选对象。日常生活中互相照应，互相帮忙。一个家庭要办大事，如建房、婚丧等，血缘上较亲近的家庭都有不可逃避的互助责任，出工出力出钱都必不可少。从客观上来看，农民宗族意识虽然属于封建糟粕，但是其本身还是具有一定的合理性，主要体现在以下几点：其一，孝老敬老是中华民族的品德，对于缓解当前人口老龄化带来的养老压力起到一定作用。其二，亲属之间邻里之间讲究互帮互助，这与当前倡导的和谐社会的理念是互通的。其三，强调子女教育以期光宗耀祖客观上也促进了教育事业的发展。

二是宗族意识在恢复过程中，在某些地域、某些特殊情况下，为了保护族人利益，如对外协调不果，宗族则往往诉诸武力，这就产生了宗族械斗等宗族极端行为，或称宗族群体性事件。从江西来看，自80年代初家庭联产承包经营责任制实施以后，江西农村的群体性械斗出现较大幅度的增长，至90年代初达到高峰。根据肖唐镖的分类，我们可以把宗族极端行为分成以下几类：其一，与农村选举有关的宗族极端行为。其二，与农村法制有关的宗族极端行为。其三，与农村政策有关的宗族极端行为。其四，与农村资源有关的宗族极端行为。这些宗族极端行为具有以下几个特点：一是利益性。宗族群体性问题很容易发生在丧葬、村委会选举、强揽工程、欺行霸市等几个方面。因为涉及的人员多，宗族内部意见难统一，利益难协调，给宗族纠纷调解工作增加了难度，使宗族活动长期持续或经常出现反复。二是组织性。严密的组织性是宗族势力活动最明显的特征。每一个宗族都有各自的理事会，大多数宗族都有一定的组织机构和族规，所有宗族势力活动都存在一定的规模性。三是双重性。最终是因合法的诉求，非法的手段，酿成群体性事件。四是破坏性。农村宗族械斗不仅给人民群众的生命和财产造成严重危害，而且造成农村社会局部动荡，给农村社会和谐稳定造成严重隐患，原有的农村社会秩序和生活格局被完全破坏。分析产生宗族极端行为的主要原因有：其一，在现阶段，宗族之间的矛盾冲突是构成农村民事纠纷和各种暴力事件（如械斗）的一个重要原因，已成为一个不可轻视的社会问题。其二，少数基层组织软弱涣散，缺乏足够的内部凝聚力。其三，对宗族违法犯罪活动打击惩处不到位，缺乏足够的法律威慑力。从客观上来看，这些宗族极端行为具有阶段性、区域性、特殊性等特点。

三是江西农民宗族意识不断消解。如前所述，江西农民宗族意识虽然自90年代开始有明显的复苏，并且在某些区域、某些阶段走向极端，但是从总体上、从发展趋势来看，江西农民宗族意识是处于不断地消解过程中。主要原因如下：一是社会性别平等观念减弱了农民的宗族意识。其一，男女结婚不再受传统的父母之命媒妁之言压力，从而弱化了原有的宗族联姻观念。其二，家庭男女收入平等在江西农民中表现出正态性。其三，家中重大事情决策平等在江西农民中又表现出一定程度的绝对性。其四，江西农民家庭中夫妻受教育水平基本相同。其五，江西农民家庭中夫妻生育观念平等。二是城镇化、人口流动以及经济收入的变化也消解了农民的宗族意识。其一，城镇化的发展使大量人口迁出农村冲击着农民的宗族意识。其二，大量青壮年农民长期外出务工消解了农民的宗族意识。其三，代际关系逐渐疏离弱化了父辈对其家族的控制权。三是农村社会保障制度的建立与完善替代了宗族的互助功能，使农民的求助方式多样化，从而消解了农民的宗族意识。正如有学者研究指出，只要随着城市化的发展，农民的宗族意识必然会走向消亡。从目前来看，江西的城镇化发展正处于一种热火朝天的地步。假以时日，农民的宗族意识必然会消亡。

4. 精神文化生活意识层面

农民是推动社会发展的主要人力资本，农民精神文化是维系农村社会稳定的基本精神力量，提升农民文化生活水平，不断满足农民精神文化生活需求，是农民维护自身权益的迫切需要，也是提高中国共产党执政能力的重要内容，更是我国文化建设的必然趋势。江西农民精神文化生活需求呈现多重性，体现在以下四点：一是精神文化生活需求期许化。绝大多数农民均认为"看电视"是最主要的消遣方式和休闲娱乐方式；农民对文化培训班有较强的需求。二是信息渠道多元化。看电视仍然是农民获取信息最重要的途径；农民获得信息的渠道具有多元化的特点，看电视不但是村民们最主要的消遣娱乐方式，也是最重要的信息获取途径。上网作为一种新的获取资讯的手段,它不仅仅是一种休闲娱乐的方式,更是一种获得各种信息的重要渠道。三是精神文化公共服务期许化。农民对集体文化建设有强烈的需求,大多数农户反映希望有集体性的文化活动;而且认为有必要在自己村里组建文艺队、戏班子或放映电影。调查的数据也反映了农户对集体性文化生活有很高的参与热情。农民对未来的农村信息服务模式寄予了很大期望。四是农民对丰富精神文化生活的途径和未来走向的设想。农民认为农村文化建设急需解决的问题根据比例依次为"加大文化设施建设"、"发展农村特色文化"、"增加政府经费投入"、"加强文化骨干队伍建设"以及"指导开展各类文体活动"。可见,加大投入,重点是加大文化设施的建设,这是未来农村文化建设亟待解决的主要问题。农民作为农村文化建设的受益人和主体,认为今后的文化娱乐生活应朝着健康化、多元化、休闲化方向发展。

不断满足农民精神文化生活需求是我国社会主义文化大发展大繁荣的必然趋势。然而在中国二元社会结构导致的城乡居民长期隔阂的背景下,由于优秀传统文化式微、公共服务职能缺位和农民自身素质限制等多种因素的综合作用,农民的精神文化生活长期陷于边缘化的困境。其主要原因可以从以下几点看出:一是优秀传统文化式微。改革开放以来,我国农村发生了翻天覆地的变化,与此同时,植根于农村社会的各类传统娱乐活动随着社会的变迁、市场经济的发展,农民生活场域的个体化、农民社会交往的功利化等因素的影响逐渐式微,甚至绝迹。二是公共服务职能缺位。公共文化服务体系不健全,城乡、区域文化发展不平衡。基层政权又没有完全尽到自己的义务,农民素质需要提高。没有有价值的村庄娱乐,农民大量的闲暇时间就会变成负担。这一切,均有待政府公共服务的支持和供给。三是农民自身素质的限制。许多农村的公共休闲文化产品比较少,但众多农民也缺乏对文化的主动追求意识。很多农民在自身的文化支出上十分"抠门"。一些不健康的思想和文化在广大乡村也有死灰复燃之势。这些都与农村文化建设的发展要求格格不入。

5. 社会生活意识层面

江西农民对农村现有人居环境感到基本满意,且参与意识较强。一是新农村建设满意度差异明显。江西农民普遍感受到新农村建设中"乡风文明、村容整洁,生活富裕"做得相对较好,"生产发展"次之,"管理民主"最差。二是江西农民对所在村庄或社区的环境总体上感觉很满意,这也得益于新农村建设的重要成果。三是农民对社会主义新农村生态文明建设持肯定态度。四是农民对所在村庄或社区的社会治安环境总体上感觉很满意。

江西农民对自身发展及未来愿景的认知上感到压力较大,求稳心理明显。一是农民生活求稳心理主导化。农民对生活的风险和生存的压力总体上感觉比较大。半数以上农民还是"求稳"心态起作用,只要老老实实种好地,有个好收成,日子过得安稳即可。这种状况与江西三面环山的地理地形条件和长期的小农耕经济所形成封闭的小农耕文化有密切的关联,将近半数的农民不甘心一辈子做传统农民,希望能够闯一闯,冒一冒,能够多挣钱。这种状况表明,随着改革开放,江西的思想解放教育活动取得了很大成效,党和政府要进一步加强思想解放的力度,创建开放型的先进文化,为江西加快发展、实现中部崛起提供思想动力。二是农民城市抉择心态矛盾化。江西农民对城市还是有一种向往的意愿的,在条件许可的情况下还是愿意迁入城市;但是,农民安土重迁的传统观念还没有完全被打破,农民徘徊和游移在城市与农村之间;尤其是农民工社会排斥感较强。他们在城市寻求生存与发展,但学历水平、劳动技能、资源获得等低素质状况,使他们只能从事简单的体力劳动,无法摆脱城市边缘人的地位。他们始终处于流动状态,常年滞留于城市但并没有迁往城市,处于移而不迁的流动状态。他们置身于城市生活中,却没有城市户口,根本享受不到与城市户籍身份相关联的就业、住房、医疗、子女教育、教育培训等体制保障。

(二) 江西农民思想观念变迁的特点和逻辑

通过上文对江西农民思想变迁现状的总结,发现其变迁存在一定规律,主要体现为:

1. 传统与现代游移

通过上述对江西农民思想变迁的分析,可以看到江西农民思想变迁具有的传统与现代的内在矛盾性,一方面,人们把农民视为"落后生产力的代表者"、"生产方式上的小生产者"、"政治生活中的盲从者","文化上的农民意识",事实上,江西农民传统性特点表现十分明显,如小农经济思想、保守思想、服从意识、对国家、集体观念比较淡薄，对履行义务意识比较淡化，一些陈规陋习如迷信意识等普遍存在等等；另一方面，与改革开放和市场经济相适应的市场意识、开放开发的意识、渴求平等的观念、信奉自由意识、科技兴农意识、知法、懂法、守法意识以及法治意识等正在蓬勃发展起来。这种矛盾体现为：既乐于接受市场经济观念，又跳不出小农意识的束缚；既看到知识是致富的"金钥匙"，又忽视学习和教育科学文化知识；既追求健康向上的精神文化生活，又摆脱不了陈规陋习的束缚等等。

2. 自卑与自负并存

一方面，江西农民存在自负心理。或者称"夜郎自大、自以为是"，这与江西历史上曾经是富庶之地有很大关系。在中华文明的历史长河中，江西人才辈出，陶渊明、欧阳修、曾巩、王安石、朱熹、文天祥、宋应星、汤显祖、詹天佑等文学家、政治家、科学家若群星灿烂，光耀史册。江西红色文化闻名中外。井冈山是中国革命的摇篮，南昌是中国人民解放军的诞生地，瑞金是苏维埃中央政府成立的地方，安源是中国工人运动的策源地。第二次国内革命战争时期，江西籍有名有姓的革命烈士就有25万多人，占全国的六分之一，为中国革命的胜利作出了重要贡献。[①] 此外，江西物产丰富，江西农业在全国占有重要地位，是1949年以来全国两个从未间断向国家贡献粮食的省份之一。从自然资源来看，江西资源非常丰富。总之，在历史上，江西属于鱼米之乡，隋唐以后，江西经济在全国逐渐占据举足轻重的地位，成为粮食主产区之一。唐宋时期，江西手工业发达，盛况空前，矿冶、陶瓷、造船等业均处于全国领先水平。元、明、清三代，江西都是国家征米数量数一数二的大省，常占全国赋粮的10%以上，有时多达20%。[②] 总之，唐宋时期的江西，经济蓬勃发展，极为繁盛，与长江下游及杭嘉湖地区同享富庶，同为经济中心区域。[③] 改革开放以前，虽然资料显示，江西的经济发展水平从来没有达到过全国的平均水平，但是周边地区广东、福建、浙江等地农民长期流入到江西各个角

[①] 《江西省情概况》：http://www.jiangxi.gov.cn/dtxx/jxgk/200807/t20080708_17670.htm
[②] 转自王明美《从历史的跨度看江西崛起》，《求实》2005年第10期
[③] 同上。

落从事砖瓦生意、从事种植生意等等谋生，从某种意义上来说，江西仍然是属于温饱之地。因此，对于江西农民的心理来说，自负或者自傲在所难免。

另一方面，江西农民存在自卑心理。这种自卑心理表现为安于现状、固步自封、按部就班、裹足不前。其根本原因：一方面，经济落差大。改革开放以来，江西GDP比值最高年份是1979年，为2.5896；与江西人口比值（3，31%）之差也最小（0.73个百分点）。最低的是1994年，为2.03%，与江西人口比值（3.35%）之差也最大（1.32个百分点）。也就是说，改革开放以后，1979年是江西与全国发展水平差距最小的年份，1994年则是最差的年份。扩大了差距的恰恰是中间的17年（1984—2000）。[①] 另一方面，心理落差大。改革开放后，江西农村中大量剩余劳动力外出务工形成声势浩大的农民工群体，据江西省农调队抽样调查推算，2003年，全省外出从业一个月以上的"部分转移"性质的农民达443.8万人，"完全转移"的农民达109.6万人，两者合计为553.4万人，占农村劳动力总量的35.5%[②]；国家统计局江西调查总队的有关调查统计数据显示，2013年一季度江西省农村外出从业劳动力人数达786万，比上年同期增3.9%；同时，农村外出务工人员工资水平持续提高，2013年一季度江西农村外出从业劳动力人均月收入达2076元，比上年同期增加200.7元，增长10.7%。[③] 虽说江西农村劳动力转移，不仅使农民"挣了票子"，而且"洗了脑子"，换了观念，增强了经济发展的动力和活力。[④] 但是，周边地区广东、福建、浙江的富裕程度以及打工的辛酸泪导致的心理落差使得江西农民的自卑心理负担加重。

因此，要引导江西农民既不要妄自菲薄，也不能妄自尊大，要有足够的耐心，要有为江西的崛起和发展做长期奋斗的思想准备并艰苦努力。

3. 单一与多元交汇

一方面，由于江西地处我国中部地区，经济算不上发达，而且以农业

---

① 转引自王明美《从历史的跨度看江西崛起》，《求实》，2005年第10期。
② 彭道宾，彭地：《在统筹城乡发展中如何加快农村富余劳动力转移的思考》，2004年05月24日，http：//www.jiangxi.gov.cn/xgwt/jjlt/201003/t20100330_207935.htm
③ 《江西农村外出务工人员继续增加》，http：//native.cnr.cn/city/201304/t20130428_512475971.shtml
④ 同上。

为主,农耕社会安土重迁的传统观念并没有被打破,汉班固《汉书·元帝纪》说,"安土重迁;黎民之性;骨肉相对;人情所愿也。"对于江西农村来说,单一的、同质的和稳定的传统农村社会关系网络没有发生明显变化。

另一方面,改革开放以来,随着市场经济的发展,江西农村社会变化纷繁复杂,对于江西农民,已经不能用一种单一的理念来看待,他们在经济领域以及思想文化领域有诸多诉求,既有生产问题、分配问题、交换问题,又有宗族问题、宗教问题、法制问题、政治问题、人口问题等等,各种思想问题多元变化,使思想问题容易复杂化。

为此,我们既要保护农民所有积极的、健康的、向上的先进思想因素,又要纠正和消除各种消极的、陈腐的、低下的落后思想,尤其是要高度重视多元思想背后的多元诱因,帮助广大农民摆脱小农经济意识和宗族宗教势力的束缚。

二 引导江西农民思想有序发展的思路与对策

农民的内在思想诉求是党中央制定农村政策的重要依据,也是影响我国农村和谐有序发展的基本因素。农民思想观念的实际状况深深地支配着农民的行为并且会影响党的农村政策的有效性,也会影响农村和谐社会建设的进程,也影响着农民对中国特色社会主义理论在农村的认知程度。影响农民思想变迁的动力可能来自外部的技术层面,如工具或者产品及其代表的生产力的创新;来自外部社会组织层面的调整,如生产关系、政治组织和亲族组织的变革;以及外部环境变迁。也可能来自思想内在的变动,如情感、知识、艺术、道德、信仰、价值观等行为规范,以及礼制与法制等行为规范。因此,基于农民思想的既有特点以及农民思想的自主、多元、理性等新的变化,需要政治体系依据变化了的农村实际,吸取革命年代我党对农民思想的教育与整合经验,重建农村和谐有序治理秩序。我们认为,构建江西农村和谐有序发展道路的基本路径可以用八个字来概括,即:整合、协调、引导与协商。具体来看,针对农民阶层内部的分化,需要从政策层面加以整合;针对农民阶层与其他社会阶层之间的利益失衡问题,需要从制度层面上加以协调和创新;基于市场经济的发展以及农民主体性意识的提高，需要政治体系从治理方式上改变传统意义上的对农民实行的单方控制并使之转变为多中心协商治理。

（一）政策整合

一是加快土地制度改革。按照"依法、自愿、有偿"的原则，制定土地流转的具体办法，围绕"转前收益看得清、转时收益能得到、转后收益有保障"等重要环节，构建土地流转衔接体系，解决农民离土难题。打造农村土地流转服务平台，加快农村土地流转工作进程。按照国民待遇原则，建立农民"双放弃"后自动转城制度，逐步推行城乡统一的户籍制度，消除对农民进城的限制性和歧视性规定，在就业、社会保障、子女入学、住房等方面给农民以市民待遇，让农民能在城乡之间自由流动、迁徙。

二是清除二元体制障碍，实现国民机会均等。深入清除各种阻碍城乡统筹就业的二元分割体制性障碍和扭曲市场的城镇偏向性、歧视性政策，加快建立城乡统一的户籍管理制度、劳动就业和社会保障制度、教育培训和就业服务体系，依法维护城乡劳动者的合法权益。其一，要加快户籍管理制度改革，消除农民进城的身份障碍。要实行城乡统一的户口登记管理制度。对符合在城市落户的人口应全部放开，允许其自由迁移流动，形成人人平等、公平竞争、尊重个人选择的市场运行机制。其二，加快劳动就业制度改革，消除农民进城的就业障碍。要取消严格限制农民工就业范围的歧视性政策，保证农民工享受与当地居民同等的公民权利，将就业培训和就业指导推广到城乡所有劳动者当中。其三，深化土地制度改革，消除农民进城的产权障碍。必须进一步深化土地制度改革，改革的方向是使农民获得永久的土地使用权或部分使用权，使进城农民能顺利地将土地以合理的价格转让出去，获得应有的土地收益。其四，加快福利保障制度改革，消除农民进城的利益障碍。要逐步消除市民的福利保障特权，保证农民工享受与当地居民同等的福利保障待遇，如子女教育、公共卫生、医疗服务、失业保险等等。

三是加快社会保障制度改革。要提高社会保障的水平和保障水平的均衡度。积极培育面向老年人的生活照料、家政医疗、文化娱乐等消费市场，大力推广社区居家养老模式，构建社会养老服务网络。切实增强社会救助能力，重点解决好五保户、特困户、贫困家庭学生的生活困难，实现城乡居民最低生活保障的全覆盖。推进农村社会保障制度建设，应遵循社会保障制度的内在规律性，尽快探索出一条农村社会保障与城镇职工社会保障相衔接的新途径。加强农民工的社会保障制度建设，促进农民工的社会融入。建立农民工社会保障制度，将其纳入新的社会保障体系，既是推进城镇化最重要的制度保证，也是顺应城镇化发展趋势的战略举措。同时既有助于促进农村经济发展、解决"三农问题"，也有助于缓解目前我国普遍存在的"民工荒"问题，实现经济可持续发展。从根本目标来看，可以构建真正和谐的劳动关系，从而缓解社会矛盾，有助于解决影响社会稳定的问题。

四是清除制度障碍，构建农村公共文化服务体系。加强公共文化服务是实现人民基本文化权益的主要途径。要以公共财政为支撑，以保障人民群众看电视、听广播、读书看报、进行公共文化鉴赏、参与公共文化活动等基本文化权益为主要内容，完善覆盖城乡、结构合理、功能健全、实用高效的公共文化服务体系。

五是完善政府工作指导督查考核制度。把新农村建设纳入经济社会发展总体规划，逐级安排财政预算专项资金并保持逐年递增。坚持"产业发展抓特色、基础建设抓配套、城乡一体抓统筹、村容村貌抓整治、农民素质抓提高、制度建设抓创新、强化管理抓民主"的工作思路，以生产发展和农民增收为首要任务，推进新农村建设工作由推动型向常规型转变、由无序管理向制度管理转变、由要我建向我要建转变的良好发展态势。

（二）利益协调

一是尊重农民土地利益。新时期城乡统筹发展的核心问题是土地问题，要针对农民土地认知中的矛盾问题和困境，正确处置农民对于土地的所有权，把土地真正变成农民收入来源的一大保障，使土地流转真正成为农民的收入手段和养老手段。新时期要从投入、政策和服务三个层面给农民生产经营创造环境和条件，把农业投入的重点放在改善农田水利、市场建设和农产品储藏、保鲜等基础设施、科技服务和信息服务上。

二是要加强对农业的支持和保护，这是增加农民收入的重要保障。要使土地真正成为农民收入来源的一大保障。要继续深入推进新农村建设。切实加强江西粮食主产区生产能力的建设，抓住农民增收的重点。要抑制地区差距的扩大，真正做到提升农民收入增长能力，为农民政治意识的提升提供重要的物质保障。

三是完善农村民主管理，健全农民参与机制，确保农民的政治权益。在新农村建设中，要把村务是否公开、决策是否民主、管理是否规范、监督是否有效作为检验村务公开、民主管理工作效果的重要标准，把"农民愿意不愿意、高兴不高兴"作为衡量新农村建设成效的重要标准，确保新农村建设让农民受益。

四是保护好农民的文化权益。坚持政府主导，按照公益性、基本性、均等性、便利性的要求，加强文化基础设施建设，加强文化馆和图书馆、乡镇综合文化站、村文化室建设，加大对落后地区文化服务网络建设支持和帮扶的力度，完善公共文化服务网络，让农民广泛享有免费或优惠的基本公共文化服务。开展文化惠民工程，继续办好各种文化节等重大节庆活动以及广场文化、社区文化活动。开展文化送温暖活动，每年为山区群众免费送戏、送电影。组织实施好广播电视"村村通"工程，实施好国家、省、市三级广播电视节目在农村的无线覆盖。各类新闻媒体要继续办好民生类等节目，设立百姓求助热线，在社区和街道两侧新建电子阅报栏。进一步开放现有公共体育设施，依托社区、乡村公共体育设施、场地，组织开展全民健身、体育竞赛等群众性体育活动，增强农民体质。

（三）思想引导

一是引导农民合作。通过合作组织建设来重新聚合农民在江西迫在眉睫。体现为江西农民有合作的基础和意愿、江西农民有合作的组织制度保障。在农业和农村经济由计划经济向市场经济转变过程中，农村经济中千家万户分散的小生产与千变万化的大市场的矛盾日益凸显，特别是随着江西崛起战略的提出和实施，农民的个体化难以适应江西日益发展形势的要求，因此，在稳定家庭承包经营这一基本国策不变的情况下，通过社会合作的组织形式把分散经营的千家万户的农民联合起来，增强抗御市场风险和社会风险的能力已成为当前江西农业和农村社会发展以及社会秩序建构中亟待解决的一个最为迫切的问题。通过农村社会合作组织引导和帮助农户走上专业化、社会化、一体化、集约化经营之路，把农户和市场有效联结起来，形成较大的区域规模和产业规模，产生聚合规模效应，才能依靠农村社会合作组织防范农民面临的各种风险，从而引导农民致富。

二是挖掘传统文化资源，丰富农民业余文化生活。要积极挖掘民族传统文化中的优秀遗产，加以综合创新。深入挖掘民族传统节日文化内涵，广泛开展优秀传统文化教育普及活动。要充分利用各地的传统文化、民俗文化、民间艺术资源，积极开发具有传统特色和地域特色的民间工艺项目、民间艺术、民俗表演项目以及民俗旅游项目，开展生动活泼的文化活动。充分利用农闲、集市和传统节日如春节、元宵节、端午节、中秋节等开展民间文艺会演等活动，丰富农民的业余文化生活。

三是提高农民素质。通过多种方式引导和教育农民积极主动参与精神文化生活，以提高整体素质。政府应该采取积极措施，提高农民的受教育程度。政府职能部门、农业院校、培训机构、农民组织充分协调、配合，对农民进行有计划、分层次、多方面的教育培训，以基层农民学院为教育培训龙头，进一步整合"新妇女学校"、"农民知识化工程"、"阳光工程"、"金蓝领工程"、"雨露计划"、"农函大"等各类培训资源，按照规模规范、对口对路、分类分层培训的总体思路抓好面向农民的各类教育，提高农民的文化水平。在重点抓好文明道德、文化素养、健康素质、种养技术、经营理念、经商创业等培训的基础上，让党的各类惠民政策深入人心，全面提升广大农民群众的感恩理念、道德素养、文化技能、健康素质和科技务农能力、转移就业能力、创业致富能力等，大规模培育新型农民。

四是提升农民精神文化参与意识。组织起来，进一步强化农民的精神文化活动参与意识。鼓励农民自办文化，让农民自编自演自娱自乐。培育出一批农村文化带头人，组建扶持农村业余文化队伍，使他们不仅仅只是文化的欣赏者，而且能成为文化的参与者、创造者、享受者。组织农民开展"除陋习、树新风"活动，正确引导和规范农村宗族组织活动，对农村宗族实行依法管理，保护其合法行为，限制和打击其非法行为。正确引导农民宗族意识的现代转型，利用其积极因素，摒弃其消极因素，为农村的社会稳定提供支撑，反对封建迷信和宗族宗派势力，倡导健康、文明、科学的生活方式。大力破除当前农村存在的不良习俗和社会风气，抵制低俗的演出进入农村文化市场，让健康向上的现代文明深入农村千家万户，传播现代文明信息和思想观念，大力发展群众文化事业，丰富农民文化娱乐活动。

（四）协商治理

政府要追求善治。善治即良好的治理，是公共治理的理想状态和终极目标。英语中的治理（governance）一词源于拉丁文和古希腊语，原意是控制、引导和操纵。长期以来，它与统治、管理和政府活动联系在一起，主要用于与国家的公共事务相关的政治活动和管理活动之中，它反映着特定社会的公共权力配置格局，也直接表征着一定时期国家与社会的关系状况。自1989年世界银行报告首先使用"治理"概念以来，一些国际组织就频频使用这个概念，逐步形成了系统的理论框架，并提出了"善治"（good governance）的制度架构。经过西方理论家的使用、阐释和发展，通过国际组织和西方国家的政治与行政实践的运用和检验，治理不仅拥有了全新的含义和概念，而且成为西方学术界指导全球化下公共行政管理和跨国组织管理的一种新理论和新理念。善治是理想的公共治理状态的典范推设，是治理的最高境界。迈克尔·巴泽雷把善治归结为"公民价值体现"。查尔斯·福克斯则把善治归结为"以人为本"。俞可平认为善治就是使公共利益最大化的社会管理过程。善治的本质特征，就在于它是政府与公民对公共生活的合作管理，是政治国家与公民社会的一种新颖关系，是两者的最佳状态。他还把善治的基本要素归纳为以下七个方面：合法性（legitimacy）、透明性（transparency）、责任性（accountability）、法治（rule of law）、回应（responsiveness）、有效（effectiveness）、稳定（stability）。[1] 善治作为公共治理的理想状态，是强化政府责任的动力源泉和最终归宿。基于农民思想的变迁，提出实行有效治理的几点建议：

一是构建政府与社会组织共同管理农村公共事务的新格局。现代治理理论认为，现代治理是以全部公共的力量来参与社会治理，这就要求社会不能只有一个权力中心，必须以民间的、多元的力量，与政府分权制衡，来共同完成社会治理的重任。分权制衡不仅是为了监督政府，也是为政府

---

[1] 俞可平：《治理和善治分析的比较优势》，《中国行政管理》2001年第9期。

减负，为政府分忧。只有当分权机制成熟起来，社会力量大体均衡，相对独立，各尽其责，善治才能成为现实。其一，要坚持政府主导。其二，坚持农民主体。农民群众是农村发展的主体，是主要受益者，也是主要参与者。离开农民将会成为无源之水。治理中要充分依靠农民自身的智慧、合作精神、自主性、创造性和主观能动性，充分发挥农民理事会在宣传发动、筹资投劳、民主管理、调处纠纷上的作用，充分调动农民参与农村建设的主动性和积极性。其三，坚持镇村联动。镇村联动点就是农村新社区，通过社区管理理念来管理镇村联动点，进一步增强村民自我约束、自我管理、自我服务的意识。

二是建立科学合理的公共规则。当下中国经济体制深刻变革，社会结构深刻变动，利益格局深刻调整，思想观念深刻变化，公共生活领域越来越复杂，因此建立科学合理的公共规则就越发重要，这种公共规则的建立仅仅依靠政府的垂直管理是远远不够的，还必须依靠社会力量，以"社会合作"的方式保持农村的稳定、提高效率进而实现正义。

三是建立新型乡村治理机制。进一步深化乡镇机构改革，转变和强化乡镇政府社会管理和公共服务职能，健全党务公开、政务公开、财务公开机制，提高民主管理水平。加强村级组织活动场所规范化建设，全面推进村级"四议两公开"工作法，提高村级自治水平。建立农村社区"两组三会三员"自治管理模式，在每个农村社区组建党组织（党支部或党小组）、说事评理组，由社区党组织组织村民选举产生社区理事会、监事会和妇组会，在社区理事会下设政策宣传员、卫生保洁员、矛盾调解员，负责社区公共管理和社会服务。积极引导农民组建文体、调解、学习、公益服务等小型农民自治组织，提高农民自我管理、自我服务、自我发展的水平。

四是扩大农民的知情权。知情权，英文是 right to know，又称"知的权利"、"了解权"等等，它的含义是公民知悉、请求获取对其有利益关系的信息的自由。知情权属于权利范畴，它的主体是公民或社会组织。知情权既是公民和社会组织的民事权利，也是政治权利，而且是一项基本人权。

五是政府为弱势群体利益的表达提供"绿色通道"。为弱势群体表达利益提供"绿色通道"，积极回应与满足民众合理的心理诉求，通过建立能够兼顾社会心理平衡的公共政策体系，加大对事关个体直接利益问题的公共政策，如住房、医疗、教育、就业、社会保障等政策的创新力度，维持社会各个阶层之间的利益均衡，并适当向弱势群体倾斜，确保他们基本权利的实现。

当政府成为负责任的透明的政府，当农民学会了理性地表达诉求，农民与政府间才可能建立起良性互动机制。在构建和谐包容、精神富有农村社会的进程中，大力促进政府与农民间的良性互动，具有重大的现实意义。

总之，通过上文分析，可以看到，江西农民思想变迁既对江西农村稳定有序的社会环境起了积极的推动作用，也造成了一些消极的影响。正视江西农村的发展现实，以农民的实际需求为根本出发点，让农民在农村社会发展中自觉地实现思想转变，是引导农民思想变化的最高境界。而要实现这个目标，需要政府、学界和农民都做出极大的努力。

参考文献

一　著作类

B

白寿彝总主编，周远廉，孙文良编：《中国通史》，第十卷，《中古时代·清时期》（上册），上海人民出版社1996年版。

白南生：《农民的需求与新农村建设：凤阳调查》，社会科学文献出版社2009年版。

D

《邓小平文选》第3卷，人民出版社1993年版。

［美］丹尼尔·贝尔：《资本主义文化矛盾》（中译本），三联书店1989年版。

［美］戴维—伊斯顿：《政治生活的系统分析》，华夏出版社1999年版。

［美］杜赞奇：《文化、权力与国家——1900—1942年华北农村》，江苏人民出版社1995年版。

F

费孝通：《乡土中国》《生育制度》，北京大学出版社1998年版。

［德］费迪南·腾尼斯著，林荣远译：《共同体与社会》，商务印书馆1999年版。

G

国家统计局：中国统计年鉴，1981年。

广州农民运动讲习所旧址纪念馆：《广东农民运动资料选编》，人民出版社1986年版。

古德：《家庭社会学》，台湾桂冠图书公司1988年版。

H

华岗:《中国大革命史》,文史资料出版社 1982 年版。

黄宗智:《华北的小农经济与社会变迁》,中华书局 1985 年版。

韩俊:《破解三农问题》,中国发展出版社 2008 年版。

J

[美] J. C. 斯科特著,程立显等译:《农民的道义经济学:东南亚的反叛与生存》,译林出版社 2001 年版。

[美] J. C. 斯科特著,郑广怀、张敏等译:《弱者的武器》,译林出版社 2007 年版。

《江西公藏谱牒目录提要》,江西教育出版社 2002 年版。

L

《列宁选集》第 4 卷,人民出版社 1972 年版。

《列宁全集》第 39 卷,人民出版社 1986 年版。

李连江,欧博文:《当代中国农民的依法抗争》,吴国光:《九七效应》,太平洋世纪研究所 1997 年版。

李元书:《政治发展导论》,商务印书馆,2001 年版。

李伟:《二十世纪五十年代末中国共产党对农业问题的认识和探索》,北京中共党史出版社 2007 年版。

汝信,陆学艺,李培林:《中国社会形势分析与预测(2007 年)》,社会科学文献出版社 2006 年版。

刘谟炎:《农村政策指南——中共中央(江西省委)1 号文件研究》,江西人民出版社 2008 年版。

M

《马克思恩格斯全集》第 1 卷,人民出版社 1995 年版。

《马克思恩格斯全集》第 2 卷,人民出版社 1995 年版。

《马克思恩格斯选集》第 3 卷,人民出版社 1995 年版。

《马克思恩格斯选集》第 4 卷,人民出版社 1995 年版。

《毛泽东选集》第 1 卷,人民出版社 1991 年版。

《毛泽东选集》第 3 卷,人民出版社 1991 年版。

《毛泽东选集》第 4 卷,人民出版社 1991 年版。

《毛泽东文集》第 1 卷,人民出版社 1993 年版。

《毛泽东农村调查文集》，人民出版社1982年版。

牧野：《牧野著作集》第2卷，茶水书房出版社1980年版。

［英］莫里斯·弗里德曼：《中国东南的宗族组织》，上海人民出版社2000年版。

马振清：《中国公民政治社会化问题研究》，黑龙江人民出版社2003年版。

孟迎辉：《政治信仰与苏联剧变》，中国社会科学出版社2005年版。

牟成文：《中国农民意识形态的变迁——以鄂东A村为个案》，湖北人民出版社2008年版。

P

潘强恩：《中国农村学》，中共中央党校出版社1999年版。

钱杭，谢维扬：《传统与转型：江西泰和农村宗族形态》，上海社会科学院出版社1995年版。

钱文荣，黄祖辉：《转型时期的中国农民工》，中国社会科学出版社2007年版。

S

《孙中山全集》第9卷，中华书局1986年版。

《苏区文艺运动资料》，上海文艺出版社1985年版。

［美］塞缪尔·P.亨廷顿著，王冠华译：《变化社会中的政治秩序》，三联书店1989年版。

石川滋：《发展经济学的基本问题》，经济科学出版社1992年版。

沙健孙：《在大革命的洪流中》，湖南教育出版社1996年版。

沈林，和佳，王云：《新散杂居民族工作概论》，民族出版社2001年版。

孙关宏：《政治学概论》，复旦大学出版社2003年版。

T

唐晓腾：《基层民主选举与农村社会重构》，社会科学文献出版社2007年版。

W

《闻一多全集》第3卷，生活·读书·新知三联书店1983年版。

王贵宸：《中国农村经济学》，人民出版社1988年版。

王沪宁：《当代中国村落家族文化——对中国社会现代化的一项探索》，上海人民出版社1991年版。

王铭铭：《村落视野中的文化与权力——闽台三村五论》，生活·读书·新知三联书店1997年版。

吴增基等：《现代社会学》，上海人民出版社1997年版。

温锐：《理想·历史·现实：毛泽东与中国农村经济变革研究》，山西高校联合出版社1995年版。

温锐，游海华：《劳动力的流动与农村社会变迁：20世纪赣闽粤三边地区实证研究》，中国社会科学出版社2001年版。

X

[美] 许烺光著，薛刚译：《宗族·种姓·俱乐部》，华夏出版社1990年版。

熊景明：《进入21世纪的中国农村》，光明日报出版社2000年版。

徐勇：《三农中国》，湖北人民出版社2003年版。

Z

《中央革命根据地史料选编》（下），江西人民出版社1982年版。

中央档案馆：《中共中央文件选集》第1册，中共中央党校出版社1989年版。

中共中央文献研究室：《毛泽东年谱》上卷，人民出版社、中央文献出版社1993年版。

周晓虹：《现代化进程中的中国农民》，南京大学出版社1998年版。

张荣明：《权力的谎言：中国传统的政治宗教》，浙江人民出版社2000年版。

郑功成：《社会保障学——理念制度实践与思辨》，商务印书馆2000年版。

张鸣：《乡土心路八十年——中国近代化过程中农民意识的变迁》，陕西人民出版社2008年版。

二　报纸类

胡锦涛：《扎扎实实促进粮食增产农民增收》，人民日报2004年4月14日。

黄图强，宋海峰，宋江超：《农业现代化的"引擎"——我省推进现代农业示范区建设综述》，《江西日报》2011年8月9日。

《河南洛阳农民弃地就能当城市人最高补偿一万》，《河南商报》2009年07月19日。

《根据地普通教育的改革问题》，解放日报1944年7月4日。

倪迅：《农村基层干部民主监督制度广泛建立》，《光明日报》2007年9月11日。

邱玥：《"一村一品"经济引路 吉安市盛开少数民族致富花》，《江西日报》2009年10月12日。

宋海峰：《江西省农民专业合作社达10800家》，《江西日报》2010年12月27日。

周红彬，褚月霞：《"村委会主任"不宜简称"村长"》，检察日报2004年5月1日。

《专家：农民放弃土地和承包权换取城市社保存隐患》，《南方周末》2010年10月15日。

三 论文类

A

安南：《联合国秘书长安南在国际妇女节的讲话》，《妇女研究论丛》2006年第2期。

C

陈晓莉：《对农民政治意识嬗变中若干问题的思考》，《西安财经学院学报》2003年第4期。

陈瑞：《以歙县虹源王氏为中心看明清徽州宗族的婚姻圈》，《安徽史学》2004年第6期。

陈志刚：《对口支援与散杂居民族地区小康建设：来自江西省少数民族地区对口支援的调研报告》，《中南民族大学学报》（人文社会科学版）2005年第3期。

陈永明，张浩：《新农村文化建设几点思考》，文化传播网2007年8月4日。

陈飞平，廖为明：《江西小城镇建设研究》，《科技广场》2008年第

4 期。

陈柳钦，胡振华：《中国农村合作组织的历史变迁》，《农业经济问题》2010 年第 6 期。

成为杰：《政治信仰研究综述》，《甘肃理论学刊》2009 年第 6 期。

楚成亚：《二元社会结构与政治稳定》，《当代世界社会主义问题》2003 年第 4 期。

崔朝阳，董琼华：《村民自治背景下国家与农民民主意识分析》，《聊城大学学报》（社会科学版）2005 年第 3 期。

长子中：《新农村建设背景下的农民分化与整合》，《北方经济》2008 年第 17 期。

常建华：《近十年晚清民国以来宗族研究综述》，《安徽史学》2009 年第 3 期。

D

戴利朝：《转型时期的农村宗族及其嬗变——以 20 世纪下半叶江西为中心》，《江西师范大学学报》（哲学社会科学版）2004 年第 2 期。

刁统菊等：《宗族村落中姻亲关系的建立、维护与重组——以鲁东小姚格庄为个案》，《民俗研究》2008 年第 3 期。

G

郭远明：《住房贷款将农民引入信贷消费时代——江西全国率先试水农民住房贷款情况调查》，《经济参考报》2009 年 9 月 25 日。

官爱兰等：《江西城镇化与农村教育发展研究》，《农业考古》2006 年第 6 期。

H

黄志刚：《当代农民的生育模式与人口控制》，《人口学刊》1991 年第 3 期。

胡星斗：《试论建立现代农村制度》，《中国农业大学学报》2002 年第 1 期。

胡晔，徐秋花：《江西城镇化发展问题的几点思考》，《宜春学院学报》（社会科学版），2004 年第 3 期。

洪三宝：《关于江西城镇化发展的现状、问题和对策》，《长江论坛》2001 年第 2 期。

何友良等：《当代江西农史要略》，《农业考古》2003 年第 3 期。

何绍辉：《隐性维权与农民群体性利益表达及困境——来自湘中 M 村移民款事件的政治人类学考察》，《人文杂志》2008 年第 6 期。

J

冀恩科：《村民自治与农民民主意识培育》，《社会科学论坛》2006 年第 11 期。

荆学民：《论信仰与怀疑间张力的动势结构》，《人文杂志》1990 年第 2 期。

井中雪：《论政治信仰》，《山西师范大学学报》2005 年第 5 期。

蒋国河：《20 世纪 90 年代以来当代中国农村宗族问题研究述评》，《中国农村观察》2006 年第 3 期。

K

康晓光：《未来 10 年中国大陆政治稳定性分析》，《战略与管理》2002 年第 3 期。

康树华：《农村封建宗族势力与黑恶势力的区别及防治对策》，《公安学刊》2006 年第 2 期。

L

冷淑莲，冷崇总：《江西小城镇发展政策与机制研究》，《价格月刊》2006 年第 6 期。

冷淑莲，徐建平，冷崇总：《农村土地流转的成效、问题与对策》，《价格月刊》2008 年第 5 期。

廖小琴：《精神生活质量指标体系研究》，《学术交流》2005 年第 12 期。

蔺丰奇，徐殿：《和谐社会背景下农民群体利益表达渠道的制度性建构》，《河北省社会主义学院学报》2011 年第 1 期。

李绍德：《谈谈民主意识和法制意识问题》，《云南师范大学学报》（哲学社会科学版）1990 年第 1 期。

李光球：《从宗族械斗到民安村兴》，《乡镇论坛》1992 年第 2 期。

李成贵：《当代中国农村宗族问题研究》，《管理世界》1994 年第 5 期。

李蓉蓉：《试论政治信仰》，《理论探索》2004 年第 4 期。

李志强：《加快江西城镇化进程的对策研究》，《江西农业大学学报（社会科学版）》2005年第1期。

李晓伟：《政治学范畴探析——政治文化与政治意识》，《昆明大学学报》2008年第19期。

李秀香，黄梓桢：《加强江西小城镇建设的意义、存在的问题、建议》，《安徽农业科学》2009年第37期。

李安辉：《论中国特色散杂居民族理论的形成与发展》，《中南民族大学学报》（人文社会科学版）2010年第6期。

厉复魁，吕雅范：《中国的民本思想与民主意识》，《长白学刊》1998年第5期。

刘小京：《略析当代浙南宗族械斗》，《社会学研究》1993年第5期。

刘明：《论社会变迁中的政治信仰认同》，《思想理论教育》2007年第1期。

刘文辉，李小红：《江西农村劳动力转移的经济学分析》，《价格月刊》2007年第9期。

刘凤芹，王询：《中国古代宗族聚居的历史变迁与南北方宗族聚居的差异》，《财经问题研究》2007年第11期。

刘飞翔，黄建新：《和谐社会视阈下福建农村生态文明的建设》，《台湾农业探索》2008年第1期。

梁洪生：《近观江西民间修谱活动》，《东方》1995年第2期。

M

牟本理：《江西的经验值得向散杂居民族地区推广》，《中国民族》2002年第9期。

孟宏斌：《资源动员中的问题化建构：农村征地冲突的内在形成机理》，《当代经济科学》2010年第5期。

买文兰：《中国农村家族势力复兴的原因探析》，《华北水利水电学院学报》2001年第3期。

O

欧阳宗书：《中国古代宗族教育管窥》，《江西大学学报》（社会科学版）1992年第1期。

欧阳锋：《"三农"问题的出路在于城镇化—江西小城镇建设的思

考》,《理论导报》2005年第8期。

P

评论员:《努力做好杂居散居少数民族的工作》,《中国民族》1981年第12期。

Q

邱晓平:《江西城镇化的问题与对策研究》,《江西农业大学学报》(社会科学版)2006年第4期。

秦勃:《宗族博弈与村庄选举困局——一个湘南村庄选举失败的实践逻辑》,《中国农村观察》2010年第6期。

S

《谁在修谱》,《东方》1995年第3期。

宋举诚等:《家族势力的变化及其对农村社会生活的影响》,《社会学与社会调查》1988年第3期。

盛宝柱,郭小群:《江西城镇化进程探析》,《南昌航空工业学院学报》(社会科学版)2003年第1期。

施由明等:《宗族与江西古代农村社会——安义千年古村个案研究》,《江西社会科学》2004年第11期。

沈昕:《宗族联姻与明清徽州地方社会——以祁门善和程氏为中心》,《安徽大学学报》(哲学社会科学版)2009年第6期。

孙慧:《农村生育文化建设与农民生育观念转变的探讨》,《人口与计划生育》2010年第10期。

T

谭庚炳:《农村械斗何时了》,《理论导报》1992年第1期。

陶叡,朱洪:《新型农民专业合作经济组织发展制约因素及对策分析》,《湖北广播电视大学学报》2011年第5期。

W

万江红,徐小霞:《我国农村合作经济组织研究评述》,《农村经济》2006年第4期。

万能,原新:《1978年以来中国农民的阶层分化:回顾与反思》,《中国农村观察》2009年第4期。

王笑天,陆玉:《乡村社会重修族谱现象的思考——兼论宗族意识与农村现代化的关系》,《社会科学研究》1996年第6期。

王天意:《宗族的功能及其历史变迁》,《上饶师范学院学报》2005年第2期。

王天意:《传统组织的变异与乡村黑恶势力的支持网》,《中国（海南）改革发展研究院第54次国际论坛"民间组织发展与建设和谐社会"入选论文论文集》。

王盛开,方彬:《改革开放以来中国共产党的农村政策取向演变的历史考察》,《求实》2006年第12期。

王宏维:《信仰危机·信仰对象·信仰方式》,《华南师范大学学报》（社会科学版）2003年第4期。

王宏强:《政治信仰：概念、结构和过程》,《学术探索》2006年第3期。

文小勇,夏群娜:《社会转型过程中农民民主意识分析——江西省遂川县基层民主建设调查报告》,《江西师范大学学报》（哲学社会科学版）2002年第3期。

温锐,蒋国河:《20世纪90年代以来当代中国农村宗族问题研究管窥》,《福建师范大学学报》2004年第4期。

魏佐国:《李唐时期江西文风昌盛及其成因探询》,《江西科技师范学院学报》2007年第5期。

吴毅:《农地征用中基层政府的角色》,《读书》2004年第7期。

吴毅:《"权力—利益的结构之网"与农民群体性利益的表达困境——对一起石场纠纷案例的分析》,《社会学研究》2007年第5期。

吴海,计宏伟,王龙锋:《对江西城镇化建设的思考》,《企业经济》2006年第12期。

吴晓敏,潘泽林:《农村宗族械斗与建设和谐农村问题研究——以江西农村为个案》,《中南民族大学学报》（人文社会科学版）2008年第2期。

韦强:《浅谈农村宗族势力非法活动的特点及对策》,法制网2010年11月10日。

X

谢建社,郑百灵,谢蓬勃:《"民工潮"对农村宗族的影响——以江西姚圩镇为例》,《南昌大学学报》(人文社会科学版) 2005 年第 3 期。

谢建社等:《中国乡土社会"差序格局"新趋势》,《江西师范大学学报》2004 年第 1 期。

肖唐镖,幸珍宁:《江西农村宗族情况考察》,《社会学研究》1997 年第 4 期。

肖唐镖:《二十余年来大陆农村的政治稳定状况》,《转型中的中国政治与政治学发展国际学术研讨会》2001。

肖唐镖:《农村基层治理与民主实践中的宗族问题》,《中共宁波市委党校学报》2003 年第 5 期。

谢文:《社会性别平等意识教育是中国公民教育的重要内容》,《21 世纪中国公民教育的机遇与挑战——两岸四地公民教育研讨会论文集》2006。

谢宝利:《现代化视阈下中国共产党农民教育理论与实践的再思考(1921—1966)》,陕西师范大学博士学位论文 2009。

徐腊梅:《江西农业合作化运动的历史考察》,《江西财经大学学报》2008 年第 1 期。

徐腊梅:《江西农业合作化运动掀起高潮的深层原因探析》,《江西师范大学学报》(哲学社会科学版) 2008 年第 6 期。

夏鑫,祁松:《试析目前我国存在的政治信仰危机》,《广东技术师范学院学报》2003 年第 5 期。

薛洪生:《当代农民的利益表达与农村稳定》,《黑龙江社会科学》2008 年第 2 期。

贺青,李强彬:《当前我国农民维权能力发展态势分析》,《理论与改革》2007 年第 1 期。

Y

杨海蛟:《农民民主意识》,《政治学研究》1993 年第 1 期。

杨善华,柳莉:《日常生活政治化与农村妇女的公共参与》,载《中国社会科学》2005 年第 3 期。

杨发祥,黄文:《农村生育制度的流变及反思》,《学习与实践》2010 年第 10 期。

杨雪梅:《乡村文化之路如何走:"盘算"农民基本文化权益》,中国文化传媒网，2011年1月7日。

于建嵘：《转型期中国乡村政治结构的变迁——以岳村为表述对象的实证研究》，华中师大博士学位论文，2001。

于建嵘：《当前农民维权活动的一个解释框架》，《社会学研究》2004年第2期。

于建嵘：《当代中国农民的以法抗争——关于农民维权活动的一个解释框架》，《乡村中国评论》2008年第3期。

于衍学：《散杂居少数民族有关理论的系列研究与探索》，《社科纵横》2006年第4期。

岳雪莲：《共生互补视角下中国散杂居民族关系的特点》，《广西民族研究》2010年第2期。

尹德志，顾航宇：《社会主义初级阶段中国农民民主意识的现状分析及对策研究》，《西南民族大学学报》（人文社科版）2004年第9期。

余红：《对农村宗族械斗的忧思》，《南昌大学学报（哲学社会科学版）》1993年第3期。

余红：《中国农村宗族势力为什么能够复活》，《南昌大学学报》1996年第3期。

苑鹏：《中国农村市场化进程中的农民合作组织》，《中国社会科学》2001年第6期。

袁银传：《当代西方人的信仰危机探析》，《淄博师专学报》1996年第3期。

余冲，李立文：《农民生育观念现状分析——以江西为例》，《农业考古》2009年第3期。

应星：《草根动员与农民群体利益的表达机制——四个个案的比较研究》，《社会学研究》2007年第2期。

Z

张汝伦：《幸福与财富》，《大地》2004年第19期。

张丽剑：《新时期散杂居民族关系的焦点》，《中南民族大学学报》（人文社会科学版）2007年第4期。

张丽超，皮海峰：《我国农民民主意识的现状及其制约因素分析》，《长江大学学报》（社会科学版）2006年第2期。

朱虹：《村宗族文化兴起的社会学分析》，《学海》2001年第5期。

钟添生：《转型社会中宗族精英的村治逻辑》，《农业考古》2007年第6期。

钟家莲，满瑾，邱小云，罗捍华：《江西赣州农村新型合作经济组织的调查与思考》，《农业考古》2005年第6期。

郑慧：《政治文明：涵义、特征与战略目标》，《政治学研究》2002年第3期。

卓纳新，黄向阳：《农村居民文化消费的外部性研究》，《经济与社会发展》2009年第3期。

赵力涛：《家族与村庄政治（1950—1970）》，《二十一世纪》1999年第10期。

周小刚，陈东有：《江西城镇化与经济增长协整关系的实证研究》，《江西社会科学》2008年第8期。

后　　记

"理论在一个国家实现的程度总是决定于理论满足这个国家的需要的程度。"（马克思《〈黑格尔法哲学批判〉导言》）社会科学理论研究的生命力取决于它能否满足时代发展对理论的需求，能否回答广大人民群众最为关注的重大现实问题。2009年12月，杭州师范大学政治与社会学院课题组承担了申报国家重大招标项目的重任，课题组申报的《中国特色社会主义道路：基于农民思想变迁的农村和谐有序发展研究》最终被国家社科规划办批准为重点项目，学校也实现了建校历史上国家重点项目的首次突破。呈现在读者面前的《当代中国农民思想变迁与农村和谐有序发展》（新疆篇）、（江西篇）、（浙江篇），是该项目的结题成果。

课题申报成功后，课题组立即投入紧张的运作中。面对的首要工作是到相对比较陌生的西部新疆乡村进行艰难的问卷调研和资料收集。2010年7月9日至25日，我和课题组成员王光银教授、赵定东教授、龚上华副教授、张孝廷博士、宋桂全老师按照课题规定的调研计划，采用了汉、维两种文字问卷，对新疆维吾尔自治区伊犁哈萨克自治州所属的伊宁县、特克斯县、察布查尔锡伯自治县和新疆生产建设兵团所属的农四师62团、66团等地区的农民进行了抽样调查，共发放问卷800余份，其中汉文问卷600份，维吾尔文200份，回收有效问卷750份。调查对象涉及汉族、维吾尔族、哈萨克族、锡伯族、东乡族、回族等多个民族。同时，课题组还深入到英塔木乡、察布查尔镇等乡镇的村庄、牧区以及工地和新疆建设兵团第62、66兵团农场的多个下属连队，采取了问卷发放、个案访谈、集体座谈等方式，掌握了关于新疆维吾尔自治区农民思想、农村生活大量的第一手资料。在当地人民武装部、县乡政府、公安部门、兵团等党政军部门的密切配合和大力帮助下，课题组克服了环境不熟、交通不便、语言不通、民族习俗不同等实际困难，顺利地完成了调研任务。2010年8月11日至17日，团队又马不停蹄地来到江西进行调研，课题组借鉴新疆调研的经验，又根据当地的实际情况，制定了严密的调研方案。在当地党政部门的密切配合和广大村民的帮助下，克服了时间紧、任务重等方面的实际困难，获得了宝贵的原始材料。而此前已经开始的浙江乡村的调研已基本完成，在王光银教授、赵定东教授的组织下完成的"萧山区衙前镇农民思想变迁"；由卢福营教授负责的"永康市的四村调查"和彭伟斌副教授负责的"县市的中心镇调查"，这一系列调查为团队对发达地区农民思想的研究打下了坚实的材料基础。

"其作始也简，其将毕也必巨"，经过三年多的艰辛努力，科研团队如期完成了国家课题的基本要求，在《马克思主义研究》、《社会学研究》等重要学术期刊发表前期学术论文25篇，最终分析形成了10万字的总报告和60余万字的三个分报告，从政治、经济、社会、文化多学科的角度，对新中国成立以来不同地域农村农民变迁作了富有新意的细致考察。举其荦荦大端，主要形成以下看法：

●浙江、江西、新疆三地农民思想变迁的差异性，主要表现为：一是农民思想中的利益观念变迁方面的差异体现为"我者"与"他者"手段不同；二是农民政治意识变迁方面的差异体现为"积极"与"消极"动力不同；三是农民族群意识变迁方面的差异体现为"公利"与"私欲"目标不同；四是农民合作意识变迁方面的差异体现为"生存"与"发展"机制不同。

●浙江、江西、新疆三地农民思想变迁的共同性特点：一是在农民利益诉求与经济意识变迁方面，表现为土地情感的复杂性；经济观念的现代化；经济行为的个体性；利益诉求的多元化。二是在民主政治权利与政治意识变迁方面，表现为政治认同意识强化；政治权利的敏感性；民主参与的主动性；维权意识的自觉性。三是在精神生活意识的变化则表现为生活观念的品质化追求；公共服务的均等化诉求；休闲方式的市民化；精神文化低层次化。

●随着工业化、市场化、城市化和信息化向农村的扩散，农村经济社会发生转型，农民进入国家现代化进程的中心地带。农民的各种观念一方面深受环境变迁的影响，另一方面，反过来也影响着农村和谐有序发展的现代化进程，影响其生产和生活的方式以及参与国家政治社会生活的风向标，成为制定和变革农村社会转型政策的重要考量性指标。当前的嬗变具体体现在以下几个方面：土地情感的高度认同，经济行为的个体化，经济理性和利益观念的强化。

● 土地作为农民最基本的生产和生活要素，农民对土地的依附依赖的心理感受，始终是其经济观念的核心。农民历经土地的拥有、土地的使用及土地失去的情感流变，农民对土地情感的根本问题还在于权利问题。农民通过各种途径维护土地使用权，同时希望实现土地处理权的利益最大化。在城市化和小城镇建设的进程中，农民对土地的复杂情感以及维权过程中有时出现的一些过激行为，也不可避免地引发矛盾；另外，地方政府征地利益和农村土地集体所有尤其是农民个体土地使用权之间的冲突、土地的流转和使用权之间的冲突也是当前农村社会发展过程中亟待解决的主要问题。

● 随着经济和社会的转型，乡村传统的亲缘、地缘和业缘关系构成的人伦"差序格局"正在转向个体主义，即以个人经济利益作为自己行为的主要依据。个人主义、理性主义等是现代农民基本的价值取向。农民的经济行为，基本上是以利益为坐标进行导向的。

● 农民利益诉求多元化。在经济利益之外，政治参与的诉求增强，精神文化需求增加，因而对农民基层民主建设、政府公共服务提供能力的要求越来越高。农民政治意识变迁主要体现在以下方面：政治认同的功利性，政治权利的敏感性，政治参与的主动性，维权意识的自觉性。农民的经济利益诉求和政治利益诉求具有融合性特征，存在从生存利益诉求向发展利益诉求的深化，存在利益获取的自主性诉求与依赖性诉求并重等现象，但是这些利益诉求的表象背后都隐含着一个稳定的偏好，即一以贯之以个人利益诉求的满足为标准，对于农村和谐有序发展的制度的安排不仅要关注利益诉求的表象，更要关注个人利益诉求的本质。

● 农村政治意识不断觉醒，公共参与意识和维权意识不断增强。发达地区农村蕴涵着非常丰富的民主社会资本、文化底蕴和策略性互动方式，农村公共事务的运作机制包含主动性参与和动员性参与，呈现出公益主动性、功利主动性、公益动员性和功利动员性四类人群，因此，在民主化推动以及维权方面表现出不同的路径选择。

● 外在世界的冲击引发并影响到农民的精神文化生活。现代农民在物质生活方式方面发生的变化体现为市民化的倾向，衣食住行堪与城里人相媲美，追求生活品质，提升幸福指数的意愿明显。农民对自身居住环境、社会环境、农村发展和治理提出了新的要求，对公共服务均等化的诉求越来越强烈。

● 对大多数农村来说，在看到积极方面的同时，我们也不能否认农民精神文化生活的匮乏。农民的精神文化意识有待提高。首先，优秀传统文化式微；其次，农民获取信息的渠道有限；再次，农民精神世界匮乏，休闲娱乐方式低层次化；最后，没有文化的滋养，农村传统美德、公德意识正在削弱。

"哲学家们只是用不同的方式解释世界，而问题在于改造世界（马克思《关于费尔巴哈的提纲》）。本课题在农村和谐有序发展对策方面形成以下基本观点：

● 确保农民正当的土地收益，给农民土地"确权"。通过农村土地产权的制度设计和创新，使农民能够获得土地承包权的自由处置权。农民可以通过土地流转使自己所承包的土地转化为经营资本，还可以通过流转进行重新配置，得到合理利用，这使农民对土地的价值获得了再认识。同时，实现社会保障和公共服务的均等化，解决农民的后顾之忧。

● 引导农民合作，避免极端逐利化和个人主义，避免农村出现严重的两极分化。发展农村中介组织，主要通过农村集体组织引导和帮助农户走上专业化、社会化、一体化、集约化经营之路，防范自然风险、市场风险和社会风险。在农民的合作和组织化过程中，注意发挥党员干部的引领作用。实现城乡一体化，关键在于从制度层面上解决利益失衡的问题。

● 建构政府主导型的农村协商治理结构模式，改良农村政治生活、优化农村社会治理，实现农村有序发展。农村协商治理结构的发展趋向是在政府主导的基础之上，完善村民自治制度，发掘农村治理人才和资源，培育农村社会自治能力，实现"四个民主"与"三个自我"即：民主选举、民主决策、民主管理、民主监督；自我管理、自我教育和自我服务。因此，协商治理结构需要理顺基层政权与政党组织及村民自治组织之间的关系，切实放权、赋权于民，处理好政府主导和政府主体的关系，使行政力量逐渐退出乡村政治舞台；促进乡村社会的组织化建设，加强多元利益的整合与凝聚，激发村民的参与意识；吸纳传统治理资源，协调乡村精英与普通民众的关系，实现乡村多元合作治理。

●开发农村治理资源，发挥村庄精英的作用。村民自治既是大众参与的过程，也是乡村精英主导的过程，更是一个多元互动的过程。村庄精英在农村治理中发挥着重要作用。农村基层干部是村庄精英的主体。村民自治的发展相当程度上需要我们面对现实，积极吸纳各类社会精英、社会志愿者，发挥他们在乡村管理中的主导作用。

●建构精神共同体，再现文明乡风。乡村文明的建设和农村社会的和谐有序发展，主要依赖于新的乡村生活共同体精神的发育和成熟。从生活共同体提升为精神共同体，将是未来乡村文明建设的方向。具体措施：提升农村公共文化服务；以多种途径开展对农民的教育，培养现代农民；农民组织起来，进一步强化农民精神文化活动的参与意识。

●总的来说，农民对于自身的生存与发展具有自主性意识和依赖性意识，它们对于农村社会和谐有序的发展起着积极与消极双重影响，这意味着农村的发展呈现出农民自主和他者自主的多元格局。农村发展已不完全是自治和分治所能解决的，必然是在自治和分治基础上的协同共治，这种格局意味着对善治的迫切诉求。善治不仅体现为对治理主体的要求性理解，更体现为对治理方式和治理内容上的要求。有鉴于此，善治要求对治理主体、治理方式和治理内容进行科学、有效的合理安排，具体表现为多元主体通力合作的网络化治理、方法手段的民主化治理、公共物品提供和服务的精细化治理，以使农村走上和谐有序的发展路径。

●农村社会存在多元主体（政府、农民和第三方组织）间的互动，而且利益各不相同，因此对农村事务要实行网格化治理，以提供一种交叠管理的路径。网格化治理表现为在高度自治基础上的合作治理。具体包括自治理和合作式治理，自治理是高度的自治，包括高度组织化治理，即选举村两委以及发展自己的组织社团治理和内在化治理，即依其民间德行、教化、风俗和互信而产生的相互认同、适应、关照和协同治理。合作式治理包括依附型合作（主导主体和从属主体共治）、权力分享型的合作治理（分权、责任明确、治理内容界定明确等）和伙伴关系下的合作治理（契约、合同的平等协商式治理）

●为了达到和谐有序共识的农村发展道路的建构目标，有必要在农村实行民主化治理。主要体现在民主选举、民主决策、民主管理、民主监督等环节上，确保民众的知情权、决策权、参与权、表达权和监督权。对于农村事务的治理努力做到问情于民、问需于民、问策于民、问计于民，从而实现农村治理效益的最大化和管理的最优化。民主化治理必须做好以下几个方面的工作：一是关于权力构成的民主选举制度的完善；二是关于民主决策的民主协商机制的完善；三是关于民主管理的公民参与制度的完善；四是关于民主监督的信息公开、透明、责任制度的完善。

●农民表象意识和本质意识依附并体现在农村复杂多样的事务之中。因此，农村和谐有序发展的治理路径需要对农村事务进行精细化管理。精细化管理是在公共物品理论的基础上对农村事务进行分类（如公共物品、集体物品、可收费物品和个人物品），确定相应的治理主体和手段，优化农村事务管理的模式和策略。精细化管理强调管理工作的细化、量化、标准化、协同化、经济化和实证化，做到管理的精、准、细、严。

本书稿由团队成员赵定东、龚上华、张孝廷、赵光勇、赵戚斐和我共同撰写完成。在项目的完成过程中，卢福营教授、康胜教授、彭伟斌博士、刘成斌博士分别在《社会学研究》、《学术月刊》等重要期刊发表相关学术论文，宋桂全做了大量的文献整理工作，张旭升博士对数据进行了认真的统计与分析，他们的成果也相应地被吸收到结题报告和书稿中。

在本书将要付梓之时，又把我思绪拉回到2009年的那个冬季，我和团队的伙伴们开始走上了国家重大招标项目的征途。无数个夜晚，团队的成员围拢在一起，没有领导与被领导之分，没有权威与职称之别，有的只是智慧的碰撞和坦诚的交流；无数个深夜，团队成员累到坐在椅子上都能睡着，累到需要在腰部贴上活血止痛膏才能继续战斗，累到团员之间相互进行并不职业的背部按摩。那时我们每个人的日常必备品是风油精、滴眼液和咖啡，从框架设计到字句推敲，都倾注了团队每个成员的汗水和心血。当时龚上华博士的小孩刚出生2个月，孝廷博士的小孩也刚满一周岁，孝廷博士的小孩还因为过敏性哮喘每周都要去医院检查，凌晨4点得赶赴医院为孩子挂号后再把看病的任务"无情"地甩给妻子，再搭车走一个多小时的路程参与团队的论证。他们都把团队的项目当成了自己的初生儿一般用心地呵护着。这样的团队温馨而优雅，脱俗而纯洁。在新疆和江西调研的路上，团队艰难跋涉中经过了一个又一个乡镇，常常是还没有来得及放下行囊观望路边的风景，就又开始寻找起下一个驿站……幽香四溢的往事，年复一年，成为我生命中一份厚重的奢侈品，我怀着浓浓的感恩之情将她小心珍藏。

感谢新疆伊犁军分区李绍龙司令员的强力支持，2009年正是新疆社会秩序严重不安的时刻，在李司令的细心安排下，课题组成员一路安全顺利；感谢新疆伊犁州政协李兴华主席的一路呵护，让我们团队在新疆有了家的温暖，尤其是问卷中维文的翻译，也是他亲自完成的；感谢新疆伊犁州教育局侯处长等周到的安排，感谢新疆生产建设兵团66团政委、特克斯县公安局政委和局长、中国人民解放军霍尔果斯会谈会晤站的丰收大哥、伊犁州商检局副局长徐斌等的无微不至的关怀。

感谢江西省吉安市相关的区、县（市）党委、政府以及相关部门领导和群众的支持与合作，尤其要感谢吉安县政法委张迪俊书记，青原区政府办邹鹏飞主任，他们为团队的调查提供了各种方便；此外，还要感谢龚达民、龚伏逊、袁洪生、龚武庆、罗忠华、段学庆、曾澄海、阮继文、龚振吾，他们也为江西的社会调查提供了各种方便。

感谢萧山区党史办沈迪云主任策划并委托我院实施的"萧山区农民思想状况调研"，该项目在国家重大课题申报前已经初步完成，近80万字的有关萧山区农民思想状况的调研报告也让国家规划办看到了我院课题组完成重大课题的可能性与可行性。

感谢杭州师范大学杨磊副校长让"最有科研潜力"的我院接受学校百年历史以来从未有过的申报国家社科基金重大招标课题的任务，否则国家重点课题也不会花落我家，也不会形成学院团队合作、内聚力喷薄而出的"政社模式"。感谢科研处徐辉老师为项目的申报和完成所做的细致而又耐心的工作。感谢杭州师范大学关心和帮助过我们的所有领导和同事们。

感谢杭州师范大学人文振兴计划对该成果出版的资助；中国社会科学出版社冯春凤女士为书稿的出版付出了大量艰辛的校稿工作。

科学探索从来都是从已知向未知的过渡，全面研究农民思想变迁与农村社会和谐有序发展是一项重大的研究课题，书稿的出版也只是对我们阶段性成果的认定。我们认识到，有许多尚未涉及、或需要细化的研究领域，许多结论还需要通过实践来证明其合理性。团队将在东、中、西部地区分别建立长期观察点，在此基础上总结不同地域农民思想变迁的趋势，不断地丰富对农村和谐有序发展道路问题的研究。

朱俊瑞
2016 年 10 月杭州师范大学仓前校区